INTERPRETATION AND APPLICATION OF E-COMMERCE LAW OF THE PEOPLE'S REPUBLIC OF CHINA

中华人民共和国电子商务法精释与适用

主　编◎宋燕妮

中国民主法制出版社
全国百佳图书出版单位

图书在版编目（CIP）数据

《中华人民共和国电子商务法》精释与适用/宋燕妮主编. —北京：中国民主法制出版社，2018.9
（中国特色社会主义法律体系精释与适用）
ISBN 978-7-5162-1893-8

Ⅰ.①中… Ⅱ.①宋… Ⅲ.①电子商务—法规—法律解释—中国 ②电子商务—法规—法律适用—中国 Ⅳ.①D922.294.5

中国版本图书馆 CIP 数据核字（2018）第 216172 号

图书出品人： 刘海涛
出 版 统 筹： 乔先彪
责 任 编 辑： 逯卫光　许泽荣　贾萌萌

书名/《中华人民共和国电子商务法》精释与适用
ZHONGHUARENMINGONGHEGUODIANZISHANGWUFA
JINGSHIYUSHIYONG
作者/ 宋燕妮　主编

出版·发行/ 中国民主法制出版社
地址/ 北京市丰台区右安门外玉林里 7 号（100069）
电话/（010）63055259（总编室）　63057714（发行部）
传真/（010）63056975　63056983
http：// www. npcpub. com
E-mail： mzfz@ npcpub. com
经销/ 新华书店
开本/ 16 开　787 毫米×960 毫米
印张/ 19.5　**字数/** 270 千字
版本/ 2018 年 9 月第 1 版　2018 年 9 月第 1 次印刷
印刷/ 北京天宇万达印刷有限公司

书号/ ISBN 978-7-5162-1893-8
定价/ 58.00 元

序　　言

2018 年 8 月 31 日，十三届全国人大常委会第五次会议以 167 票赞成，1 票反对，3 票弃权，表决通过了《中华人民共和国电子商务法》。电子商务法的通过，恰逢其时，又来之不易。

电子商务法是我国电子商务领域的第一部综合性法律，该法坚持以习近平同志为核心的党中央提出的“创新是引领发展的第一动力”的要求，充分发挥立法的引领和推动作用，保障、支持电子商务创新发展，有一定的前瞻性；遵循规范经营与促进发展并重的原则，针对电子商务活动的特点和实践中反映的突出问题，聚焦于规范电子商务经营者特别是平台经营者，对其义务与责任作出了规定，以更好地保证交易安全，保护用户和消费者合法权益，维护市场秩序，具有现实可操作性。电子商务法的出台对转变经济结构、推进供给侧结构性改革，实施精准扶贫、助力乡村振兴，激发社会创新创业活力，满足人民日益增长的美好生活需要，具有重要意义。

经过多年发展，我国已成为全球规模最大的电子商务市场，电子商务产业成为我国最具发展潜力、最有国际竞争力的产业之一。《中国电子商务报告（2017）》显示，2017 年，我国电子商务交易额达 29.16 万亿元，同比增长 11.7%；全国网上零售额达 7.18 万亿元，同比增长 32.2%；电子商务服务业营收规模达 2.92 万亿元，同比增长 19.3%；农村网络零售额达 1.24 万亿元，同比增长 39.1%；海关验放跨境电子商务进出口商品总额达 902.4 亿元，同比增长 80.6%；电子商务从业人员达 4250 万人，同比增长 13%；非银行支付机构发生网络支付金额达 143.26 万亿元。同比增长 44.32%；快递业务量累计完成 400.6 亿件，同比增长 28%。

电子商务与实体经济深度融合，成为推动科学发展、促进经济转型新的增长点，在转方式、调结构、扩内需、促就业等方面发挥了重要作用。但是，电子商务发展中也面临一些突出矛盾和问题，包括法律体系和商业规则有待完善，市场秩序有待规范，交易环境需要健全，管理体制有待理顺，个人信息保护及交易安全保障亟待加强等。近年来，许多全国人大代表都提出制定电子商务法的议案和建议，不少部门、地方政府、专家学者都建议加快立法，电子商务相关企业也期望立法能支持、鼓励和促进电子商务的发展，广大消费者更是盼望通过立法来切实有效保护自身合法权益。制定电子商务法，是经济社会发展所需，是社会各界的共同期望。

2013 年 9 月，中央批准《十二届全国人大常委会立法规划》，电子商务法被列为立法项目，由全国人大财政经济委员会负责牵头起草。2013 年 12 月，全国人大财政经济委员会牵头组织成立电子商务法起草组，起草组在深入调研、广泛征求意见的基础上起草了电子商务法（草案）。2016 年 12 月，十二届全国人大财政经济委员会将草案提请十二届全国人大常委会第二十五次会议进行审议。之后根据立法法的规定，由全国人大宪法和法律委员会、全国人大常委会法制工作委员会主要负责审议工作和其他相关工作，经过不断修改完善，最终常委会会议历经四审表决通过了《中华人民共和国电子商务法》。

法律是治国之重器，良法是善治之前提。电子商务法立法始终坚持促进发展，坚持问题导向，坚持规范与保障并重，正确处理法律的稳定性与变动性、现实性与前瞻性、原则性与可操作性的关系，努力使立法进程同改革开放和现代化建设进程相适应，着重把握好以下几个方面。

其一，坚持以人民为中心，实现好、维护好、发展好最广大人民群众的根本利益。习近平总书记指出，人民对美好生活的向往，就是我们的奋斗目标。电子商务与人民群众的衣食住行息息相关，是人民群众购买商品和服务、获取就业机会、增加收入的重要途径，是当今社会重要的生活方式，人民群众对电子商务健康可持续发展充满期待。电子商务立法全面贯彻党的十八大和十九大及历届全会精神，坚持以人民为中心，牢固树立和贯彻落实创新、协调、绿色、开放、共享发展理念，解决电子商务发展中的突出矛盾和问题，加强对电子商务经营者的规范，切实保护消费者合法权益，为电子商务市场营造良好的法治环境，增强人民群众对电子商务的信心，实现在规范中促发展。

其二，坚持民主立法，广泛听取各方意见，最大限度凝聚共识。电子商务法关系到政府部门职责界定、电子商务经营者责任承担、消费者权益保护以及电子商务创新发展等问题，各方高度关注、积极参与，但利益诉求差异明显，凝聚共识难度较大。电子商务法在起草、审议过程中，始终坚持民主立法，多渠道、多方式广泛听取各方面的意见。从起草组第一次会议到草案审议通过，历时近五年，经常委会会议四次审议，三次在中国人大网上公开征求意见。多次召开座谈会、研讨会、评估会等，广泛听取、吸收了常委会组成人员、人大代表、有关部门、有关地方、社会公众、专家学者、电商企业、行业组织等各方面的意见，尤其是广大消费者的意见，整个立法过程民主、公开、透明。

其三，坚持科学立法，反复研究、慎重决策，平衡好各方利益。科学立法要求法律准确反映和体现所调整社会关系的客观规律，同时遵循法律体系的内在规律。电子商务立法涉及问题复杂，在监管体制上，既要考虑到现行监管体制，又要考虑网络治理新形势；在利益平衡上，既要注重对消费者权益的保护，又要兼顾对电子商务的鼓励和促进；在具体制度选择上，既要研究国际电子商务发展趋势，又要充分结合中国的实际情况。电子商务法立法工作坚持深入研究、审慎决策，科学合理地平衡和规范各主体间的权利与义务：一是在实体经济和电子商务关系上，明确规定国家平等对待线上线下商务活动，促进线上线下融合发展。二是在监管体制上，尊重现行管理体制，结合电子商务特点，规定国务院有关部门按照职责分工负责电子商务发展促进、监督管理等工作，县级以上地方各级人民政府可以根据本行政区域的实际情况确定本行政区域内电子商务的部门职责划分。三是在电子商务活动治理模式上，根据“创新社会治理体制、提高社会治理水平”的精神，规定推动形成有关部门、行业组织、经营者、消费者等共同参与的电子商务市场治理体系。四是在电子商务经营者与消费者关系上，充分考虑到电子商务活动中处于强势地位的是电子商务平台，其次是其他电子商务经营者（包括平台内经营者、自建网站经营者和其他网络服务销售商品或者提供服务的经营者），消费者处于最弱势的地位。经过重点研究、反复推敲，适当加重了电子商务经营者，特别是第三方平台的责任义务，加强了对电子商务消费者的保护力度，反映了中国特色，体现了中国智慧。五是按照“鼓励创新、包容审慎”原则，对有关方面认识尚不一致、争论激烈且还看不准的问题，仅作原则规定或者未作规定，给创新发展留下空间。

其四，坚持依法立法，处理好电子商务法与其他法律的关系。电子商务法是电子商务领域基础性、综合性法律，涉及的法律关系广泛，但因为其制定比较晚，其他法律中已经有一些与电子商务相关的规定，电子商务法需要处理好与这些法律的衔接，在现行法律基础上，针对电子商务领域中需要重点规范的突出问题完善相关制度，弥补现有法律制度的短板，同时遵循现行法律规定。因此，电子商务法在总则中明确规定，“法律、行政法规对销售商品或者提供服务有规定的，适用其规定”。其他与互联网有关联的“金融类产品和服务，利用信息网络提供新闻信息、音视频节目、出版以及文化产品等内容方面的服务，不适用本法”。在具体制度设计上，注重与其他法律的衔接，例如，在市场准入方面，与现行商事法律制度相衔接；在电子合同方面，与合同法和电子签名法相衔接；在消费者权益保护方面，与消费者权益保护法相衔接；在电商税收方面，与税收征管法和企业所得税法相衔接。

法律的生命力在于实施，法律的权威也在于实施。为深入学习、广泛宣传、切实落实电子商务法，我们组织编写了本书，希望能够对大家理解、适用电子商务法有所帮助。

目　　录

第一部分

条文精解与适用

中华人民共和国电子商务法

（2018 年 8 月 31 日第十三届全国人民代表大会常务委员会第五次会议通过　2018 年 8 月 31 日中华人民共和国主席令第七号公布　自 2019 年 1 月 1 日起施行）

目　　录

第一章　总　　则

第一条　为了保障电子商务各方主体的合法权益，规范电子商务行为，维护市场秩序，促进电子商务持续健康发展，制定本法。

第二条　中华人民共和国境内的电子商务活动，适用本法。

本法所称电子商务，是指通过互联网等信息网络销售商品或者提供服务的经营活动。

法律、行政法规对销售商品或者提供服务有规定的，适用其规定。金融类产品和服务，利用信息网络提供新闻信息、音视频节目、出版以及文化产品等内容方面的服务，不适用本法。

第三条 国家鼓励发展电子商务新业态，创新商业模式，促进电子商务技术研发和推广应用，推进电子商务诚信体系建设，营造有利于电子商务创新发展的市场环境，充分发挥电子商务在推动高质量发展、满足人民日益增长的美好生活需要、构建开放型经济方面的重要作用。

第四条 国家平等对待线上线下商务活动，促进线上线下融合发展，各级人民政府和有关部门不得采取歧视性的政策措施，不得滥用行政权力排除、限制市场竞争。

第五条 电子商务经营者从事经营活动，应当遵循自愿、平等、公平、诚信的原则，遵守法律和商业道德，公平参与市场竞争，履行消费者权益保护、环境保护、知识产权保护、网络安全与个人信息保护等方面的义务，承担产品和服务质量责任，接受政府和社会的监督。

第六条 国务院有关部门按照职责分工负责电子商务发展促进、监督管理等工作。县级以上地方各级人民政府可以根据本行政区域的实际情况，确定本行政区域内电子商务的部门职责划分。

第七条 国家建立符合电子商务特点的协同管理体系，推动形成有关部门、电子商务行业组织、电子商务经营者、消费者等共同参与的电子商务市场治理体系。

第八条 电子商务行业组织按照本组织章程开展行业自律，建立健全行业规范，推动行业诚信建设，监督、引导本行业经营者公平参与市场竞争。

第二章 电子商务经营者

第一节 一般规定

第九条 本法所称电子商务经营者，是指通过互联网等信息网络从事销售商品或者提供服务的经营活动的自然人、法人和非法人组织，包括电子商务平台经营者、平台内经营者以及通过自建网站、其他网络服务销售商品或者提供服务的电子商务经营者。

本法所称电子商务平台经营者，是指在电子商务中为交易双方或者多方提供网络经营场所、交易撮合、信息发布等服务，供交易双方或者多方独立开展交易活动的法人或者非法人组织。

本法所称平台内经营者，是指通过电子商务平台销售商品或者提供服务的电子商务经营者。

第十条　电子商务经营者应当依法办理市场主体登记。但是，个人销售自产农副产品、家庭手工业产品，个人利用自己的技能从事依法无须取得许可的便民劳务活动和零星小额交易活动，以及依照法律、行政法规不需要进行登记的除外。

第十一条　电子商务经营者应当依法履行纳税义务，并依法享受税收优惠。

依照前条规定不需要办理市场主体登记的电子商务经营者在首次纳税义务发生后，应当依照税收征收管理法律、行政法规的规定申请办理税务登记，并如实申报纳税。

第十二条　电子商务经营者从事经营活动，依法需要取得相关行政许可的，应当依法取得行政许可。

第十三条　电子商务经营者销售的商品或者提供的服务应当符合保障人身、财产安全的要求和环境保护要求，不得销售或者提供法律、行政法规禁止交易的商品或者服务。

第十四条　电子商务经营者销售商品或者提供服务应当依法出具纸质发票或者电子发票等购货凭证或者服务单据。电子发票与纸质发票具有同等法律效力。

第十五条　电子商务经营者应当在其首页显著位置，持续公示营业执照信息、与其经营业务有关的行政许可信息、属于依照本法第十条规定的不需要办理市场主体登记情形等信息，或者上述信息的链接标识。

前款规定的信息发生变更的，电子商务经营者应当及时更新公示信息。

第十六条　电子商务经营者自行终止从事电子商务的，应当提前三十日在首页显著位置持续公示有关信息。

第十七条　电子商务经营者应当全面、真实、准确、及时地披露商品或者服务信息，保障消费者的知情权和选择权。电子商务经营者不得以虚构交易、编造用户评价等方式进行虚假或者引人误解的商业宣传，欺骗、误导消费者。

第十八条 电子商务经营者根据消费者的兴趣爱好、消费习惯等特征向其提供商品或者服务的搜索结果的，应当同时向该消费者提供不针对其个人特征的选项，尊重和平等保护消费者合法权益。

电子商务经营者向消费者发送广告的，应当遵守《中华人民共和国广告法》的有关规定。

第十九条 电子商务经营者搭售商品或者服务，应当以显著方式提请消费者注意，不得将搭售商品或者服务作为默认同意的选项。

第二十条 电子商务经营者应当按照承诺或者与消费者约定的方式、时限向消费者交付商品或者服务，并承担商品运输中的风险和责任。但是，消费者另行选择快递物流服务提供者的除外。

第二十一条 电子商务经营者按照约定向消费者收取押金的，应当明示押金退还的方式、程序，不得对押金退还设置不合理条件。消费者申请退还押金，符合押金退还条件的，电子商务经营者应当及时退还。

第二十二条 电子商务经营者因其技术优势、用户数量、对相关行业的控制能力以及其他经营者对该电子商务经营者在交易上的依赖程度等因素而具有市场支配地位的，不得滥用市场支配地位，排除、限制竞争。

第二十三条 电子商务经营者收集、使用其用户的个人信息，应当遵守法律、行政法规有关个人信息保护的规定。

第二十四条 电子商务经营者应当明示用户信息查询、更正、删除以及用户注销的方式、程序，不得对用户信息查询、更正、删除以及用户注销设置不合理条件。

电子商务经营者收到用户信息查询或者更正、删除的申请的，应当在核实身份后及时提供查询或者更正、删除用户信息。用户注销的，电子商务经营者应当立即删除该用户的信息；依照法律、行政法规的规定或者双方约定保存的，依照其规定。

第二十五条 有关主管部门依照法律、行政法规的规定要求电子商务经营者提供有关电子商务数据信息的，电子商务经营者应当提供。有关主管部门应当采取必要措施保护电子商务经营者提供的数据信息的安全，并对其中的个人信息、隐私和商业秘密严格保密，不得泄露、出售或者非法向他人提供。

第二十六条　电子商务经营者从事跨境电子商务，应当遵守进出口监督管理的法律、行政法规和国家有关规定。

第二节　电子商务平台经营者

第二十七条　电子商务平台经营者应当要求申请进入平台销售商品或者提供服务的经营者提交其身份、地址、联系方式、行政许可等真实信息，进行核验、登记，建立登记档案，并定期核验更新。

电子商务平台经营者为进入平台销售商品或者提供服务的非经营用户提供服务，应当遵守本节有关规定。

第二十八条　电子商务平台经营者应当按照规定向市场监督管理部门报送平台内经营者的身份信息，提示未办理市场主体登记的经营者依法办理登记，并配合市场监督管理部门，针对电子商务的特点，为应当办理市场主体登记的经营者办理登记提供便利。

电子商务平台经营者应当依照税收征收管理法律、行政法规的规定，向税务部门报送平台内经营者的身份信息和与纳税有关的信息，并应当提示依照本法第十条规定不需要办理市场主体登记的电子商务经营者依照本法第十一条第二款的规定办理税务登记。

第二十九条　电子商务平台经营者发现平台内的商品或者服务信息存在违反本法第十二条、第十三条规定情形的，应当依法采取必要的处置措施，并向有关主管部门报告。

第三十条　电子商务平台经营者应当采取技术措施和其他必要措施保证其网络安全、稳定运行，防范网络违法犯罪活动，有效应对网络安全事件，保障电子商务交易安全。

电子商务平台经营者应当制定网络安全事件应急预案，发生网络安全事件时，应当立即启动应急预案，采取相应的补救措施，并向有关主管部门报告。

第三十一条　电子商务平台经营者应当记录、保存平台上发布的商品和服务信息、交易信息，并确保信息的完整性、保密性、可用性。商品和服务信息、交易信息保存时间自交易完成之日起不少于三年；法律、行政法规另有规定的，依照其规定。

第三十二条 电子商务平台经营者应当遵循公开、公平、公正的原则，制定平台服务协议和交易规则，明确进入和退出平台、商品和服务质量保障、消费者权益保护、个人信息保护等方面的权利和义务。

第三十三条 电子商务平台经营者应当在其首页显著位置持续公示平台服务协议和交易规则信息或者上述信息的链接标识，并保证经营者和消费者能够便利、完整地阅览和下载。

第三十四条 电子商务平台经营者修改平台服务协议和交易规则，应当在其首页显著位置公开征求意见，采取合理措施确保有关各方能够及时充分表达意见。修改内容应当至少在实施前七日予以公示。

平台内经营者不接受修改内容，要求退出平台的，电子商务平台经营者不得阻止，并按照修改前的服务协议和交易规则承担相关责任。

第三十五条 电子商务平台经营者不得利用服务协议、交易规则以及技术等手段，对平台内经营者在平台内的交易、交易价格以及与其他经营者的交易等进行不合理限制或者附加不合理条件，或者向平台内经营者收取不合理费用。

第三十六条 电子商务平台经营者依据平台服务协议和交易规则对平台内经营者违反法律、法规的行为实施警示、暂停或者终止服务等措施的，应当及时公示。

第三十七条 电子商务平台经营者在其平台上开展自营业务的，应当以显著方式区分标记自营业务和平台内经营者开展的业务，不得误导消费者。

电子商务平台经营者对其标记为自营的业务依法承担商品销售者或者服务提供者的民事责任。

第三十八条 电子商务平台经营者知道或者应当知道平台内经营者销售的商品或者提供的服务不符合保障人身、财产安全的要求，或者有其他侵害消费者合法权益行为，未采取必要措施的，依法与该平台内经营者承担连带责任。

对关系消费者生命健康的商品或者服务，电子商务平台经营者对平台内经营者的资质资格未尽到审核义务，或者对消费者未尽到安全保障义务，造成消费者损害的，依法承担相应的责任。

第三十九条　电子商务平台经营者应当建立健全信用评价制度，公示信用评价规则，为消费者提供对平台内销售的商品或者提供的服务进行评价的途径。

电子商务平台经营者不得删除消费者对其平台内销售的商品或者提供的服务的评价。

第四十条　电子商务平台经营者应当根据商品或者服务的价格、销量、信用等以多种方式向消费者显示商品或者服务的搜索结果；对于竞价排名的商品或者服务，应当显著标明“广告”。

第四十一条　电子商务平台经营者应当建立知识产权保护规则，与知识产权权利人加强合作，依法保护知识产权。

第四十二条　知识产权权利人认为其知识产权受到侵害的，有权通知电子商务平台经营者采取删除、屏蔽、断开链接、终止交易和服务等必要措施。通知应当包括构成侵权的初步证据。

电子商务平台经营者接到通知后，应当及时采取必要措施，并将该通知转送平台内经营者；未及时采取必要措施的，对损害的扩大部分与平台内经营者承担连带责任。

因通知错误造成平台内经营者损害的，依法承担民事责任。恶意发出错误通知，造成平台内经营者损失的，加倍承担赔偿责任。

第四十三条　平台内经营者接到转送的通知后，可以向电子商务平台经营者提交不存在侵权行为的声明。声明应当包括不存在侵权行为的初步证据。

电子商务平台经营者接到声明后，应当将该声明转送发出通知的知识产权权利人，并告知其可以向有关主管部门投诉或者向人民法院起诉。电子商务平台经营者在转送声明到达知识产权权利人后十五日内，未收到权利人已经投诉或者起诉通知的，应当及时终止所采取的措施。

第四十四条　电子商务平台经营者应当及时公示收到的本法第四十二条、第四十三条规定的通知、声明及处理结果。

第四十五条 电子商务平台经营者知道或者应当知道平台内经营者侵犯知识产权的，应当采取删除、屏蔽、断开链接、终止交易和服务等必要措施；未采取必要措施的，与侵权人承担连带责任。

第四十六条 除本法第九条第二款规定的服务外，电子商务平台经营者可以按照平台服务协议和交易规则，为经营者之间的电子商务提供仓储、物流、支付结算、交收等服务。电子商务平台经营者为经营者之间的电子商务提供服务，应当遵守法律、行政法规和国家有关规定，不得采取集中竞价、做市商等集中交易方式进行交易，不得进行标准化合约交易。

第三章　电子商务合同的订立与履行

第四十七条 电子商务当事人订立和履行合同，适用本章和《中华人民共和国民法总则》《中华人民共和国合同法》《中华人民共和国电子签名法》等法律的规定。

第四十八条 电子商务当事人使用自动信息系统订立或者履行合同的行为对使用该系统的当事人具有法律效力。

在电子商务中推定当事人具有相应的民事行为能力。但是，有相反证据足以推翻的除外。

第四十九条 电子商务经营者发布的商品或者服务信息符合要约条件的，用户选择该商品或者服务并提交订单成功，合同成立。当事人另有约定的，从其约定。

电子商务经营者不得以格式条款等方式约定消费者支付价款后合同不成立；格式条款等含有该内容的，其内容无效。

第五十条 电子商务经营者应当清晰、全面、明确地告知用户订立合同的步骤、注意事项、下载方法等事项，并保证用户能够便利、完整地阅览和下载。

电子商务经营者应当保证用户在提交订单前可以更正输入错误。

第五十一条 合同标的为交付商品并采用快递物流方式交付的，收货人签收时间为交付时间。合同标的为提供服务的，生成的电子凭证或者实物凭证中载明的时间为交付时间；前述凭证没有载明时间或者载明时间与实际提供服务时间不一致的，实际提供服务的时间为交付时间。

合同标的为采用在线传输方式交付的，合同标的进入对方当事人指定的特定系统并且能够检索识别的时间为交付时间。

合同当事人对交付方式、交付时间另有约定的，从其约定。

第五十二条　电子商务当事人可以约定采用快递物流方式交付商品。

快递物流服务提供者为电子商务提供快递物流服务，应当遵守法律、行政法规，并应当符合承诺的服务规范和时限。快递物流服务提供者在交付商品时，应当提示收货人当面查验；交由他人代收的，应当经收货人同意。

快递物流服务提供者应当按照规定使用环保包装材料，实现包装材料的减量化和再利用。

快递物流服务提供者在提供快递物流服务的同时，可以接受电子商务经营者的委托提供代收货款服务。

第五十三条　电子商务当事人可以约定采用电子支付方式支付价款。

电子支付服务提供者为电子商务提供电子支付服务，应当遵守国家规定，告知用户电子支付服务的功能、使用方法、注意事项、相关风险和收费标准等事项，不得附加不合理交易条件。电子支付服务提供者应当确保电子支付指令的完整性、一致性、可跟踪稽核和不可篡改。

电子支付服务提供者应当向用户免费提供对账服务以及最近三年的交易记录。

第五十四条　电子支付服务提供者提供电子支付服务不符合国家有关支付安全管理要求，造成用户损失的，应当承担赔偿责任。

第五十五条　用户在发出支付指令前，应当核对支付指令所包含的金额、收款人等完整信息。

支付指令发生错误的，电子支付服务提供者应当及时查找原因，并采取相关措施予以纠正。造成用户损失的，电子支付服务提供者应当承担赔偿责任，但能够证明支付错误非自身原因造成的除外。

第五十六条　电子支付服务提供者完成电子支付后，应当及时准确地向用户提供符合约定方式的确认支付的信息。

第五十七条　用户应当妥善保管交易密码、电子签名数据等安全工具。用户发现安全工具遗失、被盗用或者未经授权的支付的，应当及时通知电子支付服务提供者。

未经授权的支付造成的损失，由电子支付服务提供者承担；电子支付服务提供者能够证明未经授权的支付是因用户的过错造成的，不承担责任。

电子支付服务提供者发现支付指令未经授权，或者收到用户支付指令未经授权的通知时，应当立即采取措施防止损失扩大。电子支付服务提供者未及时采取措施导致损失扩大的，对损失扩大部分承担责任。

第四章　电子商务争议解决

第五十八条　国家鼓励电子商务平台经营者建立有利于电子商务发展和消费者权益保护的商品、服务质量担保机制。

电子商务平台经营者与平台内经营者协议设立消费者权益保证金的，双方应当就消费者权益保证金的提取数额、管理、使用和退还办法等作出明确约定。

消费者要求电子商务平台经营者承担先行赔偿责任以及电子商务平台经营者赔偿后向平台内经营者的追偿，适用《中华人民共和国消费者权益保护法》的有关规定。

第五十九条　电子商务经营者应当建立便捷、有效的投诉、举报机制，公开投诉、举报方式等信息，及时受理并处理投诉、举报。

第六十条　电子商务争议可以通过协商和解，请求消费者组织、行业协会或者其他依法成立的调解组织调解，向有关部门投诉，提请仲裁，或者提起诉讼等方式解决。

第六十一条　消费者在电子商务平台购买商品或者接受服务，与平台内经营者发生争议时，电子商务平台经营者应当积极协助消费者维护合法权益。

第六十二条　在电子商务争议处理中，电子商务经营者应当提供原始合同和交易记录。因电子商务经营者丢失、伪造、篡改、销毁、隐匿或者拒绝提供前述资料，致使人民法院、仲裁机构或者有关机关无法查明事实的，电子商务经营者应当承担相应的法律责任。

第六十三条　电子商务平台经营者可以建立争议在线解决机制，制定并公示争议解决规则，根据自愿原则，公平、公正地解决当事人的争议。

第五章　电子商务促进

第六十四条　国务院和省、自治区、直辖市人民政府应当将电子商务发展纳入国民经济和社会发展规划，制定科学合理的产业政策，促进电子商务创新发展。

第六十五条　国务院和县级以上地方人民政府及其有关部门应当采取措施，支持、推动绿色包装、仓储、运输，促进电子商务绿色发展。

第六十六条　国家推动电子商务基础设施和物流网络建设，完善电子商务统计制度，加强电子商务标准体系建设。

第六十七条　国家推动电子商务在国民经济各个领域的应用，支持电子商务与各产业融合发展。

第六十八条　国家促进农业生产、加工、流通等环节的互联网技术应用，鼓励各类社会资源加强合作，促进农村电子商务发展，发挥电子商务在精准扶贫中的作用。

第六十九条　国家维护电子商务交易安全，保护电子商务用户信息，鼓励电子商务数据开发应用，保障电子商务数据依法有序自由流动。

国家采取措施推动建立公共数据共享机制，促进电子商务经营者依法利用公共数据。

第七十条　国家支持依法设立的信用评价机构开展电子商务信用评价，向社会提供电子商务信用评价服务。

第七十一条　国家促进跨境电子商务发展，建立健全适应跨境电子商务特点的海关、税收、进出境检验检疫、支付结算等管理制度，提高跨境电子商务各环节便利化水平，支持跨境电子商务平台经营者等为跨境电子商务提供仓储物流、报关、报检等服务。

国家支持小型微型企业从事跨境电子商务。

第七十二条　国家进出口管理部门应当推进跨境电子商务海关申报、

纳税、检验检疫等环节的综合服务和监管体系建设，优化监管流程，推动实现信息共享、监管互认、执法互助，提高跨境电子商务服务和监管效率。跨境电子商务经营者可以凭电子单证向国家进出口管理部门办理有关手续。

第七十三条 国家推动建立与不同国家、地区之间跨境电子商务的交流合作，参与电子商务国际规则的制定，促进电子签名、电子身份等国际互认。

国家推动建立与不同国家、地区之间的跨境电子商务争议解决机制。

第六章 法律责任

第七十四条 电子商务经营者销售商品或者提供服务，不履行合同义务或者履行合同义务不符合约定，或者造成他人损害的，依法承担民事责任。

第七十五条 电子商务经营者违反本法第十二条、第十三条规定，未取得相关行政许可从事经营活动，或者销售、提供法律、行政法规禁止交易的商品、服务，或者不履行本法第二十五条规定的信息提供义务，电子商务平台经营者违反本法第四十六条规定，采取集中交易方式进行交易，或者进行标准化合约交易的，依照有关法律、行政法规的规定处罚。

第七十六条 电子商务经营者违反本法规定，有下列行为之一的，由市场监督管理部门责令限期改正，可以处一万元以下的罚款，对其中的电子商务平台经营者，依照本法第八十一条第一款的规定处罚：

（一）未在首页显著位置公示营业执照信息、行政许可信息、属于不需要办理市场主体登记情形等信息，或者上述信息的链接标识的；

（二）未在首页显著位置持续公示终止电子商务的有关信息的；

（三）未明示用户信息查询、更正、删除以及用户注销的方式、程序，或者对用户信息查询、更正、删除以及用户注销设置不合理条件的。

电子商务平台经营者对违反前款规定的平台内经营者未采取必要措施的，由市场监督管理部门责令限期改正，可以处二万元以上十万元以下的罚款。

第七十七条　电子商务经营者违反本法第十八条第一款规定提供搜索结果，或者违反本法第十九条规定搭售商品、服务的，由市场监督管理部门责令限期改正，没收违法所得，可以并处五万元以上二十万元以下的罚款；情节严重的，并处二十万元以上五十万元以下的罚款。

第七十八条　电子商务经营者违反本法第二十一条规定，未向消费者明示押金退还的方式、程序，对押金退还设置不合理条件，或者不及时退还押金的，由有关主管部门责令限期改正，可以处五万元以上二十万元以下的罚款；情节严重的，处二十万元以上五十万元以下的罚款。

第七十九条　电子商务经营者违反法律、行政法规有关个人信息保护的规定，或者不履行本法第三十条和有关法律、行政法规规定的网络安全保障义务的，依照《中华人民共和国网络安全法》等法律、行政法规的规定处罚。

第八十条　电子商务平台经营者有下列行为之一的，由有关主管部门责令限期改正；逾期不改正的，处二万元以上十万元以下的罚款；情节严重的，责令停业整顿，并处十万元以上五十万元以下的罚款：

（一）不履行本法第二十七条规定的核验、登记义务的；

（二）不按照本法第二十八条规定向市场监督管理部门、税务部门报送有关信息的；

（三）不按照本法第二十九条规定对违法情形采取必要的处置措施，或者未向有关主管部门报告的；

（四）不履行本法第三十一条规定的商品和服务信息、交易信息保存义务的。

法律、行政法规对前款规定的违法行为的处罚另有规定的，依照其规定。

第八十一条　电子商务平台经营者违反本法规定，有下列行为之一的，由市场监督管理部门责令限期改正，可以处二万元以上十万元以下的罚款；情节严重的，处十万元以上五十万元以下的罚款：

（一）未在首页显著位置持续公示平台服务协议、交易规则信息或者上述信息的链接标识的；

（二）修改交易规则未在首页显著位置公开征求意见，未按照规定的时间提前公示修改内容，或者阻止平台内经营者退出的；

（三）未以显著方式区分标记自营业务和平台内经营者开展的业务的；

（四）未为消费者提供对平台内销售的商品或者提供的服务进行评价的途径，或者擅自删除消费者的评价的。

电子商务平台经营者违反本法第四十条规定，对竞价排名的商品或者服务未显著标明“广告”的，依照《中华人民共和国广告法》的规定处罚。

第八十二条 电子商务平台经营者违反本法第三十五条规定，对平台内经营者在平台内的交易、交易价格或者与其他经营者的交易等进行不合理限制或者附加不合理条件，或者向平台内经营者收取不合理费用的，由市场监督管理部门责令限期改正，可以处五万元以上五十万元以下的罚款；情节严重的，处五十万元以上二百万元以下的罚款。

第八十三条 电子商务平台经营者违反本法第三十八条规定，对平台内经营者侵害消费者合法权益行为未采取必要措施，或者对平台内经营者未尽到资质资格审核义务，或者对消费者未尽到安全保障义务的，由市场监督管理部门责令限期改正，可以处五万元以上五十万元以下的罚款；情节严重的，责令停业整顿，并处五十万元以上二百万元以下的罚款。

第八十四条 电子商务平台经营者违反本法第四十二条、第四十五条规定，对平台内经营者实施侵犯知识产权行为未依法采取必要措施的，由有关知识产权行政部门责令限期改正；逾期不改正的，处五万元以上五十万元以下的罚款；情节严重的，处五十万元以上二百万元以下的罚款。

第八十五条 电子商务经营者违反本法规定，销售的商品或者提供的服务不符合保障人身、财产安全的要求，实施虚假或者引人误解的商业宣传等不正当竞争行为，滥用市场支配地位，或者实施侵犯知识产权、侵害消费者权益等行为的，依照有关法律的规定处罚。

第八十六条 电子商务经营者有本法规定的违法行为的，依照有关法律、行政法规的规定记入信用档案，并予以公示。

第八十七条 依法负有电子商务监督管理职责的部门的工作人员，玩忽职守、滥用职权、徇私舞弊，或者泄露、出售或者非法向他人提供在履行职责中所知悉的个人信息、隐私和商业秘密的，依法追究法律责任。

第八十八条　违反本法规定，构成违反治安管理行为的，依法给予治安管理处罚；构成犯罪的，依法追究刑事责任。

第七章　附　　则

第八十九条　本法自2019年1月1日起施行。

《中华人民共和国电子商务法》条文精释

第一章 总 则

第一条 为了保障电子商务各方主体的合法权益，规范电子商务行为，维护市场秩序，促进电子商务持续健康发展，制定本法。

【本条主旨】

本条是关于立法目的的规定。

【条文精释】

一、立法目的的修改过程

立法目的体现了立法原因和期待达到的效果，确立明确的立法目的，有利于在立法过程中形成统一的立法思路，明确制度设计的侧重点。《中华人民共和国电子商务法》立法目的在表述上经历了修改的过程。

草案一审时，《关于〈中华人民共和国电子商务法（草案）〉的说明》提出："在立法过程中注重把握：第一，坚持促进发展。始终把促进电子商务健康可持续发展摆在首位。一是保障电子商务各方主体权益，明确义务和责任。二是鼓励创新，充分发挥市场在资源配置中的决定性作用，鼓励形成企业自治、行业自律、社会监督、政府监管的社会共治模式，同时通过创新监管更好发挥政府作用。三是在发展中逐步规范，在规范中持续发展……第二，坚持问题导向。当前，电子商务发展也面临一些突出矛盾和问题。一是法律体系和商业规则有待完善。二是市场秩序有待规范，交易环境需要健全完善。三是管理体制有待理顺，交易安全保障亟待加强。草案着力解决电子商务发展中的突出问题，将近年来一些成熟的经验做法上升到法律作为制度确定下来，同时注重与相关法律法规相衔接……第三，规范与保障并重。规范电子商务经营主体的经营行为，明确其资质条件、公示和审验义务、服务安全等，形成良好营商环境。注重加强对电子商务消费者的保护力度，为电子商务良性发展、互动创新奠定制度基础。”在这种思路指导下，一审稿立法目的将“促进电子商务持续健康发展”放在首位，规定：“为了促进电子商务持续健康发展，规范市场秩序，保障电子商务活动中各方主体的合法权益，制定本法。”

二审中，《全国人民代表大会法律委员会关于〈中华人民共和国电子商务法（草案）〉修改情况的汇报》提出：“根据电子商务快速发展和新业态不断涌现的实际，针对各方面提出的进一步明确本法定位、突出重点、删繁就简的建议，形成了以下修改思路：一是，遵循规范经营与促进发展并重，保障并支持电子商务创新发展；二是，聚焦于规范电子商务经营者特别是平台经营者，针对电子商务活动的特点和实践中反映的突出问题，对电子商务经营者特别是平台经营者的义务与责任作必要的补充完善，以更好地保证交易安全，保护用户和消费者权益；三是，按照“鼓励创新、包容审慎”原则，对有关方面认识尚不一致、还看不准的问题，仅作原则规定或不作规定；四是，对现行相关法律已有规定的，本法不再作重复规定，同时保留或增加与相关法律的衔接性规定。”二审在修改思路上突出了“规范与发展并重”，完善了相关主体的义务，更好地保护用户和消费者权益。在立法目的表述上，对一审稿作了修改，将“保障电子商务活动中各方主体的合法权益”放在首位，规定：“为了保障电子商务活动中各方主体的合法权益，规范市场秩序，促进电子商务持续健康发展，制定本法。”

在后续的审议、修改中，基本延续了二审确定的精神。三审稿规定：“为了保障电子商务各方主体的合法权益，规范电子商务行为，维护市场秩序，促进电子商务持续健康发展，制定本法。”其将二审稿中的“规范市场秩序”修改为“规范电子商务行为，维护市场秩序”，但总体思路与二审稿保持一致。

二、《中华人民共和国电子商务法》确立的立法目的体现和回应了中国电子商务实践需要

《关于〈中华人民共和国电子商务法（草案）〉的说明》中提到，近年来，我国电子商务迅速发展。“十二五”期间，电子商务年均增长速度超过30%。2015年，我国电子商务交易额超过20万亿元；网络零售额3.88万亿元，其中实物商品网上零售额3.23万亿元，占社会消费品零售总额的比重达到10.8%；电子商务交易市场规模跃居全球第一；电子商务就业人员达2690万人；互联网对中国经济增长的贡献率达到7%。

商务部副部长、党组成员王炳南在《国内外电子商务的现状与发展》讲座中提到了我国电子商务的发展情况，其中包括：一是市场规模持续增长。从2012年到2016年，网络购物用户人数从2.42亿人增长至4.67亿人，增长近一倍；电子商务交易额从8.1万亿元增长至26.1万亿元，年均增长34%；网络零售交易额从1.31万亿元增长至5.16万亿元，年均增长40%，对社会消费品零售总额增加值的贡献率从17%增长至30%；直接和间接带动的就业人数从1500万人增长至3700万人。2016年电子商务产生消费增量带动生产制造、批发、物流增量创造税收超过2000亿元。二是产业支撑不断改进。网络基础条件逐步改善，企业入网率不断提升。2016年，企业在线销售、在线采购的开展比例增长超过10个百分点，分别达到45.3%和45.6%。电子商务服务业快速发展，市场规模达到2.45万亿元，同比增长23.7%，其中，电子商务平台服务业营收规模达到4000亿元；电子支付、物流快递、电子认证等支撑服务业市场规模达9500亿元，全国快递业务量的70%来自电子商务；网店建设、代运营、信息处理、数据分析、人员培养等各类衍生服务业快速发展，市场规模达1.1万亿元。三是服务业电商快速发展。从消费群体看，2016年，我国在线教育用户规模达1.38亿人，增长率为25%。互联网医疗用户规模达1.95亿人，年增长率为28%；网上外卖用户规模达到2.09亿人，年均增长83.7%。网络约车用户规模达2.25亿人，增长率为41.7%。在线旅游预订网民规模2.99亿人，年增长率15.3%。从市场规模看，2016年，我国本地生活服务O2O交易额达到7291亿元，同比增长64.2%。

电子商务给经济社会发展注入活力，但也带来一些问题，包括个人信息被不当使用、消费者权益受到侵害的情况日益严重、知识产权侵权有待规范、电子商务经营者之间不正当竞争多发等，这些问题引发社会广泛关注。近年来，许多全国人大代表提出议案和建议，希望加快电子商务立法。

制定《中华人民共和国电子商务法》以及确立“保障电子商务各方主

体的合法权益，规范电子商务行为，维护市场秩序，促进电子商务持续健康发展”的立法目的，符合电子商务实践情况和发展要求。

三、立法目的在法中的体现

第一，保障电子商务各方主体的合法权益。《中华人民共和国电子商务法》规定了电子商务各方主体的权利义务和责任，特别是完善电子商务平台等经营者的义务和责任，解决实践中突出的个人信息保护、消费者权益保护等问题。

第二，规范电子商务行为，维护市场秩序。商务部副部长、党组成员王炳南在《国内外电子商务的现状与发展》讲座中指出，近年来我国电子商务市场秩序逐步完善，但依然存在三个方面的问题：假冒伪劣和侵犯知识产权现象时有发生，对消费者和正常经营的商家造成严重伤害；“刷单”等通过虚假交易增加信用评级的违规行为难以根治，电子商务信用体系受到挑战，也导致统计监测数据不准确，影响对行业发展趋势的判断；不公平竞争现象依然存在，强制“二选一”、附加不合理交易条件、商业混淆、网络攻击等新型不公平竞争行为出现，监管部门难以准确界定、举证和处理。《中华人民共和国电子商务法》对有关问题作了针对性的规定，以实现规范电子商务行为，维护市场秩序的立法目的。

第三，促进电子商务持续健康发展。一是通过保障电子商务各方主体的合法权益，规范电子商务行为，维护市场秩序，为电子商务发展提供良好的法治环境，从而达到促进电子商务持续健康发展的效果。二是专章规定了“电子商务促进”，通过相关措施支持、鼓励、保障电子商务健康发展。

第二条　中华人民共和国境内的电子商务活动，适用本法。

本法所称电子商务，是指通过互联网等信息网络销售商品或者提供服务的经营活动。

法律、行政法规对销售商品或者提供服务有规定的，适用其规定。金融类产品和服务，利用信息网络提供新闻信息、音视频节目、出版以及文化产品等内容方面的服务，不适用本法。

【本条主旨】

本条是关于法律适用范围和调整对象的规定。

【条文精释】

一、本法的适用范围

本法的适用范围是指本法的效力范围，即在什么地域内对什么主体适用。确定法律效力范围主要有几个原则：一是属地原则，即在本国领土范围内适用；二是属人原则，即适用于本国公民；三是保护原则，即凡是侵害本国国家或公民利益的行为均适用。《中华人民共和国刑法》第六条规定了属地管辖："凡在中华人民共和国领域内犯罪的，除法律有特别规定的以外，都适用本法。凡在中华人民共和国船舶或者航空器内犯罪的，也适用本法。犯罪的行为或者结果有一项发生在中华人民共和国领域内的，就认为是在中华人民共和国领域内犯罪。"第七条规定了属人管辖："中华人民共和国公民在中华人民共和国领域外犯本法规定之罪的，适用本法，但是按本法规定的最高刑为三年以下有期徒刑的，可以不予追究。中华人民共和国国家工作人员和军人在中华人民共和国领域外犯本法规定之罪的，适用本法。"第八条体现了保护原则："外国人在中华人民共和国领域外对中华人民共和国国家或者公民犯罪，而按本法规定的最低刑为三年以上有期徒刑的，可以适用本法，但是按照犯罪地的法律不受处罚的除外。"

一般情况下，我国法律规定适用范围主要采纳属地原则，即在中华人民共和国境内进行某类活动，适用本法。并非所有的法律都对其适用范围作出规定。例如，《中华人民共和国合同法》《中华人民共和国侵权责任法》等均未对此作出规定，《中华人民共和国涉外民事关系法律适用法》仅对民事关系如何适用法律作了规定。

在互联网上进行的活动，通常称为网络空间活动，其具有突出的跨国界、跨地域特征，网络空间治理与传统的属地管辖模式有很大不同，对法律的适用范围提出了新的挑战，许多国家规定了网络空间的域外管辖权。《中华人民共和国网络安全法》规定了属地管辖原则，该法第二条规定："在中华人民共和国境内建设、运营、维护和使用网络，以及网络安全的监督管理，适用本法。”同时考虑到网络活动跨国界、跨地域的特殊性，该法还规定了相关的域外管辖效力。例如，第五条规定：“国家采取措施，监测、防御、处置来源于中华人民共和国境内外的网络安全风险和威胁，保护关键信息基础设施免受攻击、侵入、干扰和破坏，依法惩治网络违法犯罪活动，维护网络空间安全和秩序。”第五十条规定：“国家网信部门和有关部门依法履行网络信息安全监督管理职责，发现法律、行政法规禁止发布或者传输的信息的，应当要求网络运营者停止传输，采取消除等处置措施，保存有关记录；对来源于中华人民共和国境外的上述信息，应当通知有关机构采取技术措施和其他必要措施阻断传播。”第七十五条规定：“境外的机构、组织、个人从事攻击、侵入、干扰、破坏等危害中华人民共和国的关键信息基础设施的活动，造成严重后果的，依法追究法律责任；国务院公安部门和有关部门并可以决定对该机构、组织、个人采取冻结财产或者其他必要的制裁措施。”

电子商务活动范围广，包括了本国境内发生的电子商务活动和跨境电子商务活动，后者包括本国公民在外国网站购物、外国人在本国购物网站购物的活动等。《中华人民共和国电子商务法（草案）》一审稿曾规定：“在中华人民共和国境内发生或者有境内电子商务经营主体、消费者参与的电子商务活动，适用本法。”按照该规定，该法不仅适用于国内，还适用于国外。对于这一问题有不同的看法。有的意见认为，跨境电子商务活动本质上属于国际贸易，有特殊的法律适用规则，规定有境内电子商务经营主体、消费者参与的电子商务活动均适用《中华人民共和国电子商务法》不符合电子商务实践，实际上也无法做到。但有的意见认为，如果该法仅适用于本国境内的电子商务活动，难以涵盖本国公民在境外网站购物的行为，不利于保护本国消费者的合法权益。考虑到跨境电子商务活动法律适用的复杂性，二审稿对一审稿作了修改，规定中华人民共和国境内的电子商务活动，适用本法。最后通过的《中华人民共和国电子商务法》保持了二审稿的规定。

何为“中华人民共和国境内的电子商务活动”？电子商务活动当事人以及交易行为都在中华人民共和国境内，则该活动属于“中华人民共和国境内的电子商务活动”。如果只是电子商务活动的部分要素在中华人民共和国境内，如电子商务经营者或消费者一方在中华人民共和国境内，或电子交易平台服务器在中国境内，从法律文义来看，这些情况不构成“中华人民共和国境内的电子商务活动”。这里有几个问题需要说明：

第一，跨境电子商务活动不构成“中华人民共和国境内的电子商务活动”，从而不适用《中华人民共和国电子商务法》，与《中华人民共和国电子商务法》第五章“电子商务促进”规定国家对跨境电子商务活动的鼓励和支持并不矛盾。跨境电子商务活动不适用《中华人民共和国电子商务法》，主要是说实践中不根据《中华人民共和国电子商务法》的规定确定跨境电子商务活动经营者、消费者，尤其是位于境外的电子商务活动经营者、消费者的权利义务关系。《中华人民共和国电子商务法》规定国家对跨境电子商务活动的鼓励和支持，主要是从国内法角度创造有利于电子商务活动的良好氛围。

第二，跨境电子商务活动不适用《中华人民共和国电子商务法》，并不意味着不受中国其他法律的规范。《中华人民共和国电子商务法》第二十六条规定：“电子商务经营者从事跨境电子商务，应当遵守进出口监督管理的法律、行政法规和国家有关规定。”跨境电子商务活动本质上是进出口贸易，要受到《中华人民共和国海关法》《中华人民共和国进出境动植物检疫法》《中华人民共和国国境卫生检疫法》《中华人民共和国货物进出口管理条例》等法律法规的规范。

第三，即使跨境商务活动不构成《中华人民共和国电子商务法》规定的“中华人民共和国境内的电子商务活动”，也不排除这些活动适用《中华人民共和国电子商务法》。《中华人民共和国涉外民事关系法律适用法》第四十一条规定：“当事人可以协议选择合同适用的法律。当事人没有选择的，适用履行义务最能体现该合同特征的一方当事人经常居所地法律或者其他与该合同有最密切联系的法律。”第四十二条规定：“消费者合同，适用消费者经常居所地法律；消费者选择适用商品、服务提供地法律或者经营者在消费者经常居所地没有从事相关经营活动的，适用商品、服务提供地法律。”第四十四条规定：“侵权责任，适用侵权行为地法律，但当事人有共同经常居所地的，适用共同经常居所地法律。侵权行为发生后，当事人协议选择适用法律的，按照其协议。”第四十五条规定：“产品责任，适用被侵权人经常居所地法律；被侵权人选择适用侵权人主营业地法律、损害发生地法律的，或者侵权人在被侵权人经常居所地没有从事相关经营活动的，适用侵权人主营业地法律或者损害发生地法律。”第四十六条规定：“通过网络或者采用其他方式侵害姓名权、肖像权、名誉权、隐私权等人格权的，适用被侵权人经常居所地法律。”

二、电子商务的概念

全国人大财政经济委员会电子商务法起草组编写的《中国电子商务立法研究报告》对电子商务概念作了如下研究：

联合国国际贸易法委员会的《电子商务示范法》将电子商务界定为通过数据电文进行的商业活动。“数据电文”系指经由电子手段、光学手段或类似手段生成、储存或传递的信息，这些手段包括但不限于电子数据交换（EDI）、电子邮件、电报、电传或传真；“商业”包括不论是契约性或非契约性的一切商业性质的关系所引起的种种事项，包括但不限于下列交易：供应或交换货物的任何贸易交易；分销协议；商业代表或代理；客账代理；租赁；工厂建造；咨询；工程设计；许可贸易；投资；融资；银行业务；保险；开发协议或特许；合营或其他形式的工业或商业合作；空中、海上、铁路或公路的客货运输。世界贸易组织在《电子商务与世界贸易组织的作用》中提出，电子商务是通过电子通信网络进行产品的生产、广告、销售和分配。经济合作和发展组织在《电子商务的经济与社会影响》中提出，电子商务是发生在开放网络上的包含企业之间（B2B）、企业和消费者之间（B2C）之间的商业交易，包括文本、声音和可视图像在内的基于数字化的数据加工、传递过程，包括一切与商务行为相关的交易形式。1997 年在巴黎举行的世界电子商务会议认为，电子商务是整个贸易活动的电子化。从涵盖范围看，电子商务指交易各方以电子交易方式而不是通过当面交换或直接面谈方式进行的任何形式的商业交易；从技术范畴看，电子商务是多技术的集合体，包括交换数据（电子数据交换、电子邮件）、获得数据（共享数据库、电子公告牌）以及自动捕获数据（条形码）等。联合国国际贸易程序简化工作组认为，电子商务是采用电子形式开展的商务活动，它包括在供应商、客户、政府及其他参与方之间通过任何电子工具，如 EDI、Web 技术、电子邮件等共享非结构化商务信息，并管理和完成在商务活动、管理活动和消费活动中的各种交易。欧洲经济委员会全球信息社会标准大会认为，电子商务是各参与方之间以电子方式而不是以物理交换或直接物理接触方式完成任何形式的业务交易。这里的电子方式包括 EDI、电子支付手段、电子订货系统、电子邮件、传真、网络、电子公告系统、条码、图像处理、智能卡等。欧洲议会将电子商务界定为通过电子方式进行的商务活动。它通过电子方式处理和传递数据，包括文本、声音和图像。它涉及许多方面的活动，包括货物电子贸易和服务、在线数据传递、电子资金划拨、电子证券交易、电子货运单证、商业拍卖、合作设计和工程、在线资料、公共产品获得。它包括了产品（如消费品、专门设备）和服务（如信息服务、金融和法律服务）、传统活动（如健身、教育）和新型活动（如虚拟购物、虚拟训练）。美国政府在《全球电子商务纲要》中指出，电子商务是通过 Internet 进行的各项商务活动，包括广告、交易、支付、服务等活动。

中国经济学界对电子商务的理解有广义和狭义之分：从技术基础角度来看，广义电子商务强调电子商务赖以开展的基础是各类电子信息网络技术，包括内部网、外部网、因特网以及其他电子信息技术、通信技术等。狭义电子商务的技术基础仅限于互联网；从商业活动的内容来看，广义电子商务涵盖商务活动的各个环节。狭义电子商务仅指有形商品和无形商品的交易。法学界的侧重点在电子商务行为的法律属性。狭义说将电子商务限定为商事行为，广义说将电子商务的范围拓展至民商事活动。

《中华人民共和国电子商务法》第二条第二款规定："本法所称电子商务，是指通过互联网等信息网络销售商品或者提供服务的经营活动。"《关于〈中华人民共和国电子商务法（草案）〉的说明》指出，"……信息网络包括互联网、移动互联网等；商品包括有形产品和无形产品（如数字产品）；……经营活动是指以营利为目的的商务活动，包括商品交易、服务交易和相关辅助经营服务活动。"《网络交易管理办法》规定的网络商品交易是指通过互联网（含移动互联网）销售商品或者提供服务的经营活动。网络有关服务是指为网络商品交易提供第三方交易平台、宣传推广、信用评价、支付结算、物流、快递、网络接入、服务器托管、虚拟空间租用、网站网页设计制作等营利性服务。商务部发布的《电子商务模式规范》

（SB/T 10518—2009）将电子商务界定为：基于互联网技术和网络通信手段进行货物或服务交易，并提供相关服务的商业形态。按照交易主体的不同具体细分为：企业（或其他组织机构）之间（Business to Business，简称B2B）、企业（或其他组织机构）和消费者之间（Business to Consumer，简称 B2C）、消费者之间（Consumer to Consumer，简称 C2C）。B2C 分为网上商厦和网上商店。网上商厦是指提供给企业（或其他组织机构）法人或法人委派的行为主体在互联网上独立注册开设网上商店，出售实物或提供服务给消费者的由第三方经营的电子商务平台。网上商店是指企业（或其他组织机构）法人或法人委派的行为主体在互联网上独立注册网站、开设网上商店，出售实物或提供服务给消费者的电子商务平台。B2B 分为网上交易市场和网上交易。网上交易市场是指提供给企业（或其他组织机构）法人或法人委派的行为主体间进行实物和服务交易的由第三方经营的电子商务平台。网上交易是指企业（或其他组织机构）法人或法人委派的行为主体在互联网上建立网站，向其他企业（或其他组织机构）法人或法人委派的行为主体提供实物和服务的电子商务平台。C2C——网上个人交易市场是指提供给个人间在网上进行实物和服务交易的由第三方经营的电子商务平台。

需要说明的是，由于经营活动是指以营利为目的的商务活动，个人之间转让其私人二手商品的行为不属于经营活动，所以不属于《中华人民共和国电子商务法》规定的电子商务活动。

三、本法适用的例外

1. 其他法律、行政法规有规定的，适用其规定

由于电子商务调整的销售商品或提供服务的行为同时也可能受其他法律调整，《中华人民共和国电子商务法》第二条第三款规定："法律、行政法规对销售商品或者提供服务有规定的，适用其规定……"例如，《中华人民共和国食品安全法》第六十二条规定："网络食品交易第三方平台提供者应当对入网食品经营者进行实名登记，明确其食品安全管理责任；依法应当取得许可证的，还应当审查其许可证。网络食品交易第三方平台提供者发现入网食品经营者有违反本法规定行为的，应当及时制止并立即报告所在地县级人民政府食品药品监督管理部门；发现严重违法行为的，应当立即停止提供网络交易平台服务。"第一百三十一条规定："违反本法规

定，网络食品交易第三方平台提供者未对入网食品经营者进行实名登记、审查许可证，或者未履行报告、停止提供网络交易平台服务等义务，使消费者的合法权益受到损害的，应当与食品经营者承担连带责任。消费者通过网络食品交易第三方平台购买食品，其合法权益受到损害的，可以向入网食品经营者或者食品生产者要求赔偿。网络食品交易第三方平台提供者不能提供入网食品经营者的真实名称、地址和有效联系方式的，由网络食品交易第三方平台提供者赔偿。网络食品交易第三方平台提供者赔偿后，有权向入网食品经营者或者食品生产者追偿。网络食品交易第三方平台提供者作出更有利于消费者承诺的，应当履行其承诺。"

需要注意的是，其他法律、行政法规的规定如果与《中华人民共和国电子商务法》不一致的，并不必然适用其他法律、行政法规的规定，而是要根据《中华人民共和国立法法》的规定确定法律适用问题。《中华人民共和国立法法》第八十七条规定："宪法具有最高的法律效力，一切法律、行政法规、地方性法规、自治条例和单行条例、规章都不得同宪法相抵触。"第八十八条规定："法律的效力高于行政法规、地方性法规、规章。行政法规的效力高于地方性法规、规章。"第八十九条规定："地方性法规的效力高于本级和下级地方政府规章。省、自治区的人民政府的规章的效力高于本行政区域内的设区的市、自治州的人民政府制定的规章。"第九十二条规定："同一机关制定的法律、行政法规、地方性法规、自治条例和单行条例、规章，特别规定与一般规定不一致的，适用特别规定；新的规定与旧的规定不一致的，适用新的规定。"

2. 金融、新闻等方面的相关电子商务活动不适用本法

《中华人民共和国电子商务法》第二条第三款规定："……金融类产品和服务，利用信息网络提供新闻信息、音视频节目、出版以及文化产品等内容方面的服务，不适用本法。"

2015 年，中国人民银行等十部门联合印发《关于促进互联网金融健康发展的指导意见》（银发〔2015〕221 号），按照"依法监管、适度监管、分类监管、协同监管、创新监管"的原则，确立了互联网支付、网络借贷、股权众筹融资、互联网基金销售、互联网保险、互联网信托和互联网消费金融等互联网金融主要业态的监管职责分工，落实了监管责任，明确

了业务边界。2016 年，国务院办公厅印发《互联网金融风险专项整治工作实施方案》，提出要规范各类互联网金融业态，优化市场竞争环境，扭转互联网金融某些业态偏离正确创新方向的局面。其他关于互联网金融的规定有《电子银行业务管理办法》《非金融机构支付服务管理办法》等。需要注意的是，电子支付属于金融服务，电子商务法第三章“电子商务合同的订立与履行”对电子支付作了规定，电子支付行为应当适用这些规定。

利用信息网络提供新闻信息、音视频节目、出版以及文化产品等内容方面的服务，现行规定包括《互联网新闻信息服务管理规定》《互联网视听节目服务管理规定》《网络出版服务管理规定》《互联网文化管理暂行规定》等。《互联网新闻信息服务管理规定》第二条规定：“……本规定所称新闻信息，包括有关政治、经济、军事、外交等社会公共事务的报道、评论，以及有关社会突发事件的报道、评论。《互联网视听节目服务管理规定》规定，互联网视听节目服务，是指制作、编辑、集成并通过互联网向公众提供视音频节目，以及为他人提供上载传播视听节目服务的活动。《网络出版服务管理规定》第二条规定：“……本规定所称网络出版服务，是指通过信息网络向公众提供网络出版物。本规定所称网络出版物，是指通过信息网络向公众提供的，具有编辑、制作、加工等出版特征的数字化作品，范围主要包括：（一）文学、艺术、科学等领域内具有知识性、思想性的文字、图片、地图、游戏、动漫、音视频读物等原创数字化作品；（二）与已出版的图书、报纸、期刊、音像制品、电子出版物等内容相一致的数字化作品；（三）将上述作品通过选择、编排、汇集等方式形成的网络文献数据库等数字化作品；（四）国家新闻出版广电总局认定的其他类型的数字化作品。”《互联网文化管理暂行规定》第二条规定：“本规定所称互联网文化产品是指通过互联网生产、传播和流通的文化产品，主要包括：（一）专门为互联网而生产的网络音乐娱乐、网络游戏、网络演出剧（节）目、网络表演、网络艺术品、网络动漫等互联网文化产品；（二）将音乐娱乐、游戏、演出剧（节）目、表演、艺术品、动漫等文化产品以一定的技术手段制作、复制到互联网上传播的互联网文化产品。”第三条规定：“本规定所称互联网文化活动是指提供互联网文化产品及其服务的活动，主要包括：（一）互联网文化产品的制作、复制、进口、发行、播放等活动;(二)将文化产品登载在互联网上,或者通过互联网、移动通信网等信息网络发送到计算机、固定电话机、移动电话机、电视机、游戏机等用户端以及网吧等互联网上网服务营业场所,供用户浏览、欣赏、使用或者下载的在线传播行为;(三)互联网文化产品的展览、比赛等活动。互联网文化活动分为经营性和非经营性两类……"

需要注意的是,电子商务法的许多规定是针对电子商务领域具有普遍适用性的内容,例如,线上线下一致性原则、电子商务经营者义务、消费者权益保护、电子商务合同的订立、电子商务争议解决和电子商务促进,而互联网金融监管相关规定、《互联网新闻信息服务管理规定》《互联网视听节目服务管理规定》《网络出版服务管理规定》《互联网文化管理暂行规定》主要是关于服务内容本身质量的规定,欠缺电子商务法规定的很多内容,特别是关于电子商务经营者义务以及消费者权益保护的内容。实践中对这一规定存在着不同理解。有的意见认为,如果笼统地说电子商务法不适用上述领域,可能导致电子商务活动适用法律规则的不统一,给将来电子商务法的贯彻执行带来困难。有的意见认为,电子商务法的这一规定,是指在内容服务方面不适用本法,而不是指在电子合同签署、电子支付及消费者权益保护等普遍原则方面均不适用本法。因此,在未来的执法和司法实践中,需要对互联网金融、利用信息网络提供新闻信息、音视频节目、出版以及文化产品等内容方面的服务与电子商务法的适用关系作出进一步的完善与细化。

第三条　国家鼓励发展电子商务新业态,创新商业模式,促进电子商务技术研发和推广应用,推进电子商务诚信体系建设,营造有利于电子商务创新发展的市场环境,充分发挥电子商务在推动高质量发展、满足人民日益增长的美好生活需要、构建开放型经济方面的重要作用。

【本条主旨】

本条是关于鼓励、促进电子商务发展的规定。

【条文精释】

国家鼓励发展电子商务新业态，创新商业模式。《国务院办公厅关于加快电子商务发展的若干意见》规定，探索多层次、多模式的中国特色电子商务发展道路，促进各类电子商务应用的协调发展。《国务院办公厅关于促进农村电子商务加快发展的指导意见》提出，鼓励地方、企业等因地制宜，积极探索农村电子商务新模式。

促进电子商务技术研发和推广应用。《国务院办公厅关于加快电子商务发展的若干意见》提出，鼓励以企业为主体，联合高校和科研机构研究制订电子商务关键技术标准和规范，参与国际标准的制订和修正，积极推进电子商务标准化进程。广泛采用先进的物流技术与装备，优化业务流程，提升物流业信息化水平，提高现代物流基础设施与装备的使用效率和经济效益。发展电子商务相关技术装备和软件。积极引进、消化、吸收国外先进适用的电子商务应用技术，鼓励技术创新，加快具有自主知识产权的电子商务硬件和软件产业化进程，提高电子商务平台软件、应用软件、终端设备等关键产品的自主开发能力和装备能力。

推进电子商务诚信体系建设。《国务院办公厅关于加快电子商务发展的若干意见》提出，加快信用体系建设。加强政府监管、行业自律及部门间的协调与联合，鼓励企业积极参与，按照完善法规、特许经营、商业运作、专业服务的方向，建立科学、合理、权威、公正的信用服务机构；建立健全相关部门间信用信息资源的共享机制，建设在线信用信息服务平台，实现信用数据的动态采集、处理、交换；严格信用监督和失信惩戒机制，逐步形成既符合我国国情又与国际接轨的信用服务体系。

营造有利于电子商务创新发展的市场环境。《国务院办公厅关于加快电子商务发展的若干意见》提出，要按照科学发展观的要求，紧紧围绕转变经济增长方式、提高综合竞争力的中心任务，实行体制创新，着力营造电子商务发展的良好环境。

充分发挥电子商务在推动高质量发展、满足人民日益增长的美好生活需要、构建开放型经济方面的重要作用。《国务院办公厅关于加快电子商务发展的若干意见》指出，推进电子商务是贯彻科学发展观的客观要求，有利于促进我国产业结构调整，推动经济增长方式由粗放型向集约型转变，提高国民经济运行质量和效率，形成国民经济发展的新动力，实现经济社会的全面协调可持续发展。加快电子商务发展是应对经济全球化挑战、把握发展主动权、提高国际竞争力的必然选择，有利于提高我国在全球范围内配置资源的能力，提升我国经济的国际地位。推广电子商务应用是完善我国社会主义市场经济体制的有效措施，将有力地促进商品和各种要素的流动，消除妨碍公平竞争的制约因素，降低交易成本，推动全国统一市场的形成与完善，更好地实现市场对资源的基础性配置作用。全国人大常委会三审时的《全国人民代表大会宪法和法律委员会关于〈中华人民共和国电子商务法（草案）〉修改情况的汇报》提出，2018 年是改革开放 40 周年，以习近平同志为核心的党中央提出了一系列改革开放新的重要举措，电子商务作为现代服务业的重要组成部分，应充分发挥其在推动高质量发展和形成全面开放新格局方面的作用。宪法和法律委员会经研究，建议在草案二次审议稿第四条中增加规定：充分发挥电子商务在推动高质量发展、构建开放型经济方面的重要作用。草案四次审议稿又进一步增加了“满足人民日益增长的美好生活需要”的表述。这些修改符合电子商务在国家发展中发挥的实际作用，也显示了对电子商务发展的鼓励、促进。

第四条　国家平等对待线上线下商务活动，促进线上线下融合发展，各级人民政府和有关部门不得采取歧视性的政策措施，不得滥用行政权力排除、限制市场竞争。

【本条主旨】

本条是关于商务活动线上线下一致原则的规定。

【条文精释】

电子商务对推动创新、增加经济发展动能方面发挥重要作用，也具有与传统经济不同的特点，对于其发展模式及监管方式，有不同认识。有的认为，电子商务有其特殊之处，对增加就业、推动经济发展发挥了重要作用，应当从鼓励创新、促进发展的角度对待电子商务，在准入登记、税收管理等监管方式上应当区别于传统模式。有的认为，与传统商业活动一样，电子商务本质上也是经营活动，如果对二者区别对待，给电子商务特殊优惠，对传统商业经营不公平。这个问题在《中华人民共和国电子商务法》立法过程中也是争论焦点。《中华人民共和国电子商务法》规定平等对待线上线下商务活动的原则，明确了电子商务经营者在市场准入、纳税等方面的义务，确保线上线下公平竞争。

商务部副部长、党组成员王炳南在《国内外电子商务的现状与发展》讲座中提到，为推动实体经济和虚拟经济深度融合发展，维护市场公平竞争，各国政府开始在政策和立法层面努力保持线上线下一致，针对电子商务的特殊性问题，提出新的政策措施，并做好与现有法律的衔接。美国参议院于2013年、2015年先后两次通过《市场公平法案》，试图将电子商务税收从个别征收扩展至普遍要求。根据法案，电子商务企业向消费者收取消费税，企业所在州政府向企业收取销售税，从而避免电子商务免税政策带来的不公平竞争和税收流失问题。但由于各方争议较大，法案在众议院并未通过。对于金融、媒体和通信等有市场准入限制的行业，各国政府对互联网及电子商务企业和传统企业也是一视同仁，均要求遵守现行法规。例如：美国将网络借贷（P2P）、众筹等互联网金融纳入传统金融监管框架，美国证监会要求对网络借贷公司实行注册制。新西兰规定，所有允许传统经营方式进入的领域必须无差别地向互联网和电子商务开放。

平等对待线上线下商务活动，还体现在线上线下经营者均要遵守产品质量、知识产权保护等国家法律，监管部门在执法过程中也要做到公平执法。例如，《国务院关于大力发展电子商务加快培育经济新动力的意见》提出，统一线上线下的商品编码标识。《国务院办公厅关于加强互联网领域侵权假冒行为治理的意见》提出，推进线上线下一体化监管。《流通领域商品质量监督管理办法》明确将所有实体店销售和网络销售全部纳入流通领域商品质量的监管范围，实行线上线下统一监管。

需要注意的是，平等对待线上线下商务活动，并不意味着把线下监管制度和监管手段完全照搬到线上。线上和线下在活动方式、活动范围、交易量等方面都存在很大差异，监管方式等需要根据线上线下活动的特点确定。《“十三五”市场监管规划》提出，坚持审慎监管。适应新技术、新产业、新业态、新模式蓬勃发展的趋势，围绕鼓励创新、促进创业，探索科学高效的监管机制和方式方法，实行包容式监管，改革传统监管模式，推动创新经济繁荣发展。对潜在风险大、社会风险高的领域，要严格监管，消除风险隐患。2017 年 6 月 13 日，李克强总理在全国深化简政放权放管结合优化服务改革电视电话会议上的讲话指出，要以包容审慎监管助力新动能健康成长，为新产业、新业态、新模式规范发展留出充足空间。对方兴未艾的新产业、新业态、新模式，要善于倾听市场主体和群众的呼声，在实施放权松绑的同时，积极探索包容审慎监管，对于那些看得准、有发展前景的，要量身定制适当的监管模式，促进其规范健康成长；对一时看不准的，可以先观察一段时间，为新兴生产力成长打开更大空间。

二、促进线上线下融合发展

《国务院关于积极推进“互联网 +”行动的指导意见》对促进电子商务线上线下融合发展作了要求：

巩固和增强我国电子商务发展领先优势，大力发展农村电商、行业电商和跨境电商，进一步扩大电子商务发展空间。电子商务与其他产业的融合不断深化，网络化生产、流通、消费更加普及，标准规范、公共服务等支撑环境基本完善。

1. 积极发展农村电子商务。开展电子商务进农村综合示范，支持新型农业经营主体和农产品、农资批发市场对接电商平台，积极发展以销定产模式。完善农村电子商务配送及综合服务网络，着力解决农副产品标准化、物流标准化、冷链仓储建设等关键问题，发展农产品个性化定制服务。开展生鲜农产品和农业生产资料电子商务试点，促进农业大宗商品电子商务发展。

2. 大力发展行业电子商务。鼓励能源、化工、钢铁、电子、轻纺、医药等行业企业，积极利用电子商务平台优化采购、分销体系，提升企业经营效率。推动各类专业市场线上转型，引导传统商贸流通企业与电子商务企业整合资源，积极向供应链协同平台转型。鼓励生产制造企业面向个性化、定制化消费需求深化电子商务应用，支持设备制造企业利用电子商务平台开展融资租赁服务，鼓励中小微企业扩大电子商务应用。按照市场化、专业化方向，大力推广电子招标投标。

3. 推动电子商务应用创新。鼓励企业利用电子商务平台的大数据资源，提升企业精准营销能力，激发市场消费需求。建立电子商务产品质量追溯机制，建设电子商务售后服务质量检测云平台，完善互联网质量信息公共服务体系，解决消费者维权难、退货难、产品责任追溯难等问题。加强互联网食品药品市场监测监管体系建设，积极探索处方药电子商务销售和监管模式创新。

4. 加强电子商务国际合作。鼓励各类跨境电子商务服务商发展，完善跨境物流体系，拓展全球经贸合作。推进跨境电子商务通关、检验检疫、结汇等关键环节单一窗口综合服务体系建设。创新跨境权益保障机制，利用合格评定手段，推进国际互认。创新跨境电子商务管理，促进信息网络畅通、跨境物流便捷、支付及结汇无障碍、税收规范便利、市场及贸易规则互认互通。

三、各级人民政府和有关部门不得采取歧视性的政策措施，不得滥用行政权力排除、限制市场竞争

《国务院关于促进市场公平竞争维护市场正常秩序的若干意见》提出，凡是市场主体基于自愿的投资经营和民商事行为，只要不属于法律法规禁止进入的领域，不损害第三方利益、社会公共利益和国家安全，政府不得限制进入。制定市场准入负面清单，国务院以清单方式明确列出禁止和限制投资经营的行业、领域、业务等，清单以外的，各类市场主体皆可依法平等进入；地方政府需进行个别调整的，由省级政府报经国务院批准。严禁违法设定行政许可、增加行政许可条件和程序；严禁以备案、登记、注册、年检、监制、认定、认证、审定、指定、配号、换证等形式或者以非行政许可审批名义变相设定行政许可。打破地区封锁和行业垄断。对各级政府和部门涉及市场准入、经营行为规范的法规、规章和规定进行全面清理，废除妨碍全国统一市场和公平竞争的规定和做法，纠正违反法律法规实行优惠政策招商的行为，纠正违反法律法规对外地产品或者服务设定歧视性准入条件及收费项目、规定歧视性价格及购买指定的产品、服务等行为。

《国务院关于在市场体系建设中建立公平竞争审查制度的意见》提出，行政机关和法律、法规授权的具有管理公共事务职能的组织（以下统称

"政策制定机关"）制定市场准入、产业发展、招商引资、招标投标、政府采购、经营行为规范、资质标准等涉及市场主体经济活动的规章、规范性文件和其他政策措施，应当进行公平竞争审查。行政法规和国务院制定的其他政策措施、地方性法规，起草部门应当在起草过程中进行公平竞争审查。未进行自我审查的，不得提交审议。审查标准。要从维护全国统一市场和公平竞争的角度，按照以下标准进行审查：1. 市场准入和退出标准。（1）不得设置不合理和歧视性的准入和退出条件；（2）公布特许经营权目录清单，且未经公平竞争，不得授予经营者特许经营权；（3）不得限定经营、购买、使用特定经营者提供的商品和服务；（4）不得设置没有法律法规依据的审批或者事前备案程序；（5）不得对市场准入负面清单以外的行业、领域、业务等设置审批程序。2. 商品和要素自由流动标准。（1）不得对外地和进口商品、服务实行歧视性价格和歧视性补贴政策；（2）不得限制外地和进口商品、服务进入本地市场或者阻碍本地商品运出、服务输出；（3）不得排斥或者限制外地经营者参加本地招标投标活动；（4）不得排斥、限制或者强制外地经营者在本地投资或者设立分支机构；（5）不得对外地经营者在本地的投资或者设立的分支机构实行歧视性待遇，侵害其合法权益。3. 影响生产经营成本标准。（1）不得违法给予特定经营者优惠政策；（2）安排财政支出一般不得与企业缴纳的税收或非税收入挂钩；（3）不得违法免除特定经营者需要缴纳的社会保险费用；（4）不得在法律规定之外要求经营者提供或者扣留经营者各类保证金。4. 影响生产经营行为标准。（1）不得强制经营者从事《中华人民共和国反垄断法》规定的垄断行为；（2）不得违法披露或者要求经营者披露生产经营敏感信息，为经营者从事垄断行为提供便利条件；（3）不得超越定价权限进行政府定价；（4）不得违法干预实行市场调节价的商品和服务的价格水平。没有法律、法规依据，各地区、各部门不得制定减损市场主体合法权益或者增加其义务的政策措施；不得违反《中华人民共和国反垄断法》，制定含有排除、限制竞争内容的政策措施。

《"十三五"市场监管规划》提出，改革各种审批限制，建立统一公开透明的市场准入制度，为投资创业创造公平的准入环境。凡是法律法规未明确禁入的行业和领域，都允许各类市场主体进入。凡是已向外资开放或承诺开放的领域，都向国内民间资本放开。凡是影响民间资本公平进入和竞争的不合理障碍，都予以取消。破除民间投资进入电力、电信、交通、油气、市政公用、养老、医疗、教育等领域的不合理限制和隐性壁垒，取消对民间资本单独设置的附加条件和歧视性条款，保障民间资本的合法权益。建立完善市场准入负面清单制度，对关系人民群众生命财产安全、国家安全、公共安全、生态环境安全等领域，明确市场准入的质量安全、环境和技术等标准，明确市场准入领域和规则。对外商投资实行准入前国民待遇加负面清单的管理模式，逐步减少限制外资进入的领域，培育和扩大国际合作新优势。健全完善相关领域的国家安全审查制度。清除统一大市场障碍。按照构建全国统一大市场的要求，废除妨碍全国统一市场和公平竞争的规定和做法，清除针对特定行业的不合理补贴政策，打破制约商品要素流动和服务供给的地区分割、行业垄断和市场壁垒，保证各类市场主体依法平等使用生产要素、公平参与市场竞争。严禁对外地企业、产品和服务设置歧视性准入条件，各地区凡是对本地企业开放的市场领域，不得限制外地企业进入，严禁设置限制企业跨地区经营发展的规定。

第五条　电子商务经营者从事经营活动，应当遵循自愿、平等、公平、诚信的原则，遵守法律和商业道德，公平参与市场竞争，履行消费者权益保护、环境保护、知识产权保护、网络安全与个人信息保护等方面的义务，承担产品和服务质量责任，接受政府和社会的监督。

【本条主旨】

本条是关于电子商务经营者义务的规定。

【条文精释】

习近平总书记 2016 年 4 月 19 日在网络安全和信息化工作座谈会上的讲话中强调，一个企业既有经济责任、法律责任，也有社会责任、道德责任。企业做得越大，社会责任、道德责任就越大，公众对企业这方面的要求也就越高。我国互联网企业在发展过程中，承担了很多社会责任，这一点要给予充分肯定，希望继续发扬光大。只有富有爱心的财富才是真正有意义的财富，只有积极承担社会责任的企业才是最有竞争力和生命力的企业。办网站的不能一味追求点击率，开网店的要防范假冒伪劣，做社交平台的不能成为谣言扩散器，做搜索的不能仅以给钱的多少作为排位的标准。希望广大互联网企业坚持经济效益和社会效益统一，在自身发展的同时，饮水思源，回报社会，造福人民。

本条对电子商务经营者的法律和道德责任作了综合性规定：一是应当遵循自愿、平等、公平、诚信的原则，遵守法律和商业道德。这是电子商务经营者参与市场经济活动必须遵守的基本准则。《中华人民共和国民法总则》规定了民事行为的基本原则，包括自愿、平等、公平、诚实信用，并强调从事民事活动不得违反法律、不得违背公序良俗。另外，还规定营利法人从事经营活动，应当遵守商业道德，维护交易安全。《中华人民共和国反不正当竞争法》第二条第一款规定："经营者在生产经营活动中，应当遵循自愿、平等、公平、诚信的原则，遵守法律和商业道德。"

二是公平参与市场竞争。公平竞争是市场经济的基本要求，但实践中电子商务领域不正当竞争的情况比较突出，商业混淆、网络攻击等新型不公平竞争行为层出不穷。《中华人民共和国反不正当竞争法》于2017年进行了修订。电子商务经营者应当遵守法律规定和商业道德，公平参与市场竞争。

三是履行消费者权益保护、环境保护、知识产权保护、网络安全与个人信息保护等方面的义务。消费者权益保护、环境保护、知识产权保护、网络安全与个人信息保护是电子商务发展中面临很大挑战的焦点问题，《中华人民共和国消费者保护法》《中华人民共和国环境保护法》《中华人民共和国商标法》《中华人民共和国专利法》《中华人民共和国著作权法》《中华人民共和国网络安全法》等对相关问题作了规范，电子商务经营者应当严格遵守、认真贯彻落实。

四是承担产品和服务质量责任。电子商务中假冒伪劣商品问题突出，不仅涉及知识产权保护，还关系到消费者的人身财产安全，《中华人民共和国产品质量法》《中华人民共和国食品安全法》等对相关问题作了规定，电子商务经营者应当严格遵守、认真贯彻落实。

五是接受政府和社会的监督。《中华人民共和国民法总则》第八十六条规定:“营利法人从事经营活动，应当接受政府和社会的监督，承担社会责任。”电子商务监管是网络社会治理的组成部分，除了政府通过执法行为进行监督，社会舆论也发挥着重要作用，实践中，电子商务经营者的许多违法或违反商业道德的行为是通过社会监督被曝光或在社会舆论压力下得到解决的。另外，电子商务交易量巨大，政府监管能力有限，需要充分发挥社会监督的作用。

第六条　国务院有关部门按照职责分工负责电子商务发展促进、监督管理等工作。县级以上地方各级人民政府可以根据本行政区域的实际情况，确定本行政区域内电子商务的部门职责划分。

【本条主旨】

本条是关于电子商务促进、监管职责分工的规定。

【条文精释】

在《中华人民共和国电子商务法》起草过程中，有的提出，笼统规定“有关部门”按照职责分工负责促进、监管，容易导致出现遇到利益的时候大家都抢，出现责任的时候踢皮球。建议规定市场监督管理部门（国家市场监督管理总局及地方市场监督管理局）为电子商务的主管部门，理由包括:（1）市场监督管理部门承担一般性、普遍性的市场监督管理工作，电子商务属于市场经济商务活动，其监管应主要由市场监督管理部门负责。（2）市场监督管理部门的机构和人员覆盖面和监管内容直接面向最终端的消费者和经营者，其主管电子商务监管具备良好的基础。（3）消费投诉机构主要设立在市场监督管理部门，由市场监督管理部门作为电子商务主管机构，可以更好地保护消费者的合法权益。

电子商务涉及商品或服务交易、电子支付、快递物流、信息安全等，其监督管理也相应地涉及多个部门，不可能完全由某一个部门负责，经济领域分工监管是各国普遍采用的监管方式。无论是电子商务还是实体经济领域，国家行政管理体制是统一的，专门针对电子商务确立特殊的监管体制不现实。所以，我国对电子商务的监管体制仍应以分工监管为主，《中华人民共和国电子商务法》规定各部门按照职责分工负责电子商务发展促进、监督管理等工作。国务院有关部门的职责与电子商务紧密相关的有：

商务部。商务部负责推动流通标准化和连锁经营、商业特许经营、物流配送、电子商务等现代流通方式的发展，拟订规范市场运行、流通秩序的政策，推动商务领域信用建设等。这些职责与电子商务紧密相关。

国家市场监督管理总局。《网络交易管理办法》第三十九条规定："网络商品交易及有关服务的监督管理由县级以上工商行政管理部门负责。"根据《深化党和国家机构改革方案》的规定，组建国家市场监督管理总局，主要职责是负责市场综合监督管理，统一登记市场主体并建立信息公示和共享机制，组织市场监管综合执法工作，承担反垄断统一执法，规范和维护市场秩序，组织实施质量强国战略，负责工业产品质量安全、食品安全、特种设备安全监管，统一管理计量标准、检验检测、认证认可工作等。市场监督管理部门是电子商务活动的重要监管机构。

国家知识产权局。知识产权保护是电子商务领域广受关注的问题。根据《深化党和国家机构改革方案》的规定，国家知识产权局负责保护知识产权工作，推动知识产权保护体系建设，负责商标、专利、原产地地理标志的注册登记和行政裁决，指导商标、专利执法工作等。

网络安全监管部门。正如习近平总书记2016年4月19日在网络安全和信息化工作座谈会上的讲话中所指出的那样，一些涉及国家利益、国家安全的数据，很多掌握在互联网企业手里，企业要保证这些数据安全。电子商务企业要遵守《中华人民共和国网络安全法》，接受网信、公安等机关监管。

国家邮政局。国家邮政局负责拟订邮政行业的发展战略、规划、政策和标准，起草邮政行业法律法规和部门规章草案。负责快递等邮政业务的市场准入，维护信件寄递业务专营权，依法监管邮政市场。

国家税务总局。《国务院办公厅关于加快电子商务发展的若干意见》指出，研究制定鼓励电子商务发展的财税政策。有关部门应本着积极稳妥推进的原则，加快研究制定电子商务税费优惠政策，加强电子商务税费管理。《中华人民共和国电子商务法》第十一条规定："电子商务经营者应当依法履行纳税义务，并依法享受税收优惠。依照前条规定不需要办理市场主体登记的电子商务经营者在首次纳税义务发生后，应当依照税收征收管理法律、行政法规的规定申请办理税务登记，并如实申报纳税。”

金融监管部门。《国务院办公厅关于加快电子商务发展的若干意见》指出，完善电子商务投融资机制。建立健全适应电子商务发展的多元化、多渠道投融资机制，研究制定促进金融业与电子商务相关企业互相支持、协同发展的相关政策。加强政府投入对企业和社会投入的带动作用，进一步强化企业在电子商务投资中的主体地位。另外，尽管金融类产品和服务不适用《中华人民共和国电子商务法》，但该法规定了电子支付相关内容，涉及中国人民银行等金融监管部门的职责。

各部门职责分工有一定程度的交叉重叠，在具体促进、监管工作中需要加强沟通协调，提高监管效率，避免监管漏洞或重复监管。发改委、网信办、商务部等32个部门建立了电子商务发展部际综合协调工作组，为加强电子商务治理提供了组织保障。

考虑到实践中地方政府关于电子商务的促进、监管体制存在差异，《中华人民共和国电子商务法》授权“县级以上地方各级人民政府可以根据本行政区域的实际情况，确定本行政区域内电子商务的部门职责划分”。实践中各地应当科学确定相关职责分工，尽可能避免纵向或横向的职能衔接不顺问题。

第七条　国家建立符合电子商务特点的协同管理体系，推动形成有关部门、电子商务行业组织、电子商务经营者、消费者等共同参与的电子商务市场治理体系。

【本条主旨】

本条是有关电子商务市场治理体系的规定。

【条文精释】

本条规定国家建立符合电子商务特点的协同管理体系，强调的是政府各部门之间在行使职权时要加强协调配合，根据实际情况建立多部门参与的工作协调机制；在总体的电子商务市场方面，则强调建立多方参与的治理体系。

我国经历了从社会管理到社会治理的发展历程。十八届三中全会以前强调社会管理，党的十八大提出要加强和创新社会管理，加快形成科学有效的社会管理体制。十八届三中全会明确提出了“创新社会治理体制、提高社会治理水平”的要求，提出坚持系统治理、依法治理、综合治理、源头治理。系统治理即加强党委领导，发挥政府主导作用，鼓励和支持社会各方面参与，实现政府治理和社会自我调节、居民自治良性互动。电子商务市场治理是社会治理的一部分。

2016 年 4 月 19 日，习近平总书记在网络安全和信息化工作座谈会上的讲话中指出，在我国，7 亿多人上互联网，肯定需要管理，而且这个管理是很复杂、很繁重的。企业要承担企业的责任，党和政府要承担党和政府的责任，哪一边都不能放弃自己的责任。网上信息管理，网站应负主体责任，政府行政管理部门要加强监管。主管部门、企业要建立密切协作协调的关系，避免过去经常出现的“一放就乱、一管就死”现象，走出一条齐抓共管、良性互动的新路。2016 年 10 月 9 日，习近平总书记主持中共中央政治局第三十六次集体学习时指出，随着互联网特别是移动互联网发展，社会治理模式正在从单向管理转向双向互动，从线下转向线上线下融合，从单纯的政府监管向更加注重社会协同治理转变。

电子商务市场发展中出现的不规范现象，包括不正当竞争、侵害知识产权、侵犯公民个人信息权、侵犯消费者合法权益等，政府通过依法监管进行治理，对于维护电子商务市场秩序、保护相关主体合法权益发挥着关键作用。但政府对电子商务市场的治理也面临一些问题，包括治理方式相对滞后、治理成本较高。电子商务市场治理，除了要提高政府治理能力，还需要发挥电子商务行业组织、电子商务经营者、消费者等的作用。

电子商务行业组织通过完善行业标准、加强行业自律等途径在电子商务市场治理中发挥作用。电子商务经营者是电子商务活动的直接参与者，也是电子商务活动的推动者和受益者，同时要在电子商务市场治理中发挥积极作用，要严格遵守国家法律，遵守商业道德，通过加强技术创新、完善平台规则等途径构建良好的电子商务市场生态，提高电子商务公信力，增强政府和消费者对电子商务的信任，责任相当繁重，但只有这样，才能形成良性循环，实现电子商务健康可持续发展。

消费者不仅仅是电子商务中商品或服务的接受者，还是电子商务生态的创造者。网络百科全书汇聚上亿用户的头脑智慧交流和分享知识，是充分发挥网络用户作用的典型例子。消费者在网络购物平台上发表的评论可以决定商家、货物、物流的信誉，是网络信用体系的构建者。社交平台等网络自媒体成为信息传播的重要渠道，网民可以更便捷地发表对社会事件的看法，即使是简单的阅读、关注、转发都可能影响社会事件的舆论走向，网民成为社会舆论监督的重要力量。《第三方电子商务交易平台服务规范》规定，平台经营者应当督促站内经营者建立和实行各类商品信誉制度，方便消费者监督和投诉。一些网络平台也尝试利用消费者的力量解决纠纷，例如有的网站建立由用户组成的纠纷解决机构，帮助判定和解决其他会员间产生的简单纠纷。

第八条　电子商务行业组织按照本组织章程开展行业自律，建立健全行业规范，推动行业诚信建设，监督、引导本行业经营者公平参与市场竞争。

【本条主旨】

本条是关于电子商务行业组织开展行业自律的规定。

【条文精释】

《中共中央关于全面深化改革若干重大问题的决定》提出，激发社会组织活力。正确处理政府和社会关系，加快实施政社分开，推进社会组织明确权责、依法自治、发挥作用。适合由社会组织提供的公共服务和解决的事项，交由社会组织承担。支持和发展志愿服务组织。限期实现行业协会商会与行政机关真正脱钩，重点培育和优先发展行业协会商会类、科技类、公益慈善类、城乡社区服务类社会组织，成立时直接依法申请登记。《国务院办公厅关于推进电子商务与快递物流协同发展的意见》提出，发挥行业协会自律作用，推动出台行业自律公约，强化企业主体责任，鼓励签署自律承诺书，促进行业健康发展。

行业组织可以通过制定行业自律公约，加强行业自律。例如，2001年，国内从事互联网行业的网络运营商、服务提供商、设备制造商、系统集成商以及科研、教育机构等70多家互联网从业者共同发起成立了中国互联网协会。近年来，中国互联网协会推动制定了《文明上网自律公约》《中国互联网网络版权自律公约》《抵制恶意软件自律公约》《中国互联网协会反垃圾短信息自律公约》《中国互联网协会关于抵制非法网络公关行为的自律公约》《中国互联网协会抵制网络谣言倡议书》《互联网搜索引擎服务自律公约》等自律性规则，对推动网络诚信建设和公平竞争发挥了积极作用。

行业协会还通过制定行业标准、服务规范等促进行业规范发展。2000年成立的中国电子商务协会是与电子商务有关的企事业单位和个人自愿参加的非盈利性的全国性社团组织。中国电子商务协会2005年发布了中国电子商务领域的首个行业规范——《网络交易平台服务规范》。2010年成立的电子商务企业标准联盟制定了《电子商务可信交易生态圈基础规范》《电子商务企业真实身份公示流程规范》《电子商务企业通用元数据》等多项联盟标准。2015年中国电子商务物流企业联盟、中国标准化研究院以及相关企业起草了中国电子商务物流领域的首个行业标准《电子商务物流服务规范》。2017年修订的《中华人民共和国标准化法》扩大了标准的制定范围，从原来侧重工业领域，进一步扩展到农业、服务业和社会事业等领域；赋予了团体标准法律地位，鼓励社会团体组织制定团体标准，构建了政府标准与市场标准协调配套的新型标准体系。这些新的修改为行业组织建立健全行业规范提供了更大的空间。

第二章　电子商务经营者

第一节　一般规定

第九条　本法所称电子商务经营者，是指通过互联网等信息网络从事销售商品或者提供服务的经营活动的自然人、法人和非法人组织，包括电子商务平台经营者、平台内经营者以及通过自建网站、其他网络服务销售商品或者提供服务的电子商务经营者。

本法所称电子商务平台经营者，是指在电子商务中为交易双方或者多方提供网络经营场所、交易撮合、信息发布等服务，供交易双方或者多方独立开展交易活动的法人或者非法人组织。

本法所称平台内经营者，是指通过电子商务平台销售商品或者提供服务的电子商务经营者。

【本条主旨】

本条是关于电子商务经营者定义的规定。

【条文精释】

电子商务经营者是电子商务活动中最为重要也是最受立法关注的主体类型。《中华人民共和国电子商务法》不仅在第一章中规定了电子商务经营者应当遵守的基本义务，而且在第二章“电子商务经营者”中对电子商务经营者的具体义务进行了规定。

一、电子商务经营者的概念

依据《中华人民共和国电子商务法》第二条的规定，电子商务是指通过互联网等信息网络销售商品或者提供服务的经营活动。据此，电子商务经营者是指利用互联网等信息网络从事经营活动的主体，即本条所称“通过互联网等信息网络从事销售商品或者提供服务的经营活动的自然人、法人和非法人组织”。

1. 从事经营活动是电子商务主体的核心特征。“经营活动”是我国法律常用的概念，是指以获取利润为目的，持续进行的有计划的行为。

2. 电子商务经营者的主体类型包括自然人、法人和非法人组织。

根据民法总则的规定，“自然人”包括一般意义上的自然人，同时也包括“个体工商户”和“农村承包经营户”。自然人从事电子商务应当是具有完全民事行为能力的自然人。

《中华人民共和国民法总则》第五十七条规定：“法人是具有民事权利能力和民事行为能力，依法独立享有民事权利和承担民事义务的组织。”法人分为营利法人、非营利法人和特别法人。《中华人民共和国民法总则》第七十六条规定：“以取得利润并分配给股东等出资人为目的成立的法人，为营利法人。营利法人包括有限责任公司、股份有限公司和其他企业法人等。”第八十七条规定：“为公益目的或者其他非营利目的成立，不向出资人、设立人或者会员分配所得利润的法人，为非营利法人。非营利法人包括事业单位、社会团体、基金会、社会服务机构等。”第九十六条规定：“本节规定的机关法人、农村集体经济组织法人、城镇农村的合作经济组织法人、基层群众性自治组织法人为特别法人。”在电子商务实践中，从事电子商务经营活动的法人应属于营利法人，但也不排除非营利法人、特别法人从事电子商务。需要注意的是，非营利法人可以以营利为目的从事一些经营活动，但获得的利润不能向其成员或设立人分配。非营利法人从事电子商务活动的，不得以其为非营利法人为由排除电子商务法的适用。

《中华人民共和国民法总则》第一百零二条规定：“非法人组织是不具有法人资格，但是能够依法以自己的名义从事民事活动的组织。”“非法人组织包括个人独资企业、合伙企业、不具有法人资格的专业服务机构等。”

3. 从外延上看，电子商务经营者包括三种类型：电子商务平台经营者、平台内经营者和通过自建网站、其他网络服务销售商品或者提供服务的电子商务经营者。

平台内经营者是相对于电子商务平台经营者的电子商务经营者类型，根据本条第三款的规定，是指通过电子商务平台销售商品或者提供服务的电子商务经营者。平台内经营者的经营活动发生在电子商务平台之上，一方面其是商品的销售者或服务的提供者，另一方面其又是平台经营者所提供的电子商务平台服务的接受者。

通过自建网站、其他网络服务销售商品或者提供服务的电子商务经营者是针对电子商务平台经营模式之外的其他电子商务经营者的兜底性规定。其中“通过其他网络服务销售商品或者提供服务”是电子商务法三审稿中新增的内容，主要针对的是近年来电子商务领域出现的利用社交平台、小程序、公众号等新型网络服务销售商品或者提供服务的业态。需要注意的是，只要经营者利用网络服务从事的经营活动本质上属于通过互联网等信息网络从事销售商品或提供服务，就应当被认定为电子商务经营者。

二、电子商务平台经营者的概念

电子商务平台经营者是本法中最具特色的概念。近些年来电子商务产业发展过程中出现了“平台化”的模式，如美国 eBay 和我国的淘宝等。这些经营主体本身并不直接从事商品的销售或针对消费者的服务的提供，而是通过搭建交易平台，为交易双方或者多方提供服务。

在本法颁布之前，商务部、原国家工商行政管理总局等部委对电子商务平台经营者均有定义，如商务部颁布的《电子商务模式规范》《网络购物服务规范》《第三方电子商务交易平台服务规范》和原国家工商总局颁布的《网络交易管理办法》等。其中，根据《网络交易管理办法》第二十二条第二款规定，第三方交易平台是指在网络商品交易活动中为交易双方或者多方提供网络空间、虚拟经营场所、交易规则、交易撮合、信息发布等服务，供交易双方或者多方独立展开交易活动的信息网络系统。电子商务法在前述规定的基础上，根据电子商务实践对电子商务平台经营者作出定义：“本法所称电子商务平台经营者，是指在电子商务中为交易双方或者多方提供网络经营场所、交易撮合、信息发布等服务，供交易双方或者多方独立开展交易活动的法人或者非法人组织。”

需要注意的是，电子商务平台在为其他电子商务经营者提供平台服务的同时，也可能直接向消费者销售商品或提供服务。一些主要以自营商品或提供服务为主的网站，为了充分发挥资源优势，也会向其他电子商务经营者开放网络服务资源，此时该网站承担的是电子商务平台角色。天猫、京东是典型的例子。在判定电子商务经营者是否为电子商务平台经营者的时候，要根据其具体发挥的作用判定，避免混淆。

1. 电子商务平台经营者是电子商务法规范的电子商务经营者的类型之一，也是通过互联网等信息网络从事销售商品或者提供服务的经营活动的主体。前述对于电子商务经营者的分析也适用于电子商务平台经营者。

2. 电子商务平台经营者在电子商务中为交易双方或者多方提供网络经营场所、交易撮合、信息发布等服务，供交易双方或者多方独立开展交易活动。

（1）电子商务平台经营者并不从事商品销售，而是提供服务。这是从法律角色的角度进行的定义，也即商业实践中存在着同时包括了从事自营业务和平台业务的经营者，但是就其作为电子商务平台经营者的角色而言，其所进行的电子商务经营活动指的就是平台服务的提供。

（2）所谓的“平台服务”，在环节上发生在电子商务活动之中，属于传统商法理论中的辅助商的概念，即该类主体服务于商事活动之中并不直接从事交易，而是为交易双方或者多方提供“网络经营场所、交易撮合、信息发布等服务”。

（3）平台服务从内容上看，本法共列举了三项内容，即“提供网络经营场所”“交易撮合”“信息发布”。上述三项内容，存在着两种不同的解读：一种观点认为，平台服务应当同时具备以上三种不同的服务内容；另一种观点则认为，只要具备任何一种服务内容即可构成平台经营服务。从条文的理解来看，对平台服务内容的理解需要从平台服务的功能与目的入手。平台服务的目的是“为交易双方或者多方提供……服务”“供交易双方或者多方独立开展交易活动……”，所以平台服务的核心在于通过其提供的服务或者通过连接他方提供的服务使交易双方或者多方能够达成实质交易。就“提供网络经营场所”和“信息发布”两项内容来看。“提供网络经营场所”是指为交易双方的交易提供网络空间。从线下经营活动来看，经营场所一般指的是为经营而使用的场所；在经济意义上，经营场所是经营活动的主要发生空间；从法律意义上而言，其具有相关法律关系管辖的意义。电子商务法所使用的网络经营场所，强调的是经营场所的经济意义，即进行交易活动的场所。从这个意义而言，提供网络交易场所是为了达成交易撮合。而“信息发布”，从其功能来看，也属于通过交易信息的发布，使得交易双方或各方能够达成交易。因此，认定是否构成本法所称的平台服务的核心为是否提供了“交易撮合”的服务，而无论是通过提供网络交易场所的方式进行的交易撮合，还是通过信息发布方式进行的交易撮合。这也就意味着对平台服务的认定既不需要同时具备以上三项内容，同时也不意味着只须具备任何一项内容即应当被认定为提供平台服务。根据以上分析，“交易撮合”是判断一个平台是否构成电子商务法调整的电子交易平台经营者的核心要素。

针对“交易撮合”的界定，需要注意以下几点：首先，“交易撮合”并非直接介入交易之中，对此，本法特别规定了电子商务平台经营者提供的服务是为了“供交易双方或者多方独立开展交易活动”。如果提供交易的一方主体与提供平台服务的主体之间并不具有独立性，则可能被认定为直接参与交易，具体见本书对第三十六条的精释分析。这也就意味着，从提供平台服务的角度来看，平台服务提供者并非交易的直接主体，其责任需要有本法与其他法律、法规的特别规定或者特别约定。其次，“交易撮合”是通过提供各种服务以使交易各方或者多方能够达成交易，其服务种类多种多样，可能包括提供网络经营场所、信息发布等对交易达成具有实质性影响的服务，也可能包括为交易达成事前或事后的配套服务，如交易规则的提供等，并不能单纯以服务方式认定撮合交易的存在，也不能因为撮合交易而认定必然包含何种撮合交易的服务方式。

（4）从事电子商务平台经营的主体必须是法人或者非法人组织。相比于电子商务经营者，本法将自然人排除在了从事电子商务平台经营的主体之外。这主要是考虑到电子商务平台经营者需要在电子商务交易中发挥非常重要的作用，因此不宜以自然人个体进行。因此，依照本法，自然人、个体工商户等不能成为电子商务平台经营者。

第十条　电子商务经营者应当依法办理市场主体登记。但是，个人销售自产农副产品、家庭手工业产品，个人利用自己的技能从事依法无须取得许可的便民劳务活动和零星小额交易活动，以及依照法律、行政法规不需要进行登记的除外。

【本条主旨】

本条是关于电子商务经营者市场主体登记问题的规定。

【条文精释】

市场主体登记，以往称为工商登记。党的十九大和十三届全国人大一次会议后，国家市场监督管理总局设立，根据《国家市场监督总局三定方案》的规定，工商登记改称为市场主体登记：“（二）负责市场主体统一登记注册。指导各类企业、农业专业合作社和从事经营活动的单位、个体工商户，以及外国（地区）企业常驻代表机构等市场主体的登记注册工作”。在电子商务发展过程中，许多电子商务经营者不办理市场主体登记手续而直接从事电子商务经营活动，一是造成市场监管部门难以掌握市场主体数量和活动情况、难以进行有效监管，二是由于欠缺市场主体登记，税务部门在税收征管上面临困难。电子商务法本条强调电子商务经营者应当依法办理市场主体登记，体现线上线下一致的原则，对于规范电子商务活动、确保其健康可持续发展具有积极作用。

一、自然人的市场主体登记

一般来讲，自然人从事民事活动，不存在市场主体登记问题。进行市场主体登记，通常意味着纯粹自然人身份转变为个体工商户身份。《中华人民共和国民法总则》第五十四条规定：“自然人从事工商业经营，经依法登记，为个体工商户。个体工商户可以起字号。”根据《个体工商户登记管理办法》的规定，有经营能力的公民经工商行政管理部门登记，领取个体工商户营业执照，依法开展经营活动。

在本法颁布之前，原国家工商总局制订的《网络交易管理办法》第七条第二款规定，从事网络商品交易的自然人，应当通过第三方交易平台开展经营活动，并向第三方交易平台提供其姓名、地址、有效身份证明、有效联系方式等真实身份信息。具备登记注册条件的，依法办理工商登记。但何为“具备登记注册条件”，并没有明确规定。在电子商务法立法过程中，对自然人从事电子商务经营活动是否需要登记的问题有较大争议。有的认为，如果要求自然人从事电子商务活动进行主体登记，会增加自然人经营成本，不利于发挥电子商务在促进就业、增加经济活力方面的作用。有的认为，根据法律法规规定，自然人从事传统商事经营活动需要登记，为确保公平，从事电子商务活动也应当进行登记。电子商务法最终采取了“依法办理市场主体登记”的表述，意味着登记是一般性义务，不登记是例外。

立法机关在立法过程中对该问题进行了说明。一审时，《关于〈中华人民共和国电子商务法（草案）〉的说明》提到，“起草过程中，对自然人工商登记问题有不同意见，经过反复沟通协调，各方面均认同工商登记是电子商务经营者的法定义务。但考虑到我国国情和电子商务发展实际，为有利于促进就业，可以对部分符合条件的小规模经营者免予登记。”因此，草案一审稿规定：“电子商务经营主体应当依法办理工商登记。但是，依法无须取得许可的以个人技能提供劳务、家庭手工业、农产品自产自销以及依照法律法规不需要进行工商登记的除外。具体办法由国务院规定。”

二审时，《全国人民代表大会法律委员会关于〈中华人民共和国电子商务法（草案）〉修改情况的汇报》提出，对于草案一审稿的规定有两种意见。一种意见认为，免于工商登记的范围过窄，不利于电子商务发展。另一种意见认为，草案与最近国务院发布施行的无证无照经营查处办法的规定总体一致，目前，工商登记、税务登记已合并，实行一照一码，工商登记是税收征管的基础，工商登记应当线上线下统一。法律委员会经研究，建议将草案的上述规定修改为：电子商务经营者应当依法办理工商登记。但是，销售自产农副产品、销售家庭手工业产品、个人利用自己的技能从事依法无须取得许可的便民劳务活动以及依照法律、行政法规不需要进行工商登记的除外。后续修改中又对免于登记的情况作了修改完善。

二、法人的市场主体登记

法人包括营利法人与非营利法人。营利法人包括有限责任公司、股份有限公司和其他企业法人。针对营利法人的市场主体登记的法律法规包括《中华人民共和国公司登记管理条例》和《中华人民共和国企业法人登记管理条例》。《中华人民共和国公司登记管理条例》第二条规定，有限责任公司和股份有限公司的设立、变更、终止，应当依照本条例办理公司登记；《中华人民共和国企业法人登记管理条例》第二条规定，具备条件的下列企业，应当依照本条例的规定办理企业法人登记：（1）全民所有制企业；（2）集体所有制企业；（3）联营企业；（4）在中华人民共和国境内设立的中外合资经营企业、中外合作经营企业和外资企业；（5）私营企业；

（6）依法需要办理企业法人登记的其他企业。

非营利法人包括事业单位、社会团体、基金会、社会服务机构等。其中事业单位根据《事业单位登记管理暂行条例》，社会团体根据《社会团体登记管理条例》、基金会根据《基金会管理条例》、社会服务机构根据《民办非企业单位登记管理暂行条例》进行登记。

三、非法人组织的市场主体登记

根据民法总则的规定，非法人组织包括个人独资企业、合伙企业、不具有法人资格的专业服务机构。其中，个人独资企业按照《个人独资企业登记管理办法》、合伙企业按照《中华人民共和国合伙企业登记管理办法》进行登记。此外，根据《最高人民法院关于适用最高人民法院〈中华人民共和国民事诉讼法〉的解释》第五十二条规定，"民事诉讼法第四十八条规定的其他组织是指合法成立、有一定的组织机构和财产，但又不具备法人资格的组织：（一）依法登记领取营业执照的个人独资企业；（二）依法登记领取营业执照的合伙企业；（三）依法登记领取我国营业执照的中外合作经营企业、外资企业；（四）依法成立的社会团体的分支机构、代表机构；（五）依法设立并领取营业执照的法人的分支机构；（六）依法设立并领取营业执照的商业银行、政策性银行和非银行金融机构的分支机构；（七）经依法登记领取营业执照的乡镇企业、街道企业；（八）其他符合本条规定条件的组织。"该条规定也可以作为对非法人组织的认定条件，而所列非法人组织的登记也需要依照各自规定进行。

实践中，需要正确理解"依法办理市场主体登记"。是否需要办理登记以及如何办理登记，需要以其他法律、行政法规等为准。但根据现行法律、行政法规等的规定，基本都需要进行登记。当然，也不排除随着改革的不断深入以及市场主体登记制度改革的推进，市场主体登记政策会有所变化，电子商务法的规定可以更好适应新情况。

四、免于市场主体登记的情形

一是个人销售自产农副产品、家庭手工业品。该项豁免针对的是自然人进行电子商务活动中的商品销售行为的豁免。其他国家和地区对此有相关规定，例如《德国商法典》规定对于农业和林业事业，无须进行商业登记。我国台湾地区"商业登记法"规定：摊贩、家庭农、林、渔、牧业者、家庭手工业者无须进行商业登记。需要注意的是，《德国商法典》所规定的登记是针对商人的登记，农业和林业事业可免于商人登记；而台湾地区“商业登记法”所规定的登记，是指营业的登记，即从事“以营利为目的，以独资或合伙方式经营之事业”，“非经主管机关登记，不得开业”。从本法的规定来看，主要是针对自然人特殊经营活动的登记豁免，考虑到电子商务活动的特殊性，将之限缩为“销售自产农产品、家庭手工业品”。销售自产农副产品、家庭手工业品与大规模的市场经营行为有所区别。《中华人民共和国食品安全法》第三十五条对销售农产品也有特别规定：“国家对食品生产经营实行许可制度。从事食品生产、食品销售、餐饮服务，应当依法取得许可。但是，销售食用农产品，不需要取得许可。”

二是个人利用自己的技能从事依法无须取得许可的便民劳务活动。此处服务指的是便民劳务活动并且必须是自然人个人利用自己的技能从事的无须取得许可的活动。能够适用本情形的服务须是无须取得许可的服务活动。需要取得许可的服务活动，须依法取得许可后才能够提供，如医疗服务等。而且服务必须是便民劳务活动，这也就意味着服务最终指向的接受者应当主要是终端消费者。

三是零星小额交易活动。在电子商务立法过程中，有的意见认为免于登记的范围过窄。全国人大法律委员会、全国人大常委会法制工作委员会研究认为，实践中有许多个人经营者交易的频次低、金额小，法律已要求平台对其身份进行核验，可不要求其必须办理登记，在三次审议时建议在草案中增加规定：个人从事零星小额交易活动不需要办理市场主体登记。关于电子商务法中所称“零星小额交易活动”需要结合我国市场环境确定。

四是依照法律、行政法规不需要进行登记的。这属于兜底性的规定，为日后法律、行政法规的完善留下空间。

第十一条　电子商务经营者应当依法履行纳税义务，并依法享受税收优惠。

依照前条规定不需要办理市场主体登记的电子商务经营者在首次纳税义务发生后，应当依照税收征收管理法律、行政法规的规定申请办理税务登记，并如实申报纳税。

【本条主旨】

本条是关于电子商务经营者依法纳税、享受税收优惠和办理税务登记的规定。

【条文精释】

一、依法纳税和享受税收优惠

本法第四条规定，国家平等对待线上线下商务活动，因此在电子商务活动中，电子商务经营者也应当依法履行纳税义务。电子商务经营者相关的税种主要包括增值税和所得税。

从事电子商务的经营者需要依据《中华人民共和国增值税暂行条例》缴纳增值税。《中华人民共和国增值税暂行条例》第一条规定："在中华人民共和国境内销售货物或者提供加工、修理修配劳务（以下简称劳务），销售服务、无形资产、不动产以及进口货物的单位和个人，为增值税的纳税人，应当依照本条例缴纳增值税。"

电子商务经营者包括了法人、非法人组织和自然人。《中华人民共和国企业所得税法》第一条规定："在中华人民共和国境内，企业和其他取得收入的组织（以下统称企业）为企业所得税的纳税人……个人独资企业、合伙企业不适用本法。"因此，在电子商务经营者的主体类型中，法人、非法人组织需要缴纳企业所得税。个人独资企业、合伙企业不征收企业所得税。个人独资企业的投资者、合伙企业的合伙人、个体工商户等需要依据《中华人民共和国个人所得税法》的规定履行纳税义务。

我国对电子商务经营者相关的税收优惠政策主要包括：第一，针对特定行业的税收优惠，例如，涉农企业的税收优惠等；第二，针对特定主体的税收优惠，例如，小型微利企业的税收优惠政策等。

二、不需要办理市场主体登记的经营者的税务登记

本条第二款规定，根据电子商务法规定不需要办理市场主体登记的电子商务经营者在法定情形下应当办理税务登记。

2015年国务院办公厅下发的《国务院办公厅关于加快推进"三证合一"登记制度改革的意见》规定："将企业登记时依次申请，分别由工商行政管

理部门核发工商营业执照、质量技术监督部门核发组织机构代码证、税务部门核发税务登记证，改为一次申请，由工商行政管理部门核发一个营业执照的登记制度”。根据这一改革措施，对于需要进行市场主体登记的电子商务经营者，无须单独进行税务登记，而由市场监督管理部门统一受理。但是对于根据本法第十条规定不需要办理市场主体登记的电子商务经营者而言，就产生了特别的税务登记问题，其需要单独向税务部门提出税务登记。我国现有的有关税务登记的规范性文件中并未对这种特殊情况下的税务登记作出明确规定，需要在今后税收征管法律、行政法规的修改中予以明确。同时需要注意的是，本法第二十八条第二款规定电子商务平台经营者对不需要办理市场主体登记的电子商务经营者负有提示其在首次纳税义务发生后办理税务登记的义务。

我国现行的有关税收征管法律、行政法规等规范性文件对于纳税义务的发生有专门规定。《中华人民共和国税收征管法》第十五条第一款规定：“企业，企业在外地设立的分支机构和从事生产、经营的场所，个体工商户和从事生产、经营的事业单位（以下统称从事生产、经营的纳税人）自领取营业执照之日起三十日内，持有关证件，向税务机关申报办理税务登记。税务机关应当于收到申报的当日办理登记并发给税务登记证件。”《中华人民共和国税收征管法实施细则》第十二条第一款、第二款规定：“从事生产、经营的纳税人应当自领取营业执照之日起30日内，向生产、经营地或纳税义务发生地的主管税务机关申报办理税务登记，如实填写税务登记表，并按照税务机关的要求提供有关证件、资料。前款规定以外的纳税人，除国家机关和个人外，应当自纳税发生之日起30日内，持有关证件向所在地的主管税务机关申报办理税务登记。”关于纳税义务发生的时间，《中华人民共和国增值税暂行条例》第十九条规定：“增值税纳税义务发生时间：（一）发生应税销售行为，为收讫销售款项或者取得索取销售款项凭据的当天；先开具发票的，为开具发票的当天。（二）进口货物，为报关进口的当天……”；《中华人民共和国企业所得税法》第五十三条第一款规定：“企业所得税按纳税年度计算。纳税年度自公历1月1日起至12月31日止。”；《中华人民共和国个人所得税法》第十二条第一款规定：“纳税人取得经营所得，按年计算个人所得税，由纳税人在月度或者季度终了后十五日内向税务机关报送纳税申报表，并预缴税款；在取得所得的次年三月三十一日前办理汇算清缴。”

第十二条　电子商务经营者从事经营活动，依法需要取得相关行政许可的，应当依法取得行政许可。

【本条主旨】

本条是关于电子商务经营者市场准入制度的规定。

【条文精释】

市场准入制度是对经营者进入市场从事经营性活动的规制系统，是对市场主体行为合法性的确认。2015 年 10 月，国务院发布《国务院关于实行市场准入负面清单制度的意见》(国发〔2015〕55 号)，确定在我国实行市场准入负面清单制度。该意见指出，市场准入负面清单包括禁止准入类和限制准入类。对禁止准入事项，市场主体不得进入；对限制准入事项，或由市场主体提出申请，行政机关依法依规作出是否予以准入的决定，或由市场主体依照政府规定的准入条件和准入方式进入；对市场准入负面清单以外的行业、领域、业务等，各类市场主体皆可依法平等进入。因此，对于限制准入的行业，经营者需要取得相应的行政许可，国家通过设立行政许可，要求市场主体在从事特定营业活动时必须达到一定条件，从而实现对经营活动的适度干预和对市场秩序的维护。本条明确了电子商务经营者应依法取得相关行政许可，在理解时应注意以下几点：

第一，电子商务经营者的活动需要在法律规定的框架内进行。本条规定，电子商务经营者需要依法取得相关的行政许可，指的是国家规定需要取得行政许可的行业，但并未对电子商务经营者从事哪些经营活动需要取得哪些行政许可进行说明。因此，电子商务经营者在从事经营活动之前应按照有关法律规定，与线下经营者取得相同的行政许可。需要注意的是，办理行政许可针对的是法律明确规定的具体行业，电子商务活动本身并非需要特殊准入许可的行业。

具体而言，市场准入的行政许可散见于各行业的法律规定，对于平台内经营者而言，其作为线下经营者的线上延伸，与线下的商品销售者或服务提供者所需要的行政许可并无不同。常见的行政许可包括：从事药品批发零售的行政许可，《中华人民共和国药品管理法》第十四条第一款规定："开办药品批发企业，须经企业所在地省、自治区、直辖市人民政府药品监督管理部门批准并发给《药品经营许可证》；开办药品零售企业，须经企业所在地县级以上地方药品监督管理部门批准并发给《药品经营许可证》。无《药品经营许可证》的，不得经营药品。"从事食品销售的行政许可，如网上销售生鲜、自制或购买他人生产的食品进行销售等。《食品经营许可管理办法》第二条第一款规定："在中华人民共和国境内，从事食品销售和餐饮服务活动，应当依法取得食品经营许可。"该办法第四十五条规定："未取得食品经营许可从事食品经营活动的，由县级以上地方食品药品监督管理部门依照《中华人民共和国食品安全法》第一百二十二条的规定给予处罚。"《中华人民共和国食品安全法》第六十二条第一款强调了平台对平台上食品经营者的许可证审查义务，该条款规定："网络食品交易第三方平台提供者应当对入网食品经营者进行实名登记，明确其食品安全管理责任；依法应当取得许可证的，还应当审查其许可证。"

平台的兴起是电子商务经营活动最大的特征，对于电子商务平台经营者而言，平台为交易双方或者多方提供网络经营场所、交易撮合、信息发布等服务也应取得相关行政许可。我国要求经营主体在从事电子商务活动时办理相应的行政许可始于2000年国务院公布实施的《互联网信息服务管理办法》，在该办法中，互联网信息服务区分为经营性和非经营性的。经营性互联网信息服务是指通过互联网向上网用户有偿提供信息或者网页制作等服务活动；非经营性互联网信息服务，是指通过互联网向上网用户无偿提供具有公开性、共享性信息的服务活动。按照该办法第四条的规定，经营性的互联网信息服务采取许可制，非经营性的互联网信息服务采取备案制。以此为起点，我国政府各部门，从各自管理职责出发要求信息服务提供者在从事相关业务时应申请行政许可。

第二，电子商务经营者的经营活动应符合市场准入制度的要求，不得开展法律法规禁止从事的商品交易或服务。市场准入不仅包括限制准入，还包括禁止准入。《网络交易管理办法》第九条规定："网上交易的商品或者服务应当符合法律、法规、规章的规定。法律、法规禁止交易的商品或者服务，经营者不得在网上进行交易。”《中华人民共和国合同法》第七条规定：“当事人订立、履行合同，应当遵守法律、行政法规，尊重社会公德，不得扰乱社会经济秩序，损害社会公共利益。”第五十二条规定，违反法律、行政法规强制性规定的合同无效。电子商务与线下交易一样受到法律规制，对于枪支弹药、文物、国家重点保护的野生动植物及其制品等法律法规禁止交易的商品，不得出售。《中华人民共和国野生动物保护法》第二十七条第一款规定：“禁止出售、购买、利用国家重点保护野生动物及其制品。”该法第三十二条规定：“禁止网络交易平台、商品交易市场等交易场所，为违法出售、购买、利用野生动物及其制品或者禁止使用的猎捕工具提供交易服务。”实践中，消费者因网购违禁物品而导致伤亡或其他重大社会影响的案件时有发生，电子商务经营者在从事特定经营活动之前，应查阅该领域的法律规定，保证其满足市场准入的要求，依法依规进行。

第十三条　电子商务经营者销售的商品或者提供的服务应当符合保障人身、财产安全的要求和环境保护要求，不得销售或者提供法律、行政法规禁止交易的商品或者服务。

【本条主旨】

本条是对电子商务销售的商品或提供的服务应当符合法律规定的要求。

【条文精释】

为体现“线上线下相一致”的原则，“线下”经营活动中应当遵守的法律、法规，对电子商务经营者也同样适用。

本条前半段是关于销售商品和提供服务的安全性和环保性的要求。《中华人民共和国消费者权益保护法》第七条规定：“销售者在购买、使用商品和接受服务时享有人身、财产安全不受损害的权利。销售者有权要求经营者提供的商品和服务，符合保障人身、财产安全的要求。”第十一条第一款规定：“消费者因购买、使用商品或者接受服务受到人身、财产损害的，享有依法获得赔偿的权利。”第十八条第一款规定：“经营者应当保证其提供的商品或者服务符合保障人身、财产安全的要求。对可能危及人身、财产安全的商品和服务，应当向消费者作出真实的说明和明确的警示，并说明和标明正确使用商品或者接受服务的方法以及防止危害发生的方法。”《中华人民共和国产品质量法》对于经营者从事产品生产、销售活动对保障用户、消费者合法权益也进行了规定。这些针对“线下”经营者的针对消费者人身、财产安全性的规定，对于电子商务经营者也同样适用。此外，电子商务经营者虽然并不直接从事生产经营活动，但是在其销售商品或者提供服务的过程中，也需要遵守《中华人民共和国环境保护法》等相关环境保护的规定。

本条后半段是关于电子商务经营者不得销售或者提供法律、行政法规禁止交易或者服务的规定。法律、行政法规禁止的商品交易或者服务属于市场监管中的内容准入。我国在市场监管领域的准入制度包括了主体准入、行业准入和内容准入。“中华人民共和国市场准入负面清单制度”中规定了禁止与限制准入的行业，在此之外针对具体的商品与服务也存在着市场准入的规定，例如：《中华人民共和国枪支管理法》第三条第一款规定：“……禁止任何单位或者个人违反法律规定持有、制造（包括变造、装配）、买卖、运输、出租、出借枪支。”《中华人民共和国文物保护法》第五十一条规定：“公民、法人和其他组织不得买卖下列文物：（一）国有文物，但是国家允许的除外；（二）非国有馆藏珍贵文物；（三）国有不可移动文物中的壁画、雕塑、建筑构件等，但是依法拆除的国有不可移动文物中的壁画、雕塑、建筑构件等不属于本法第二十条第四款规定的应由文物收藏单位收藏的除外；（四）来源不符合本法第五十条规定的文物。”《中华人民共和国野生动物保护法》第二十七条第一款规定：“禁止出售、购买、利用国家重点保护野生动物及其制品”。我国电子商务活动蓬勃发展以来，也有部分不法主体借助电子商务活动从事非法销售枪支、文物、野生动物等行为，按照线上线下一致的原则，上述活动均已被有关机关依法予以查处并追究其相应的法律责任。本法在此进一步明确电子商务经营者经营活动的合法性要求，一方面是对电子商务活动行为的规范，另一方面也有利于引导电子商务活动有序发展，净化网络空间。

第十四条　电子商务经营者销售商品或者提供服务应当依法出具纸质发票或者电子发票等购货凭证或者服务单据。电子发票与纸质发票具有同等法律效力。

【本条主旨】

本条是关于电子商务经营者出具发票义务的规定。

【条文精释】

电子商务经营者作为商品、服务提供者，依法应为消费者开具发票。本条明确了电子商务经营者开具发票的义务及发票形式，并结合实践需要，对电子发票这种新型发票的效力予以确认。在理解本条时，应结合《中华人民共和国消费者权益保护法》《中华人民共和国发票管理办法》《网络交易管理办法》等规定，重点把握电子发票与纸质发票的同等效力。

按照《中华人民共和国发票管理办法》的定义，发票是指“在购销商品、提供或者接受服务以及从事其他经营活动中，开具、收取的收付款凭证”。发票是最基本的会计原始凭证之一，其作为记录经济活动内容的载体，是财务管理的重要工具；此外，发票也是税务机关征收税款和纳税人申报纳税、抵扣税款的重要凭据。对消费者而言，发票是其购买商品或服务的凭证，亦是其主张权利的依据。依法开具发票是经营者的法定义务。《中华人民共和国发票管理办法》第十九条规定：“销售商品、提供服务以及从事其他经营活动的单位和个人，对外发生经营业务收取款项，收款方应当向付款方开具发票；特殊情况下，由付款方向收款方开具发票。”《中华人民共和国消费者权益保护法》第二十二条规定：“经营者提供商品或者服务，应当按照国家有关规定或者商业惯例向消费者出具发票等购货凭证或者服务单据；消费者索要发票等购货凭证或者服务单据的，经营者必须出具。”在电子商务领域，法律法规对开具发票也有专门规定。《网络交易管理办法》第十三条规定：“网络商品经营者销售商品或者提供服务，应当按照国家有关规定或者商业惯例向消费者出具发票等购货凭证或者服务单据；征得消费者同意的，可以以电子化形式出具。电子化的购货凭证或者服务单据，可以作为处理消费投诉的依据。”“消费者索要发票等购货凭证或者服务单据的，网络商品经营者必须出具。”

在传统线下的交易环境中，经营者和消费者通常在经营者的固定或临时经营场所进行交易，消费者在交易完成后即可获得纸质消费凭证。但在电子商务交易环境中，经营者和消费者的交易行为以虚拟化的方式发生，经营者与消费者往往不在同一地区，消费者难以在交易发生后及时取得纸质凭证。实践中，天猫、京东、亚马逊、当当等大型电商平台在消费者索要后可以将纸质发票邮寄给消费者，但纸质发票不易保存，且邮寄时间较长，在这种情况下，电子发票（网络发票）应运而生。国家税务总局《网络发票管理办法》第三条第一款规定：“本办法所称网络发票是指符合国家税务总局统一标准并通过国家税务总局及省、自治区、直辖市税务局公布的网络发票管理系统开具的发票。”2012 年 5 月，国家发改委发布《国家发展改革委办公厅关于组织开展国家电子商务示范城市电子商务试点专项的通知》（发改办高技〔2012〕1137 号），在重庆、南京、杭州、深圳、青岛五个城市率先推广网络（电子）发票试点。该通知指出，“对纸质发票难以适应电子商务用户维权、税收征管等方面实际需要的问题，由税务总局牵头，会同财政部组织有关示范城市组织开展网络（电子）发票试点工作。重点支持税务部门确定的服务机构和电子商务企业，共同建设网络（电子）发票系统，以及相关网络（电子）发票管理与服务平台。研究完善电子商务税收征管制度，制定网络（电子）发票管理暂行办法及标准规范，推动基于电子商务交易、在线支付、物流信息的网络（电子）发票应用。规范电子商务纳税管理，促进网络（电子）发票与电子商务税收管理的衔接”。2013 年 6 月，中国电子商务领域第一张电子发票诞生。2015 年 11 月，国家税务总局发布《国家税务总局关于推行通过增值税电子发票系统开具的增值税电子普通发票有关问题的公告》，向全社会推广增值税电子发票的使用。公告规定了增值税电子普通发票的样式、发票编号等，并明确“增值税电子普通发票的开票方和受票方需要纸质发票的，可以自行打印增值税电子普通发票的版式文件，其法律效力、基本用途、基本使用规定等与税务机关监制的增值税普通发票相同”。

与纸质发票相比，电子发票更具有优势：可以降低经营者的运营成本，促进交易信息的共享，便利税收征管；消费者可以通过手机、电脑等终端及时接收和下载，避免发票丢失和造假的问题。对于电子商务经营者而言，本条在原有规定的基础上以法律的形式明确了包括电子发票在内的电子购货凭证或者服务单据的法律效力。这意味着经营者可以为消费者出具电子发票，该电子发票可以作为交易凭证或服务单据，证明消费者与经营者之间存在买卖合同或其他合同关系，消费者以电子发票要求经营者履行合同义务（如退货、换货、维修等）的，经营者不得拒绝。此外，电子发票也可以作为经营者的财务凭证以及申报纳税的依据。

第十五条　电子商务经营者应当在其首页显著位置，持续公示营业执照信息、与其经营业务有关的行政许可信息、属于依照本法第十条规定的不需要办理市场主体登记情形等信息，或者上述信息的链接标识。

前款规定的信息发生变更的，电子商务经营者应当及时更新公示信息。

【本条主旨】

本条是关于电子商务经营者身份信息、资质信息公示的规定。

【条文精释】

与传统线下交易不同，电子商务在网络空间完成，消费者无法到店查验经营者的营业执照、行政许可等身份信息、资质信息。基于此，本条针对电子商务的特点，要求经营者在网站以特定方式进行公示，从而满足其身份信息、资质信息公示义务。对本条的理解和适用，应重点关注网站公示的位置、方式等具体要求。

1. 电子商务经营者负有信息公示义务。《中华人民共和国消费者权益保护法》第二十一条规定："经营者应当标明其真实名称和标记。租赁他人柜台或者场地的经营者，应当标明其真实名称和标记。"该条确定了经营者的身份信息公示义务。此外，网络交易领域的法律法规也对网络交易中的身份信息公示义务作出了更为详细的规定。《网络交易管理办法》第八条规定："已经工商行政管理部门登记注册并领取营业执照的法人、其他经济组织或者个体工商户，从事网络商品交易及有关服务的，应当在其网站首页或者从事经营活动的主页面醒目位置公开营业执照登载的信息或者其营业执照的电子链接标识。"该办法第二十三条第一款、第二款规定："第三方交易平台经营者应当对申请进入平台销售商品或者提供服务的法人、其他经济组织或者个体工商户的经营主体身份进行审查和登记，建立登记档案并定期核实更新，在其从事经营活动的主页面醒目位置公开营业执照登载的信息或者其营业执照的电子链接标识。第三方交易平台经营者应当对尚不具备工商登记注册条件、申请进入平台销售商品或者提供服务的自然人的真实身份信息进行审查和登记，建立登记档案并定期核实更新，核发证明个人身份信息真实合法的标记，加载在其从事经营活动的主页面醒目位置。"对经营者的营业执照、行政许可等信息进行公示，能够使消费者明确交易对象及其相关能力，也为消费者寻求事后救济提供了保障。从反不正当竞争的角度来看，《中华人民共和国反不正当竞争法》第六条规定："经营者不得实施下列混淆行为，引人误认为是他人商品或者与他人存在特定联系：（一）擅自使用与他人有一定影响的商品名称、包装、装潢等相同或者近似的标识；（二）擅自使用他人有一定影响的企业名称（包括简称、字号等）、社会组织名称（包括简称等）、姓名（包括笔名、艺名、译名等）；（三）擅自使用他人有一定影响的域名主体部分、网站名称、网页等；（四）其他足以引人误认为是他人商品或者与他人存在特定联系的混淆行为。"要求电子商务经营者公示信息有利于防止部分经营者假借他人姓名、字号或商品名称、商标等标识，与他人商品造成混淆。

2. 就公示位置而言，电子商务经营者需要在其首页显著位置持续公示相关信息。这里的"首页显著位置"，在理解时应注意以下几点：（1）对"首页"的界定。"首页"，一般指网页的第一页，即在地址栏输入域名而未指向特定目录或文件时，浏览器通常会打开的页面。实践中，首页是消费者访问最多的页面，常起到导航、登录页以及网站信息展示的作用。本法区分了平台经营者和平台内经营者，后者独立于前者，因此，在"首页”的界定上两者应有所区分。对于平台经营者，其自身的身份信息应公示在平台网站的首页，便于消费者查找。对于平台内经营者，其身份信息应公示于该经营者的网站首页，而非平台首页。平台经营者主要提供交易撮合服务，其网站首页往往用于对平台内经营者及商品的集中宣传展示，空间有限，因此，这里的首页应理解为与消费者实际发生买卖等交易关系的经营者的网站首页。(2) 对“显著”的界定。“显著”应指非常明显，引人注意。在判断时应以一般消费者为标准，即该位置应为仅具有普通互联网操作水平和常识的人能够轻易找到的地方。(3) 在判断何为“首页显著位置”时，应将位置的显著性和信息的易获取性作为重要标准，对“首页”的认定可以比较灵活。如前所述，网站首页的主要作用在于信息传播和导引，本条规定经营者应在“首页显著位置”公示，实际上是要求公示的信息应方便易寻，并可提请消费者注意。因此，“首页显著位置”核心是“显著”，只有符合这一标准，才可视为在“首页显著位置”公示信息。

3. 就公示内容而言，应包括营业执照信息、与其经营业务有关的行政许可信息、属于依照《中华人民共和国电子商务法》第十条规定的不需要办理市场主体登记情形等信息，或者上述信息的链接标识。这里要注意两点：(1) 对于不需要办理市场主体登记的经营者，应将其依法不需要登记的情形予以说明，具体情形参见本书对第十条的精释分析。(2) 鉴于网页空间有限，且要公示的信息较多，本条允许经营者以链接标识替代具体信息。这里的“链接标识”应符合同等替代原则且真实有效，即经营者应保证其提供的链接标识在内容详尽程度、信息真实性、可获得性等方面与前述应公示的具体信息相同，点击相关链接能够直接跳转到载有其营业执照信息的网络页面。实践中，亚马逊（https://www.amazon.cn/）和京东（https://www.jd.com/）分别以链接的形式在其首页底端公布了经营证照等身份信息，用户无须登录，直接点击该链接即可查看详细信息。

4. 电子商务经营者应当及时更新公示信息。信息公示具有持续性，经营者应保证其公示信息与真实信息相符。信息的公布需要一定时间和程序，实践中做法不一。对于平台内经营者，其信息更改还需要通过平台统一进行。因此，本条仅要求经营者及时更新，而未硬性规定时间标准。但是，这并不意味着经营者可以自主决定更新时间。“及时”意味着经营者应在可能的范围内尽早同步更新后的信息，在判断是否及时时，可参照与其最相类似的经营者，比如，同行业、同一平台上经营者办理相关手续的时间，并结合经营者的具体情况予以确定。

第十六条　电子商务经营者自行终止从事电子商务的，应当提前三十日在首页显著位置持续公示有关信息。

【本条主旨】

本条是关于电子商务经营者自行终止从事电子商务的信息公示的规定。

【条文精释】

电子商务在虚拟空间进行，经营者自行终止后消费者可能无法与之取得联系。因此，电子商务经营者在终止从事电子商务退出市场时，应遵守特定的程序性规定，以保护消费者的合法权益，提醒当事人及时主张权利并且了结债务，同时告知潜在交易人，避免不必要的纠纷。

理解和适用本条，需要注意以下几点：

一是如何理解“终止”？终止一般意义上而言是彻底结束，不再从事该业务。但实践中比较复杂的是，电子商务经营者通常是宣布“无限期暂停”“暂时停止”，这种情况何时恢复营业并没有特定的期限，消费者也没有合理的预期，很可能是形式上的“暂停”变为实质上的“终止”。电子商务经营者可能以这种形式规避法律的要求。当然，也存在确实属于暂时停止的，不宜认定为“终止”。

二是如何理解“自行”终止？自行，从字面上理解就是自己决定。经营者因违法违规被行政机关关停而终止，不属于“自行”终止。但即便在形式上属于自行终止的情况下，可能也无法做到提前三十日公示，特别是面临突发情况时的处置。例如，电子商务平台经营者遭受严重网络攻击时启动应急预案而终止业务，虽然这在形式上属于“自行”终止，但本质上这种终止也是履行法律规定的网络安全保障义务所采取的行为，不宜理解为本条所规定的“自行终止”。所以，判定是否构成“自行终止”，需要结合电子商务经营者面临的特殊情况决定，不宜轻易判定所有的自己决定终止的行为均属于本法规定的“自行终止”而要求电子商务经营者履行提前三十天公示的义务。

三是本条规定的电子商务经营者终止，是指终止线上经营行为，而不包括线下经营行为。事实上，很多经营者既从事线上经营活动，也同时从事线下经营活动，那么相关经营者终止线上经营的，不影响其线下经营的正常开展。

第十七条　电子商务经营者应当全面、真实、准确、及时地披露商品或者服务信息，保障消费者的知情权和选择权。电子商务经营者不得以虚构交易、编造用户评价等方式进行虚假或者引人误解的商业宣传，欺骗、误导消费者。

【本条主旨】

本条是关于电子商务经营者依法进行商品或服务信息披露和商业宣传义务的规定。

【条文精释】

电子商务活动中消费者一般并不能直接接触商品或直观感受到服务内容。在这种典型的非“面对面”交易中，双方存在着信息失衡问题。在消费者消费决策时和消费过程中，因为信息失衡，可能会导致消费者的逆向选择与经营者的机会主义行为。前者会使消费者作出错误的消费决策，一方面损害消费者的权益，另一方面也对其他电子商务经营者造成不公。如不能解决这一问题，会导致电子商务市场出现“劣币驱逐良币”的现象，损害电子商务的发展。后者会造成消费者权益无法得到保障，损害消费者利益，也会进一步影响整体电子商务环境的发展。基于以上理由以及“线上线下相一致”的原则，本法在消费者权益保护法等法律、法规的基础上，对电子商务经营者依法进行信息披露和商业宣传的义务进行了规定。

《中华人民共和国消费者权益保护法》第八条规定：“消费者享有知悉

其购买、使用的商品或者接受的服务的真实情况的权利。消费者有权根据商品或者服务的不同情况，要求经营者提供商品的价格、产地、生产者、用途、性能、规格、等级、主要成份、生产日期、有效期限、检验合格证明、使用方法说明书、售后服务，或者服务的内容、规格、费用等有关情况。”第九条规定：“消费者享有自主选择商品或者服务的权利。消费者有权自主选择商品或者服务的经营者，自主选择商品品种或者服务方式，自主决定购买或者不购买任何一种商品、接受或者不接受任何一项服务。消费者在自主选择商品或者服务时，有权进行比较、鉴别和挑选。”第二十条规定：“经营者向消费者提供有关商品或者服务的质量、性能、用途、有效期限等信息，应当真实、全面、不得作虚假或者引人误解的宣传。经营者对消费者就其提供的商品或者服务的质量和使用方法等问题提出的询问，应当作出真实、明确的答复。经营者提供商品或者服务应当明码标价。”《中华人民共和国反不正当竞争法》第八条规定：“经营者不得对其商品的性能、功能、质量、销售状况、用户评价、曾获荣誉等作虚假或者引人误解的商业宣传，欺骗、误导消费者。经营者不得通过组织虚假交易等方式，帮助其他经营者进行虚假或者引人误解的商业宣传。”《中华人民共和国产品质量法》第二十七条第一款规定：“产品或者其包装上的标识必须真实，并符合下列要求：（一）有产品质量检验合格证明；（二）有中文标明的产品名称、生产厂厂名和厂址；（三）根据产品的特点和使用要求，需要标明产品规格、等级、所含主要成份的名称和含量的，用中文相应予以标明；需要事先让消费者知晓的，应当在外包装上标明，或者预先向消费者提供有关资料；（四）限期使用的产品，应当在显著位置清晰地标明生产日期和安全使用期或者失效日期；（五）使用不当，容易造成产品本身损坏或者可能危及人身、财产安全的产品，应当有警示标志或者中文警示说明。”第二十七条第二款规定：“裸装的食品和其他根据产品的特点难以附加标识的裸装产品，可以不附加产品标识。”第三十条规定：“生产者不得伪造产地，不得伪造或者冒用他人的厂名、厂址。”第三十一条规定：“生产者不得伪造或者冒用认证标志等质量标志。”第三十三条规定：“销售者应当建立并执行进货检查验收制度，验明产品合格证明和其他标识。”

在上述法律的基础上，结合电子商务的特点，本条规定的电子商务经营者的义务，应从以下几个方面理解：

第一，电子商务经营者应对商品或服务信息作全面、真实、准确、及时地披露。披露“全面”要求电子商务经营者对法律所规定的应当披露的商品信息进行完全披露，这包括了质量、性能、用途、有效期限、价格等，如果缺少了这些法定披露的内容，即构成对消费者知情权和选择权的侵犯，此外，全面也意味着电子商务经营者应当就其所知的信息，对消费者进行主动的全面的披露，以帮助消费者了解所销售商品或服务的情况，维护消费者权益。披露“真实”，要求电子商务经营者在进行披露中，不能弄虚作假，例如，伪造产品、伪造厂名、厂址等。披露“准确”则是要求电子商务经营者在披露中要做到对相关信息含义明确，不得采用模糊或容易让消费者产生误解的方式。最后，及时性则是对披露的时限的规定。在电子商务经营者销售商品或者服务时，应当就消费者所希望知悉的信息及时地披露，以使消费者能够作出真实的消费决策。

第二，禁止电子商务经营者进行虚假、误导宣传。在电子商务模式下，消费者往往通过考察其他用户对相关商品或服务的消费评价进而作出消费决策。因此，已发生的交易量以及对交易的评价，对于消费者决策而言尤为重要。在实践中，部分不法电子商务经营者通过“刷单”“刷好评”或恶意要求消费者修改评价等不正当方式提升自身交易量或提高自身交易评价。这种行为不仅是对消费者的欺骗与误导，同时也构成了不正当竞争，损害了其他电子商务经营者的合法权益。因此，对于这一现象，本条特别规定了禁止电子商务经营者通过虚构交易或编造用户评价的方式欺骗消费者或误导消费者。

第十八条　电子商务经营者根据消费者的兴趣爱好、消费习惯等特征向其提供商品或者服务的搜索结果的，应当同时向该消费者提供不针对其个人特征的选项，尊重和平等保护消费者合法权益。

电子商务经营者向消费者发送广告的，应当遵守《中华人民共和国广告法》的有关规定。

【本条主旨】

本条是关于电子商务经营者提供搜索结果和发送广告应当遵守的义务的规定。

【条文精释】

在电子商务交易中，消费者面对种类繁多的商品和服务，获取信息和进行选择时主要通过两种方式：第一种是由电子商务经营者主动向消费者推荐商品或者服务，第二种是由消费者输入商品或者服务的关键词进行搜索，并由电子商务经营者提供搜索结果。本条的规定适用于第二种情况，即消费者是搜索行为的主动发起者，由电子商务经营者被动提供搜索结果。对于搜索结果的排序和展示方式，电子商务经营者存在控制和干预的空间。

如果搜索结果数量较多，搜索结果的排序和展示方式会对消费者的信息获取和决策产生直接影响，通常排在前面的商品或者服务的搜索结果更容易成为消费者决策的参考，或者被消费者选中。因此，决定搜索结果排序和展现方式的因素会对消费者和经营者的利益都产生影响。

电子商务经营者通过收集消费者的消费行为历史等个人数据，根据消费者的兴趣爱好、消费习惯等特征形成用户画像，并基于这些个人特征进行商品、服务推送，或者决定搜索结果的排序和展现方式，目的在于使得消费者能够更加方便、快捷、精准地获得更加适合自身特征的商品或者服务。这种做法目前是包括电子商务在内的互联网经济的重要创新模式，为消费者带来便利，也帮助经营者提高了商品营销的精准度和效率。但是，这种基于用户画像的商业模式也存在潜在的缺点与可能被滥用的风险，如果经营者利用用户画像，在消费者不知情的情况下，进行人为控制和干预，甚至进行缺乏合理理由的价格歧视，则有可能出现“大数据杀熟”的现象，损害消费者的知情权和自主选择权。

因此，有必要对这种行为作出规制，要求电子商务经营者在根据消费者的兴趣爱好、消费习惯等特征提供商品或者服务的搜索结果时，要充分保障消费者的知情权，一方面要确保消费者知晓搜索结果排序的决定因素是基于其用户画像，另一方面，如果消费者不愿意接受此种搜索结果的排序方式，则有权要求电子商务经营者提供一个不针对其个人特征的搜索结果选项，以尊重和平等保护消费者的知情权和自主选择权。不针对消费者个人特征的搜索选项，可以基于其他客观的标准进行排序和展示。根据电子商务法第四十条规定，电子商务平台经营者应当根据商品或者服务的价格、销量、信用等以多种方式向消费者显示商品或者服务的搜索结果。如果提供了根据这些客观因素显示搜索结果的选项，都可以认为是属于“不针对消费者个人特征”的选项。

需要指出的是，在根据消费者的兴趣爱好、消费习惯等特征向其提供商品或者服务的搜索结果时，电子商务经营者实际上已经搜集和利用了消费者的个人信息，因此，必须经过消费者的同意，并根据电子商务法第二十三条和其他法律、行政法规的规定，履行个人信息保护的义务。

本条第二款是关于电子商务经营者向消费者发送广告的衔接性规定，要求应当遵守广告法的规定，保证广告内容的真实性、合法性，不得误导消费者，并且如果是竞价排名类通过搜索结果来推送商品或者服务广告的，应当显著标明“广告”，与其他非广告信息相区别，不得使消费者产生误解。

第十九条　电子商务经营者搭售商品或者服务，应当以显著方式提请消费者注意，不得将搭售商品或者服务作为默认同意的选项。

【本条主旨】

本条是关于电子商务经营者实施搭售行为应当遵守的义务的规定。

【条文精释】

搭售也被称为附带条件交易，是指经营者要求购买其产品或者服务的买方同时也购买其另一种产品或者服务，并且把买方购买其第二种产品或者服务作为其可以购买第一种产品或者服务的条件。1993 年制定的《中华人民共和国反不正当竞争法》规定，经营者销售商品，不得违背购买者的意愿搭售商品或者附加其他不合理的条件。2017 年反不正当竞争法修改的时候，许多意见提出，对搭售行为的规范，应以经营者具有市场支配地位为前提，这属于反垄断法的问题，反垄断法已经有规定，反不正当竞争法无须作规定。对于不具有市场支配地位的经营者，应允许其自主设置交易条件，购买者如果不愿意接受该条件，可以选择与其他经营者进行交易，这属于正常的市场交易活动，不宜予以干预。修改后的反不正当竞争法删除了关于禁止搭售的规定。

反垄断法也不是绝对禁止搭售。根据《中华人民共和国反垄断法》第十七条规定，禁止具有市场支配地位的经营者没有正当理由搭售商品。根据该规定，被禁止的搭售需要符合两个条件：一是经营者具有市场支配地位，二是没有正当理由。

电子商务法本条规定并不禁止电子商务经营者作出搭售商品或者服务的安排，但是，电子商务经营者在进行搭售时，必须保障消费者的知情权与自主选择权，应当以显著方式提请消费者注意，并且不得将搭售商品或者服务作为默认同意的选项，确保消费者在作出购买决策时充分认知到了搭售行为的存在以及搭售的商品或者服务内容。

电子商务交易中，消费者对于商品或者服务的购买通常是通过连续的选择和点击来完成，在这一过程中一般的消费者不会对操作页面上的所有内容细节都进行仔细阅读，电子商务经营者有可能利用这一特点，通过不明显的提示来误导、欺诈消费者作出违反其真实意思表示的消费行为。搭售商品或者服务就是实践中比较典型的一种情形，电子商务经营者通过默认选项的方式，在缺乏显著提示的情况下捆绑销售相关的商品或者服务，这就侵犯了消费者的知情权与自主选择权，电子商务法对此作了规范。

第二十条　电子商务经营者应当按照承诺或者与消费者约定的方式、时限向消费者交付商品或者服务，并承担商品运输中的风险和责任。但是，消费者另行选择快递物流服务提供者的除外。

【本条主旨】

本条是关于电子商务经营者交付义务及其风险责任承担的规定。

【条文精释】

一、电子商务中的交付形式

电子商务作为远程交易的一种典型形式，交易各方一般不会进行面对面的商品或者服务交付。经营者和消费者之间通过互联网等信息网络约定商品或者服务的相关条款后，交付通常是延后的步骤，这与传统面对面的商品销售有明显的不同。因此，针对电子商务经营者的交付义务进行专门规定，有其必要性。

根据商品和服务属性的不同，常见的交付方式包括通过网络交付、通过快递物流、当面交付等方式。对于可以以数字化形式交付的商品或服务，如软件、电子券码、机票预订等，通常会通过网络进行交付。对于实物商品，通常会通过快递物流形式进行交付。对于地理位置上存在便利性的实物商品和服务，也会使用线下当面交付的形式。由于交付形式可能性多种多样，也可能随着技术和商业模式的发展涌现出新的交付方式。本条规定，交付商品或者服务的方式可以由经营者自行承诺或者与消费者进行约定，并且经营者应当遵守此类承诺或约定，不得欺诈、误导消费者。

交付的时限也可以由经营者自行承诺或者与消费者进行约定。交付时限可以就发货时间进行约定，也可以包括快递物流的运输时间，如有电子商务经营者作出的“一小时送达”或“隔日达”等承诺即属此类。在需要通过快递物流进行运输的情况下，交付地点通常是消费者指定地点，也可以是双方约定的特定地点。

二、商品运输的风险和责任承担

在使用快递物流进行运输的情况下，电子商务经营者可以使用自己经营的快递物流服务，也可以使用专门的快递物流服务提供者，在由经营者自营或者指定快递物流服务的情况下，经营者需要承担商品运输中的风险和责任。

这一规定与《中华人民共和国合同法》中关于买卖合同的规定有一定差异。根据《中华人民共和国合同法》第一百四十五条的规定，当事人没有约定交付地点或者约定不明确的，出卖人将标的物交付给第一承运人后，标的物毁损、灭失的风险由买受人承担。亦即，在没有相反约定的情况下，默认规则是由买受人承担标的物运输中的风险。而本条的规定则是将默认规则规定为由出卖人即经营者来承担商品运输的风险和责任，除非当事人有不同的约定。

这一规则贯彻了对于电子商务活动中消费者加强保护的精神，也是对电子商务现有实践惯例的回应和认可。在由电子商务经营者自营或者指定快递物流服务的情况下，电子商务经营者对于选择快递物流服务提供者掌握主动性和决定权，更加熟悉与专业，一般都会与特定的快递物流服务提供者达成长期合作关系。此外，目前快递物流行业已经建立快捷、即时的数据查询系统，方便电子商务经营者和消费者进行查询和追踪。要求电子商务经营者承担运输中的风险和责任，是基于其对快递物流服务提供者的决定权和控制能力，并且也不会对其造成过大成本和负担，因此业已成为普遍的行业惯例。

三、运输风险和责任承担的除外情形

本条规定由电子商务经营者承担运输风险和责任，适用于经营者自营或指定快递物流服务提供者的情况。如果消费者另行选择快递物流服务提供者，则构成除外情形。在消费者另行选择快递物流服务提供者的情况下，由于消费者对该选择拥有决定权和控制能力，因此可以由消费者来承担运输途中的风险。不过，这一规定同样不排除双方就此作出不同的约定，例如，电子商务经营者承诺愿意对消费者另行指定快递物流服务提供者的商品运输承担同样的风险，也应当遵守承诺。

第二十一条　电子商务经营者按照约定向消费者收取押金的，应当明示押金退还的方式、程序，不得对押金退还设置不合理条件。消费者申请退还押金，符合押金退还条件的，电子商务经营者应当及时退还。

【本条主旨】

本条是关于电子商务经营者收取押金时应当遵守的义务的规定。

【条文精释】

共享经济是电子商务重要的组成部分。共享单车、共享汽车、共享物品等新业态层出不穷，对提升社会信用意识、方便人们工作、生活，产生了重要作用。在共享经济模式中，为降低共享物的风险，保证共享经济能够持续，实践中主要有两种做法：一种是通过信用方式予以解决，另一种则是通过传统的收取押金的方式进行。但在其中，押金难以退还等损害消费者合法权益的事件也随之出现。例如，在共享单车行业，大部分共享单车经营者往往以收取押金的方式保证共享物的安全。而由于共享单车用户众多，因此沉淀下了巨大的押金。这些押金进入共享单车经营者的账户，但在消费者要求退还押金时，则经常出现程序复杂、条件不公平、退款不及时等问题，严重损害了消费者的合法权益。自 2017 年下半年起，因为共享单车行业竞争激烈，部分共享单车经营者经营不善，导致多家企业宣布停止营业，甚至跑路，造成超过 10 亿元的押金无法退还的问题，严重损害了消费者的权益。

对于上述问题，首先，应当引导共享经济更多使用科技手段，利用大数据征信等问题解决共享物风险的降低问题，越来越多的共享单车经营者开始推行芝麻信用分达到一定分数即可免押金的业务，还有的甚至无条件免押金。这不仅能够从源头上解决押金风险，也有利信用社会建设。其次，应当建立其完善的押金监管制度，实现押金的单独管理，避免不法经营者以收取押金为名，行诈骗消费者之实。最后，由于是否收取押金，如何处理缴存期间的押金，属于交易各方的合同自由，在不同业态之间存在差异，因此，也需要完善押金收取和退还的合同规则。本条即是在该层次上的规定。

第一，本条遵守的原则是当事人意思自治，并没有针对押金收取、退还的方式进行特别规定。这是因为在不同的业态之下，针对不同的共享物，风险不同。如果由立法统一进行规定，可能会导致武断的结果。因此，在本法立法的过程中，采用了尊重当事人意思自治的立法原则，将押金收取、退还的方式、程序的具体内容交给交易双方自主决定。

第二，电子商务经营者在制订押金收取、退还的方式和程序时应当明示。尽管本法尊重当事人意思自治，但是在实践中，押金的收取、退还方式和程序等规则是由电子商务经营者制定的，属于格式条款，即当事人为了重复使用而预先拟定，并在订立合同时未与对方协商的条款。《中华人民共和国合同法》第三十九条第一款规定："采用格式条款订立合同的，提供格式条款的一方应当遵循公平原则确定当事人之间的权利和义务，并采取合理的方式提请对方注意免除或者限制其责任的条款，按照对方的要求，对该条款予以说明"。因此，电子商务经营者在使用押金规则时也应当采用合理方式向消费者予以说明。本条"明示"即明确表示，就是要求电子商务经营者以口头或者书面的形式提示消费者注意押金的收取、退还的方式和程序。在实践中，由于电子商务合同往往采用的是电子格式合同，因此，要求电子商务经营者应当以足够使得消费者注意的方式予以告知。

第三，电子商务经营者指定的押金退还方式和程序规则不得包含不合理条件。《中华人民共和国合同法》第四十条规定，如果格式条款具有合同法第五十二条和第五十三条规定情形的，或者提供格式条款一方免除其责任、加重对方责任、排除对方主要权利的，该条款无效。《中华人民共和国合同法》第五十二条规定的是欺诈、胁迫、恶意串通、以合法形式掩盖非法目的、损害社会公众利益以及违反法律、行政法规的强制性规定的合同无效的情形；《中华人民共和国合同法》第五十三条规定的是造成对方人身伤害或因故意或者重大过失造成对方财产损害的免责条款无效的情形。结合上述条款，本条中的"不合理条件"是指就押金退还的形式、方法、流程和时限上，应当按照公平原则，不得包含损害消费者权益，加重消费者责任、排除消费主要权利的内容，例如，要求消费者前往公司申请押金退还等或设置过长的退还期限损害消费者权益等不合理内容。

第二十二条　电子商务经营者因其技术优势、用户数量、对相关行业的控制能力以及其他经营者对该电子商务经营者在交易上的依赖程度等因素而具有市场支配地位的，不得滥用市场支配地位，排除、限制竞争。

【本条主旨】

本条是关于电子商务经营者不得滥用市场支配地位的规定。

【条文精释】

反垄断法所要禁止的“垄断”指的是“垄断行为”，而并非单纯的垄断状态。因此，垄断行为是反垄断法规制的对象，从而是反垄断法的核心内容。《中华人民共和国反垄断法》将垄断行为分为三类：垄断协议，滥用市场支配地位，具有或者可能具有排除、限制竞争效果的经营者集中。

在电子商务领域，垄断协议和经营者集中可以适用《中华人民共和国反垄断法》的一般规则，而在滥用市场支配地位行为的判断上，呈现出不同于传统经济的较为鲜明的特征。《中华人民共和国反垄断法》第十八条规定了认定经营者具有市场支配地位应当依据的因素：“（一）该经营者在相关市场的市场份额，以及相关市场的竞争状况；（二）该经营者控制销售市场或者原材料采购市场的能力；（三）该经营者的财力和技术条件；（四）其他经营者对该经营者在交易上的依赖程度；（五）其他经营者进入相关市场的难易程度；（六）与认定该经营者市场支配地位有关的其他因素。”在这些因素中，市场份额是最为重要的考虑因素，占有特定的市场份额会被推定为具有市场支配地位，根据反垄断法第十九条规定，具体情形包括：一个经营者在相关市场的市场份额达到二分之一的；两个经营者在相关市场的市场份额合计达到三分之二的；三个经营者在相关市场的市场份额合计达到四分之三的。需要指出的是，根据上述规定被推定具有市场支配地位的经营者，有证据证明不具有市场支配地位的，不应当认定其具有市场支配地位。

在电子商务领域中，传统反垄断法的考虑因素和认定规则需要根据新的市场状况作出调整。互联网产业具有典型的规模经济效应，很容易在各个领域由一家或少数几家企业通过“网络效应”“锁入效应”等方式占据优势，拥有较为明显的市场份额。因此，互联网产业中广受关注的反垄断指控通常指向的是“滥用市场支配地位”，即通常所谓的“店大欺客”。但是，传统经济模式中的这一理念，到了互联网经济领域似乎经常受到挑战，这与互联网高度动态的竞争态势是有关的。从“滥用市场支配地位”的反垄断法认定步骤看，无论从“相关市场的界定”，到“市场支配地位”的认定，再到“滥用市场支配地位行为”的判断，互联网行业的竞争都会对传统经济下原有的认定模式带来挑战。

在界定相关市场的时候，传统的界定方法面临着挑战。以电商平台为例，业界常用的 B2B、B2C 行业分类和数据统计，由于并没有区分具体的商品和服务，而是把种类繁多的商品和服务放在一起进行统计，并没有考虑反垄断法上界定相关市场的规则和因素，因此不能够直接成为在具体案件中对于相关市场界定的依据。在反垄断法上，经常使用“假定垄断者测试”方法，其基本思路是，在假设其他条件不变的前提下，通过目标商品或者服务某个变量的变化来测试目标商品与其他商品之间的可替代程度。最为常用的变量即为价格，在其他条件不变的情况下，如果电商平台的商品价格出现上涨，消费者可能转向的其他可替代性的交易场所，可能包括其他电商平台，也可能包括线下的商场、店铺。因此相关市场的界定需要谨慎并充分考虑新业态的特点。

在讨论电商平台领域的可替代性时，也需要区分商品、服务类别，针对具体种类分开进行讨论，比如，服装市场和电器市场的市场格局就有可能不同，即使在服装市场内部，高端和低端市场也可能有不同的竞争态势。另外，互联网产业的相关地域市场界定也充满了挑战，针对特定的商品而言，究竟应该界定为全球，还是限于某个国家甚至局部地区，都要根据商品的特定情况而言，母婴产品和家政服务可能同在一个平台上进行销售，但是由于产品和服务的特性和交付模式截然不同，购买者对品质要求、消费习惯等也大相径庭。对于母婴产品，由于海淘、全球购等模式的兴起，相关地域市场很可能超越了国家的边界，而家政服务的地域市场很可能仅限于一个城市甚至更窄的区域范围，因此，不同的商品和服务类别，相关地域市场的界定很可能截然不同。

以价格为变量进行“假定垄断者测试”的方式，在互联网产业也同样面临着挑战。在“奇虎 360 诉腾讯反垄断案”的判决中，最高人民法院指出，“如果在产品差异化非常明显且质量、服务、创新、消费者体验等非价格竞争成为重要竞争形式的领域，采用数量不大但有意义且并非短暂的价格上涨（SSNIP）的方法则存在较大困难”。互联网产业是典型的强调非价格竞争的领域，利用免费的基础服务吸引和凝聚大量用户，利用巨大的用户资源经营增值业务和广告以实现盈利，然后以增值业务和广告的盈利支撑免费服务的生存和发展，已经成为互联网服务提供商通行的商业模式。因此，互联网服务提供商在互联网领域的竞争中更加注重质量、服务、创新等方面的竞争而不是价格竞争。在互联网领域判断经营者是否构成“市场支配地位”时，也应当充分考虑互联网经济的特点。市场支配地位是经营者在相关市场内具有能够控制商品价格、数量或者其他交易条件，或者能够阻碍、影响其他经营者进入相关市场能力的市场地位。传统反垄断法规则适用中，在影响市场竞争的多个因素中，将市场份额作为最为重要的考虑要素，对于占据一定比例以上市场份额的经营者，直接在法律规则上推定其具有市场支配地位。这一推定在传统经济领域成立的可能性比较高，但是在互联网领域，除了市场份额的指示作用，还应更多地关注市场进入、经营者的市场行为、对竞争的影响等有助于判断市场支配地位的具体事实和证据。在电子商务领域，除了看到市场份额之外，还应看到由于平台化竞争而存在的各种潜在竞争对手，用户黏性的强度，消费者和商家可能同时使用多家平台，是否存在过高的市场进入技术和资金门槛等因素，综合评估某一经营者对竞争的影响力。

为了应对互联网领域反垄断审查的新挑战，国际上都在进行规则创新的探索，以反垄断审查较为严格著称的欧盟，也发展出了盈利模式测试法、产品性能测试法、销售方式测试法等新型工具。本条即是在传统的反垄断法规则基础之上，提出了一系列新的考虑要素，作为判断电子商务经营者是否具有市场支配地位的考量，其中包括技术优势、用户数量、对相关行业的控制能力以及其他经营者对该电子商务经营者在交易上的依赖程度等因素，这是在总结实践经验的基础上对传统反垄断法规则的发展和创新。

需要指出的是，在判断电子商务经营者是否具备市场支配地位时，本条的列举并非穷尽的因素，应当将这些因素与其他可能影响竞争的因素结合起来进行综合考虑，立足点还是经营者是否具备了排除、限制竞争的能力。电子商务经营者形成市场支配地位之后，并不必然构成垄断，还需要继续根据反垄断法的规定，判断经营者是否存在滥用市场支配地位的行为。只有当经营者通过滥用市场支配地位的行为达到了排除、限制竞争的效果，才可以认定其违反了反垄断法，需要承担相应的责任。

第二十三条　电子商务经营者收集、使用其用户的个人信息，应当遵守法律、行政法规有关个人信息保护的规定。

【本条主旨】

本条是关于电子商务经营者合法收集使用个人信息义务的规定。

【条文精释】

我国目前针对个人信息保护尚未形成统一的综合法律规范，而是具体地规定在法律、行政法规、部门规章、地方性法规和规章、各类规范性文件等多层次、多领域的规范当中，形成了一个内容分散、体系庞杂的个人信息保护模式。电子商务经营者收集、使用其用户的个人信息，需要遵守一般性的和特定领域的个人信息保护规定，其中主要包括《全国人民代表大会常务委员会关于加强网络信息保护的决定》《中华人民共和国网络安全法》《中华人民共和国消费者权益保护法》《中华人民共和国刑法》等法律和行政法规的规定。本条是关于电子商务经营者个人信息保护与其他法律和行政法规的衔接性规定。

一、《中华人民共和国网络安全法》确立基础框架

2016 年 11 月 7 日全国人大常委会通过的《中华人民共和国网络安全法》在个人信息方面确立了重要的原则和规定，从法律层面为更加完善而系统化的个人信息保护立法奠定了良好的基础。其中第七十六条规定："个人信息，是指以电子或者其他方式记录的能够单独或者与其他信息结合识别自然人个人身份的各种信息，包括但不限于自然人的姓名、出生日期、身份证件号码、个人生物识别信息、住址、电话号码等。"这是首次在法律层面上确立了一般意义上"个人信息"的概念，为个人信息保护的体系化制度建设提供了起点。

网络安全法针对网络运营商收集、使用个人信息，规定了应当遵循合法、正当、必要的原则，收集、使用、向他人提供个人信息都需要经过个人同意，并公开收集、使用规则；明示收集、使用信息的目的、方式和范围，并规定公民对自己的个人信息在被使用过程中，享有知情权、删除权、更正权。另外，从促进产业发展的角度，该法明确了禁止向他人提供个人信息的例外情形，即如果是经过处理无法识别特定个人，并且不能复原的信息可以合理使用。

二、分散规定的经营者个人信息保护义务

全国人大常委会于2012年12月28日通过的《全国人民代表大会常务委员会关于加强网络信息保护的决定》，针对“个人电子信息”的保护作出了较为系统的规定，明确“个人电子信息”为“能够识别公民个人身份和涉及公民个人隐私的电子信息”，并对收集、使用、保存个人电子信息作出了系统性规范，要求经过个人同意，还规定了违反义务的主体需要承担相应的民事、行政和刑事责任。

消费者权益保护法第二十九条规定了经营者收集、使用消费者个人信息时需要遵循的原则和承担的义务，即“应当遵循合法、正当、必要的原则，明示收集、使用信息的目的、方式和范围，并经消费者同意。经营者收集、使用消费者个人信息，应当公开其收集、使用规则，不得违反法律、法规的规定和双方的约定收集、使用信息”。经营者违反这些义务，需要承担民事责任和行政责任。

除此之外，特定行业的法律、法规、规章也对其经营者提出了保护个人信息的要求，例如：旅游法规定，旅游经营者对其在经营活动中知悉的旅游者个人信息，应当予以保密；《征信业管理条例》系统而全面地规定了征信机构采集、整理、保存、加工个人信息的相应规范；《地图管理条例》规定了互联网地图服务单位在收集、使用、保存用户个人信息时需要承担的义务；《中国人民银行关于银行业金融机构做好个人金融信息保护工作的通知》针对金融机构的个人信息保护责任提出了系统化的要求；在金融、大数据、电子商务、电信、交通、教育、医疗等众多领域，都有相应的法规和规章来规定个人信息保护的内容。虽然本条只规定了法律和行政法规作为个人信息保护的依据，但是实践中，从事特定行业的电子商务经营者同样需要遵守部门规章中关于个人信息保护的规定和要求，否则需要承担相应的责任。

三、民事、行政、刑事责任

2017年3月15日通过的《中华人民共和国民法总则》第一百一十一条将个人信息明确列入了“民事权利”的部分，该条规定：“自然人的个

人信息受法律保护。任何组织和个人需要获取他人个人信息的，应当依法取得并确保信息安全，不得非法收集、使用、加工、传输他人个人信息，不得非法买卖、提供或者公开他人个人信息。”尽管尚未明确提出“个人信息权”，但是已经在事实上得到了保护。除了网络安全法对于个人信息权利内容的具体规定之外，根据消费者权益保护法第五十条的规定，任何侵害个人信息的行为，都会产生民事责任，即被侵害方可以要求停止侵害、恢复名誉、消除影响、赔礼道歉，并赔偿损失。

此外，任何侵害个人信息的行为，还会面临行政责任。例如，对网络服务提供者违反规定的，依法给予警告、罚款、没收违法所得、吊销许可证或者取消备案、关闭网站、禁止有关责任人员从事网络服务业务等处罚，记入社会信用档案并予以公布。

侵害个人信息严重的，有可能触犯刑法，构成侵犯个人信息罪。根据刑法第二百五十三条规定，违反国家有关规定，窃取或者以其他方法非法获取、向他人出售或者提供公民个人信息，情节严重的，处三年以下有期徒刑或者拘役，并处或者单处罚金；情节特别严重的，处三年以上七年以下有期徒刑，并处罚金。而违反国家有关规定，将在履行职责或者提供服务过程中获得的公民个人信息，出售或者提供给他人的，从重处罚。2017年5月，最高人民法院和最高人民检察院颁布的《最高人民法院、最高人民检察院关于办理侵犯公民个人信息刑事案件适用法律若干问题的解释》，被认为在实践中显著地降低了侵害个人信息入罪的门槛，“非法获取、出售或者提供”五十条、五百条、五千条不同类型的个人信息就可以构成刑事犯罪，这对未经授权的个人数据处理行为造成非常明显的威慑效果，大大提升了刑事打击的力度。

四、立法现状总结与展望

尽管我国目前并没有统一的个人信息保护法，但是并不能认为个人信息保护方面的法律法规有所欠缺，恰恰相反，通过一般性规范和具体规定相结合，社会生活中包括线上和线下的绝大部分领域，都已经有了个人信息保护的法律规范，侵害个人信息需要承担民事、行政乃至刑事责任。只是这些规范在形式上过于分散，对于普通民众和商家来说，都难以形成直观的认知。因此，学界和公众舆论始终存在着呼声，建议尽快通过一部统一的个人信息保护法，对其进行系统化梳理和整合，实现立法资源的节省、立法技术的提高、规则体系的优化，同时向民众普及个人信息法律保护的常识和意识。2018 年 9 月 7 日公布的《十三届全国人大常委会立法规划》已经将个人信息保护法列为第一类立法项目，即条件比较成熟、任期内拟提请审议。

在民法典的制定过程中，也充分考虑了个人信息作为一种私权的正当性，并在“人格权编”的草案中将其列入，至此，将个人信息视为个人的正当权益，至少在制度建设层面上已经达成实质性进展。以个人同意为前提的个人信息保护模式，加上知情权、删除权、更正权等权利内容的设置，可以认为是建立了私权的基本框架，为私权治理模式提供了制度基础。电子商务经营者需要根据一般性规定和其从事的特定领域，分别确定需要承担的个人信息保护义务。

第二十四条　电子商务经营者应当明示用户信息查询、更正、删除以及用户注销的方式、程序，不得对用户信息查询、更正、删除以及用户注销设置不合理条件。

电子商务经营者收到用户信息查询或者更正、删除的申请的，应当在核实身份后及时提供查询或者更正、删除用户信息。用户注销的，电子商务经营者应当立即删除该用户的信息；依照法律、行政法规的规定或者双方约定保存的，依照其规定。

【本条主旨】

本条是关于电子商务经营者提供用户查询、更正、删除其信息以及注销途径义务的规定。

【条文精释】

用户信息一般指的是用户的个人信息，即根据该信息或与其他信息结合能够识别用户身份的信息，用户对于其信息，根据消费者权益保护法、网络安全法等法律法规享有相应的权利。除了电子经营者在收集、使用用户信息之前需要征得用户同意之外，还需要保证用户对其信息在特定情况下要求更正错误、进行删除的权利。

消费者权益保护法第二十九条第一款规定："经营者收集、使用消费者个人信息，应当遵循合法、正当、必要的原则，明示收集、使用信息的目的、方式和范围，并经消费者同意。经营者收集、使用消费者个人信息，应当公开其收集、使用规则，不得违反法律、法规的规定和双方的约定收集、使用信息。"第二十九条第三款规定："经营者未经消费者同意或者请求，或者消费者明确表示拒绝的，不得向其发送商业性信息。"尽管消费者权益保护法尚未明确规定消费者同意权之外的权利，但是为其他权利奠定了原则和基础。

网络安全法第四十三条规定："个人发现网络运营者违反法律、行政法规的规定或者双方的约定收集、使用其个人信息的，有权要求网络运营者删除其个人信息；发现网络运营者收集、存储的其个人信息有错误的，有权要求网络运营者予以更正。网络运营者应当采取措施予以删除或者更正。"该条明确了个人用户对其个人信息行使删除权和更正权的条件和情形，指明个人用户可以在网络运营者违反法定或者约定义务收集、使用个人信息时要求删除，可以在发现网络运营者处理的个人信息有错误时要求更正。

尽管网络安全法未明确规定用户的查询权，但这是用户行使更正权的基础，也是知情同意原则的组成部分，此外，用户查询和访问的权利，在推荐性国家标准《个人信息安全规范》中亦有规定，也已经成为业界的一种行业实践。因此，本条将查询权和更正权、删除权一起进行并列，要求电子商务经营者采取措施保证这些权利的行使和实现。

本条对于电子商务经营者的义务性规定，主要是从机制和程序的角度来作出，这就避免与其他法律、行政法规中现有或者将来关于用户个人信息实体权利的规定重复，例如，制定中的民法典"人格权编"就涉及个人信息相关具体权项设置的内容。

这种机制和程序上的保障可以分为事前和事后两个部分。电子商务经营者在事前要为用户建立起完善、顺畅、便捷的用户信息管理渠道，包括制定用户信息查询、更正、删除以及用户注销的方式和程序规则，并进行公示，这一规则需要经得起外部的审查，符合法定和约定的义务，其中不应包含有不合理的条件，以实质上阻挠用户实现对其信息的管理。评价条件的合理性时，需要考虑给用户增加的成本和负担、相关条件在经营上的必要性、核验身份等安全因素以及其他相关因素。

电子商务经营者收到用户信息查询或者更正、删除的申请之后，首先应当进行身份核实，以确保申请是由真实的用户本人作出。核实身份这一环节在电子商务环境可以通过采用多种技术手段来实现，经营者既不能设置过低的核验标准，否则容易导致用户信息的泄露和不当更正、删除，也不能设置过高的不合理的核验要求，使得用户实质上难以有效提出申请。实践中可以由行业发展出相应的标准化模式来协调统一。

用户提出注销请求的，经营者同样不应设置不合理的要求，并应同时删除用户信息或者做匿名化处理。但是，在存在法律、行政法规对于保存数据作出强制性规定的情况下，电子商务经营者应当在确保履行法定义务的情况下将用户信息作最小化或者匿名化处理。例如，网络安全法第四十七条和第四十八条都规定了网络运营者在发现用户发布或者传输违法信息、设置恶意程序等行为，需要承担保存记录的义务。电子商务法第三十一条也规定了电子商务平台经营者应当记录、保存平台上发布的商品和服务信息、交易信息，并确保信息的完整性、保密性、可用性，保存时间自交易完成之日起不少于三年。

此外，也可能存在用户和电子商务经营者就信息保存进行特别约定的情形，以及删除信息可能导致公共利益、其他相关人核心利益受损等情况。在这些情况下，电子商务经营者也可能存在合法理由对记录进行继续保存。

第二十五条　有关主管部门依照法律、行政法规的规定要求电子商务经营者提供有关电子商务数据信息的，电子商务经营者应当提供。有关主管部门应当采取必要措施保护电子商务经营者提供的数据信息的安全，并对其中的个人信息、隐私和商业秘密严格保密，不得泄露、出售或者非法向他人提供。

【本条主旨】

本条是关于电子商务经营者向主管部门提供数据信息的义务以及主管部门的信息安全保障义务的规定。

【条文精释】

在电子商务经营领域，行政机关对于行业和市场的监管，很大程度上依赖于电子商务相关的数据信息，具体而言，包括电子商务经营者的身份登记信息、经营资质资格信息、商品或服务信息、交易信息、物流信息、侵权记录信息、消费者个人信息等。由于电子商务活动中没有实体店铺和当面交易场景，因此，监管的对象很大程度上是由数据信息形成的市场和交易状况来构建。因此，出于监管的需要，有关主管部门可以有权要求电子商务经营者提供跟监管相关的电子商务数据信息，电子商务经营者在接到有关主管部门的要求时，应当积极配合提供。

由于数据信息在数字经济时代会涉及多方面的利益，特别是包括经营者的商业秘密，消费者的个人信息与隐私利益，因此，有关主管部门在要求提供数据信息时，必须出于监管的必要，符合比例原则，并且于法有据，只有在法律和行政法规作出了明确规定的情况下，才可以依法提出要求。

有关主管部门在获取电子商务相关数据信息之后，需要承担相应的数据安全保障义务，也应当遵守“合法、正当、必要”以及数据最小化原则，确保该等数据信息仅在监管必要范围之内使用，采取必要措施保障数据信息的安全，特别是对其中涉及个人信息、隐私和商业秘密等相关方重要利益的内容应当严格保密，不得泄露、出售或者非法向他人提供，否则需要承担相应的责任。这类义务在网络安全法第七十二条、第七十三条也作出了相应的责任规定。

第二十六条　电子商务经营者从事跨境电子商务，应当遵守进出口监督管理的法律、行政法规和国家有关规定。

【本条主旨】

本条是关于跨境电子商务活动的基本规定。

【条文精释】

近年来，我国跨境电子商务快速发展，已经形成了一定的产业集群和交易规模。数据显示，截至 2018 年 1 月 1 日，我国共有超过 5000 家跨境电商平台，20 万家跨境电商企业。发展跨境电子商务，有利于完善我国对外开放战略布局和对外贸易优化升级，有利于推进“一带一路”建设和实施自由贸易区战略，形成对外开放新体制，全面开放新格局。因此，本法为促进和规范跨境电子商务的发展，专门对此进行了规定。

一方面本条规定体现了跨境电子商务纳入本法，解决了跨境电子商务的法律地位问题；另一方面，跨境电子商务也需要遵守进出口监督管理的法律、行政法规和国家有关规定。

我国进出口监督管理的法律、行政法规主要包括《中华人民共和国对外贸易法》《中华人民共和国海关法》《中华人民共和国技术进出口管理条例》等。

《中华人民共和国对外贸易法》第十六条规定：“国家基于下列原因，可以限制或者禁止有关货物、技术的进口或者出口：（一）为维护国家安全、社会公共利益或者公共道德，需要限制或者禁止进口或者出口的；（二）为保护人的健康或者安全，保护动物、植物的生命或者健康，保护环境，需要限制或者禁止进口或者出口的；（三）为实施与黄金或者白银进出口有关的措施，需要限制或者禁止进口或者出口的；（四）国内供应短缺或者为有效保护可能用竭的自然资源，需要限制或者禁止出口的；（五）输往国家或者地区的市场容量有限，需要限制出口的；（六）出口经营秩序出现严重混乱，需要限制出口的；（七）为建立或者加快建立国内特定产业，需要限制进口的；（八）对任何形式的农业、牧业、渔业产品有必要限制进口的；（九）为保障国家国际金融地位和国际收支平衡，需要限制进口的；（十）依照法律、行政法规的规定，其他需要限制或者禁止进口或者出口的；（十一）根据我国缔结或者参加的国际条约、协定的规定，其他需要限制或者禁止进口或者出口的。”第二十六条规定：“国家基于下列原因，可以限制或者禁止有关的国际服务贸易：（一）为维护国家安全、社会公共利益或者公共道德，需要限制或者禁止的；（二）为保护人的健康或者安全，保护动物、植物的生命或者健康，保护环境，需要限制或者禁止的；（三）为建立或者加快建立国内特定服务产业，需要限制的；（四）为保障国家外汇收支平衡，需要限制的；（五）依照法律、行政法规的规定，其他需要限制或者禁止的；（六）根据我国缔结或者参加的国际条约、协定的规定，其他需要限制或者禁止的。”

《中华人民共和国海关法》则对进出口货物的报关纳税手续进行了规定。如该法第九条规定：“进出口货物，除另有规定的外，可以由进出口货物收发货人自行办理报关纳税手续，也可以由进出口货物收发货人委托海关准予注册登记的报关企业办理报关纳税手续。进出境物品的所有人可以自行办理报关纳税手续，也可以委托他人办理报关纳税手续。”第十条第二款、第三款规定：“报关企业接受进出口货物收货人的委托，以自己的名义办理报关手续的，应当承担与收发货人相同的法律责任。委托人委托报关企业办理报关手续的，应当向报关企业提供所委托报关事项的真实情况；报关企业接受委托人的委托办理报关手续的，应当对委托人所提供情况的真实性进行合理审查。”第十一条规定：“进出口货物收发货人、报关企业办理报关手续，必须依法经海关注册登记。未依法经海关注册登记，不得从事报关业务。报关企业和报关人员不得非法代理他人报关，或者超出其业务范围进行报关活动。”

上述法律规定，从事跨境电子商务的电子商务经营者必须遵守。但是考虑到跨境电子商务，在经营者、交易额、贸易方式方面具有中小微企业众多，交易额分散，普遍使用平台交易模式等特点，本法在本条的基础上，还在第七十二条规定：“国家进出口管理部门应当推进跨境电子商务海关申报、纳税、检验检疫等环节的综合服务和监管体系建设，优化监管流程，推动实现信息共享、监管互认、执法互助，提高跨境电子商务服务和监管效率。跨境电子商务经营者可以凭电子单证向国家进出口管理部门办理有关手续。”以此推动跨境电子商务的健康发展。

2018 年 7 月国务院下发了《国务院关于同意在北京等 22 个城市设立跨境电子商务综合试验区的批复》。该批复要求有关部门和省市人民政府要大力支持综合试验区大胆探索、创新发展，在物流、仓储、通关等方面进一步简化流程、精简审批，完善通关一体化、信息共享等配套政策，推进包容审慎有效的监管创新；同时也要求应当保障国家安全、网络安全、交易安全、国门生物安全、进出口商品质量安全。本法正是对这种跨境电商发展与改革发展的一般性规定，为未来跨境电商法律制度的建设提供了基本的法律依据。

第二节　电子商务平台经营者

第二十七条　电子商务平台经营者应当要求申请进入平台销售商品或者提供服务的经营者提交其身份、地址、联系方式、行政许可等真实信息，进行核验、登记，建立登记档案，并定期核验更新。

电子商务平台经营者为进入平台销售商品或者提供服务的非经营用户提供服务，应当遵守本节有关规定。

【本条主旨】

本条是关于电子商务平台经营者对平台内经营者身份核验义务的规定。

【条文精释】

电子商务平台经营者负责电子商务平台的维护、运营和管理，是电子商务平台治理的首要责任人，电子商务平台经营者对进入平台的电子商务经营者的资质进行审核，对于平台自身来说，具有以下意义：一是确保进入平台的电子商务经营者开展的业务符合平台定位。二是掌握平台内电子商务经营者的基本情况，便于平台治理。对于国家来说，电子商务经营者数量众多、交易量巨大，电子商务市场治理对传统社会治理模式构成巨大挑战，通过确定电子商务平台主体责任，为国家开展网络社会治理提供一个有效的抓手。技术层面来讲，电子商务平台经营者（与其他主体相比）有条件和能力对进入平台内的电子商务经营者进行适当程度的审核，且现实中已经有较好的实践基础。因此，本条第一款规定了电子商务平台经营对要求申请进入平台销售商品或者服务的经营者提交其身份、地址、联系方式、行政许可等真实信息，并进行核验、登记、建立登记档案，并定期核验更新的义务。

核验登记的范围包括经营者的身份、地址、联系方式、行政许可。其中“身份”是指法人、非法人组织的名称与自然人的姓名等；“地址”是指法人、自然人的住所、非法人组织等的经营场所、办公场所等；“联系方式”是指可以联系到经营者的通信方式等，“行政许可”是指所销售的商品或服务需要获得行政许可的经营者所具有的行政许可信息。

实践中需要注意的是，如何理解和把握“核验”。从核验的程度上来讲，可以分为形式审查和实质审查。形式审查是指审核平台内经营者的身份证明、登记证书、行政许可文件等是否齐全。实质审核是指不仅要确保资料齐全，还要审查是否真实以及是否与实际经营者相一致。单纯的形式审查很容易做到，但容易流于形式，难以起到真正效果。特别是在资料造假技术门槛低、经济成本低的情况下，如果实行纯粹的形式审查，很容易架空法律制度。如果要求平台履行严格的实质审查义务，一是导致平台运营成本过高；二是一些情况下技术上难以实现，特别是难以确保实际经营者和线上提交的资料主体完全对应；三是由于电子商务平台本质上属于民事主体，没有权力要求政府部门提供相关数据以合适平台内经营者的相关情况，无法完全做到实质审核。

比较切实可行的是形式审查和实质审查相结合，对于可以从现行公开渠道查阅的信息，电子商务平台经营者应当进行必要的核对。为确保电子商务平台的核验制度切实发挥效果，除了电子商务平台完善相关审核制度和技术措施，还需要有关部门提高信息公开程度，为电子商务平台核验资料提供便利。

核验登记义务期限是持续的，电子商务平台经营者应当定期核验。电子商务具有经营者众多且分散的特征。一是平台内经营者数量会发生变化，二是平台内经营者自身信息如注册资本、经营范围等也可能发生变化。为确保相关信息的准确性，电子商务平台经营者需要对平台内经营者的信息定期核验更新。如行政许可信息，可能在平台内经营者经营一段时期后就失去了效力或者被相关主管部门取消。所谓的“定期”，在实践之中，应当如何把握则需要视情况而定。具体情形一方面取决于政府公共数据公开制度的完善，另一方面也取决于电子商务技术的发展。

最后，本条第二款针对申请进入平台的非经营用户进行了参照适用的规定。非经营用户是指不以营利为目的的用户，即非以获取利润作为目的的或非持续性展开营业活动的主体，例如，电商交易平台中个人转让二手物品。尽管这些主体并非本法中规定的电子商务经营者，但是由于其交易行为均发生在电子商务平台之中而具有不当面交易等特点，因此，要求电子商务平台经营者对其进行核验与登记具有保护交易安全，维护市场秩序的作用。

电子商务平台经营者未尽到本条所规定的义务，除了可能承担本法第八十条所规定的行政责任之外，消费者权益保护法第四十四条第一款还规定了电子商务平台经营者的民事责任：“消费者通过网络交易平台购买商品或者接受服务，其合法权益受到损害的，可以向销售者或者服务者要求赔偿。网络交易平台提供者不能提供销售者或者服务者的真实姓名、地址和有效联系方式的，消费者也可以向网络交易平台提供者要求赔偿；网络交易平台提供者作出更有利于消费者的承诺的，应当履行承诺。网络交易平台提供者赔偿后，有权向销售者或者服务者追偿。”

第二十八条　电子商务平台经营者应当按照规定向市场监督管理部门报送平台内经营者的身份信息，提示未办理市场主体登记的经营者依法办理登记，并配合市场监督管理部门，针对电子商务的特点，为应当办理市场主体登记的经营者办理登记提供便利。

电子商务平台经营者应当依照税收征收管理法律、行政法规的规定，向税务部门报送平台内经营者的身份信息和与纳税有关的信息，并应当提示依照本法第十条规定不需要办理市场主体登记的电子商务经营者依照本法第十一条第二款的规定办理税务登记。

【本条主旨】

本条是关于电子商务平台经营者向市场监管部门和税务部门报送信息的义务的规定。

【条文精释】

一、电子商务平台经营者向市场监管部门报送相关信息

本条第一款规定了电子商务平台经营者应当按照规定向市场监督管理部门报送平台内经营者的身份信息。理解该条应把握以下几点：

1. 此处的“规定”应作广义理解，不限于法律和行政法规，还可以包括市场监督管理部门制定的部门规章等其他相关规定。

2. 报送的信息限于平台内经营者的身份信息，不包括其他经营信息等内容。当然，不排除市场监督管理部门执法过程中需要电子商务平台提供平台内经营者身份信息以外的信息，但这种提供与本条规定的报送不是同一性质。

二、提示未办理市场主体登记的经营者依法办理登记

第一，电子商务法第十条规定电子商务经营者应当依法办理市场主体登记。第二十七条规定，电子商务平台经营者应当要求申请进入平台销售商品或者提供服务的经营者提交其身份、地址、联系方式、行政许可等真实信息，进行核验、登记，建立登记档案，并定期核验更新。根据该规定，电子商务法实施后，对于新进入平台的经营者，电子商务平台经营者在电子商务经营者申请进入平台的时候就应当要求其提交登记资料，而非在其进入平台经营之后再去审核资料、提醒登记。

第二，该规定主要针对电子商务法实施前已经进入平台的经营者，电子商务平台应当提示其依法办理登记。但是也不排除对新进入的经营者，电子商务平台在后续的审核更新过程中发现登记存在问题，提示其依法办理登记。

第三，关于违反本法第二十八条的法律责任。电子商务法第八十条规定，不按照本法第二十八条规定向市场监督管理部门、税务部门报送有关信息的，由有关主管部门责令限期改正；逾期不改正的，处二万元以上十万元以下的罚款；情节严重的，责令停业整顿，并处十万元以上五十万元以下的罚款。根据第二十八条的规定，电子商务平台的提示义务是法律明确规定的强制性义务，但本法并未直接规定其未履行提示义务时的法律责任。但并不意味着电子商务平台不履行提示义务时不用承担法律责任。本法第三十八条规定："电子商务平台经营者知道或者应当知道平台内经营者销售的商品或者提供的服务不符合保障人身、财产安全的要求，或者有其他侵害消费者合法权益行为，未采取必要措施的，依法与该平台内经营者承担连带责任。""对关系消费者生命健康的商品或者服务，电子商务平台经营者对平台内经营者的资质资格未尽到审核义务，或者对消费者未尽到安全保障义务，造成消费者损害的，依法承担相应的责任。"电子商务平台不依法履行提示义务，可能被认定为未尽到安全保障义务。

第四，提示义务履行完毕后，出于风险防范的考虑，平台还应当建立后续追踪处理机制，确保平台内经营者依法办理登记。但需要注意的是，平台内经营者不依法办理登记的，由平台内经营者承担相应的法律责任，这种法律责任不能转嫁给电子商务平台经营者。

另外，根据本条的规定，平台经营者还需要配合市场监督管理部门，为应当办理市场主体登记的经营者办理登记提供便利。这种便利包括通过技术手段优化办理程序、远程验证和操作、一站式服务等可能的模式。

三、电子商务平台经营者向税务部门报送平台内经营者的身份信息和与纳税有关的信息

《中华人民共和国税收征收管理法》第五条第三款规定："各有关部门和单位应当支持、协助税务机关依法执行职务。"这一义务的履行包括自动报送、基于税务机关请求报送课税信息和接受税务机关检查等基本方式。现行税收征收管理法仅规定了工商管理机关自动报送纳税人登记注册信息的自动报送义务。其他主体则仅在税务机关针对特定纳税人的某一具体纳税事项提出信息提供请求时承担协助义务，如该法第十七条第三款规定："税务机关依法查询从事生产、经营的纳税人开立帐户的情况时，有关银行和其他金融机构应当予以协助。"这是现行税收征管法律制度下协力义务的主要履行方式之一。此外，接受税务机关的检查，如实反映情况，提供有关资料，也是协力义务履行的重要方式。这在税收征收管理法第五十四、五十六条均有所规定。电子商务法基于电子商务领域税收管理的特殊性，规定了电子商务平台经营者向税务部门报送相关信息。理解该规定，需要注意以下几点：

第一，与本条第一款规定的"按照规定"向市场监督管理部门报送平台内经营者的身份信息不同，向税务部门报送信息是"按照税收征收管理法律、行政法规的规定"，强调了法律依据的效力层级，意味着除法律、行政法规以外的其他规定不能对电子商务平台经营者设定该义务。

第二，向税务部门报送的信息范围包括两类：一类是平台内经营者的身份信息，一类是与纳税有关的信息。平台内经营者的身份信息范围应与第一款的规定相一致。与税收有关的信息范围需要进一步细化，但应当限于电子商务平台能够掌握的信息，且遵循必要性原则。

另外，电子商务平台经营者需要承担相应的提示义务。具体而言，平台经营者应当提示依照电子商务法第十条规定不需要办理市场主体登记的电子商务经营者依照第十一条第二款的规定办理税务登记。这一提示行为也应当以显著、适当的方式作出，促使此类电子商务经营者了解税务登记的必要性以及在不办理税务登记的情形下需要承担的不利后果。电子商务平台履行提示义务后，如果经营者未依法履行税务登记义务，应由经营者承担相关法律责任。

第二十九条　电子商务平台经营者发现平台内的商品或者服务信息存在违反本法第十二条、第十三条规定情形的，应当依法采取必要的处置措施，并向有关主管部门报告。

【本条主旨】

本条规定的是电子商务平台经营者对平台内经营者特定违法行为的处置和报告义务。

【条文精释】

电子商务平台经营者在电子商务中为交易双方或者多方提供网络经营场所、交易撮合、信息发布等服务，供交易双方或者多方独立开展交易活动，在电子商务日趋平台化的时代背景下，由于平台在组织电子商务交易中的重要地位，平台掌握有交易数据等重要信息，有可能了解和获知电子商务经营者的经营和交易状况，这就使得平台在一定程度上能够对经营者的经营活动进行干预，及时对平台内经营者实施的违法行为进行处置，并向有关主管部门报告。当然，平台的处置和报告义务应当限于平台对相关违法活动存在明知的情形。

本条规定的平台内经营者违反本法第十二条和第十三条规定的情形，分别指的是：平台内经营者从事经营活动未能依法取得相关行政许可的情形，与平台内经营者销售的商品或者提供的服务不符合保障人身、财产安全以及环境保护要求，以及销售法律、行政法规禁止交易的商品或者服务的情形。

在这些情形中，未能取得行政许可的情形涉及平台内经营者相关资质资格审核的问题，需要平台对于经营者开展特定经营业务设定准入门槛，通过技术措施和管理规则来加以落实。对于法律、行政法规禁止交易的商品或者服务，应当由平台经营者根据法律、行政法规确立相应的商品或者服务目录，在存在明确法定依据的情况下，对于平台内经营者销售的商品和提供的服务展开一般性的排查和监控，一旦发现存在违禁商品或服务，如枪支弹药、色情服务等，则应当依法进行处置。

平台内经营者销售的商品或者提供的服务不符合保障人身、财产安全的要求和环境保护要求的情形，相对来说较难监控和排查，因此一方面平台应当根据实际的需要发展出不同的监控和排查技术模式来提高有效性，另一方面对于平台履行义务的判断也应当秉承合理注意义务的原则，仅在有证据证明平台明知的情形下，例如，存在相关的消费者投诉，方可认定平台产生了处置和报告义务。

平台一旦发现存在上述违法情形，应当采取的必要处置措施包括断开商品或者服务链接、向平台内经营者发出通知和警告、甚至暂停或终止平台内经营者的经营活动等。此外，平台还应当根据具体违法行为所属领域，向具有职权的有关主管部门报告相关情况，以协助有关主管部门实现监管和执法职能。

第三十条　电子商务平台经营者应当采取技术措施和其他必要措施保证其网络安全、稳定运行，防范网络违法犯罪活动，有效应对网络安全事件，保障电子商务交易安全。

电子商务平台经营者应当制定网络安全事件应急预案，发生网络安全事件时，应当立即启动应急预案，采取相应的补救措施，并向有关主管部门报告。

【本条主旨】

本条是关于电子商务平台经营者保障网络安全义务的规定。

【条文精释】

电子商务平台经营者作为网络运营者，需要遵守网络安全法、刑法等法律和行政法规规定的保障网络安全相关义务。网络安全法在第七十六条中规定：“网络安全，是指通过采取必要措施，防范对网络的攻击、侵入、干扰、破坏和非法使用以及意外事故，使网络处于稳定可靠运行的状态，以及保障网络数据的完整性、保密性、可用性的能力。”以网络安全法为核心的网络安全规制法律规范体系，规定了网络运营者的一系列保障义务，具体包括：网络产品和服务安全保障义务、网络运行安全保障义务、网络数据安全保障义务和网络信息内容安全保障义务等。这些安全保障义务实际上互相交织，比如，数据安全保障会构成产品服务安全和运行安全的组成部分。

在网络运行安全部分，网络安全法规定网络运营者应当按照网络安全等级保护制度的要求，履行安全保护义务，保障网络免受干扰、破坏或者未经授权的访问，防止网络数据泄露或者被窃取、篡改，采取数据分类、重要数据备份和加密等措施。同时要求任何个人和组织不得从事窃取网络数据等危害网络安全的活动、不得提供相关的程序、工具；明知他人从事危害网络安全的活动的，不得为其提供技术支持、广告推广、支付结算等帮助。在关键信息基础设施的运行安全和跨境数据流动安全方面，网络安全法也有一系列针对性的规定。

网络安全责任在刑法中也有相关规定。刑法第二百五十三条之一规定了“侵犯公民个人信息罪”，刑法第二百八十五条分三款分别规定了“非法侵入计算机信息系统罪”，“非法获取计算机信息系统数据、非法控制计算机信息系统罪”及“提供侵入、非法控制计算机信息系统程序、工具罪”，刑法第二百八十六条规定了“破坏计算机信息系统罪”，刑法第二百八十六条之一规定了“拒不履行信息网络安全管理义务罪”。对于这些涉及网络安全的违法犯罪活动，电子商务平台经营者需要承担采取必要措施加以防范的义务。

本条在网络安全法、刑法前述规定的基础上，再次强调了电子商务平台经营者应当承担的网络安全保障义务，这一义务主要是从技术措施的层面展开，要求平台经营者采取技术措施和其他相关的必要措施，一方面保证平台自身网络的安全、稳定运行，同时也需要防范他人借助平台展开网络违法犯罪活动，保障电子商务的交易能够在安全、稳定、可靠的技术环境下展开。

对于网络安全事件的防范、应对和补救，本条第二款作出了专门的规定，要求从事前、事中、事后各个环节采取措施，事前制定网络安全事件应急预案，事中即发生网络安全事件时应当立即启动应急预案，事后应当采取相应的补救措施并向有关主管部门报告。类似的规定是网络安全法的第二十五条，该条规定："网络运营者应当制定网络安全事件应急预案，及时处置系统漏洞、计算机病毒、网络攻击、网络侵入等安全风险；在发生危害网络安全的事件时，立即启动应急预案，采取相应的补救措施，并按照规定向有关主管部门报告。"

第三十一条　电子商务平台经营者应当记录、保存平台上发布的商品和服务信息、交易信息，并确保信息的完整性、保密性、可用性。商品和服务信息、交易信息保存时间自交易完成之日起不少于三年；法律、行政法规另有规定的，依照其规定。

【本条主旨】

本条规定的是电子商务平台经营者的信息记录和保存义务。

【条文精释】

电子商务平台上汇集了平台内经营者发布的商品和服务信息，以及经营者与购买者之间的交易过程的记录，保存这些信息，对于保护以及协助相关当事人保障其合法权益，解决商品、服务、交易相关的纠纷，保存和固定相关的交易证据，具有基础性的作用。《网络交易管理办法》也存在类似规定。

商品和服务信息除了包括静态的商品和服务的描述信息，还包括商品和服务发布的时间和发布人等信息。交易信息应当包括交易全过程的动态信息，包括交易双方、交易过程、物流运输、商品交付或者服务提供以及交易后的售后服务、评价等信息。

电子商务平台经营者一方面需要对这些信息进行记录、保存，另一方面还需要采取必要的措施确保信息安全，即完整性、保密性、可用性这一由国际标准化组织确认的信息安全的“三性”要求。完整性是指信息不被修改、破坏等，保持信息的完好无损。保密性是指不被无权访问的人获得。可用性是指信息可以被合法用户依法使用。如果平台擅自改变相关数据，或者提供虚假数据，或者因措施不当而导致数据泄露或被他人篡改，都需要承担相应的法律责任。例如，消费者权益保护法第四十四条第一款规定：“消费者通过网络交易平台购买商品或者接受服务，其合法权益受到损害的，可以向销售者或者服务者要求赔偿。网络交易平台提供者不能提供销售者或者服务者的真实名称、地址和有效联系方式的，消费者也可以向网络交易平台提供者要求赔偿；……”

电子商务平台经营者对商品和服务信息、交易信息保存时间应当自交易完成之日起不少于三年。本条另有三年的规定与民法总则中有关诉讼时效的规定相衔接，在此期间如果发生了相关争议，启动司法程序，可以根据相关诉讼程序的规定，要求平台协助提供相应的数据来证明事实情况，法律、行政法规另有规定的除外。

需要指出的是，电子商务平台经营者的信息记录和安全保存义务，有可能与其他义务存在需要协调之处，例如，个人信息保护义务，在个人用户针对其个人信息提出删除以及注销账户等请求时，电子商务平台经营者需要在满足记录保存义务的基础上尽可能删除用户个人信息，或者对个人信息作出匿名化处理，但也有可能出现基于合理理由而不能删除用户个人信息的情况。

第三十二条　电子商务平台经营者应当遵循公开、公平、公正的原则，制定平台服务协议和交易规则，明确进入和退出平台、商品和服务质量保障、消费者权益保护、个人信息保护等方面的权利和义务。

【本条主旨】

本条是关于电子商务平台经营者服务协议和交易规则制定原则与内容

的基本规定。

【条文精释】

电子商务平台经营者在电子商务中是通过提供电子商务平台供交易双方或多方独立达成交易。在这一过程中，电子商务平台经营者分别与平台内经营者、消费者发生法律关系。本条所规定的针对平台服务协议的规则，是电子商务平台经营者与平台内经营者以及消费者之间的基础法律关系；本条所规定的交易规则，是平台内经营者和消费者在平台内进行交易时需要遵守的规则。

一、平台服务协议的制定原则与内容要求

平台服务协议，是平台内经营者、消费者进入平台以及在平台内展开电子商务活动、退出平台等活动与电子商务平台经营者之间签订的协议，是约束电子商务平台经营者与平台内经营者、电子商务平台经营者与消费者之间关系的最基础的规范。

第一，平台服务协议遵循意思自治原则。电子商务平台服务内容往往具有自身的特色，如综合性电子商务平台，跨境电子商务平台等，针对不同的商品销售，电子商务平台内的基本关系也不同。电子商务平台服务的模式多种多样，如 B2C、B2B 等，不同模式的平台，电子商务平台内的基本关系也不同。此外，由于电子商务平台经营者本身也具有根据市场需求和自身市场定位打造不同服务平台以符合自身发展策略的考虑，因此电子商务平台中电子商务平台经营者、平台内经营者与消费者之间关系存在差异。尊重当事人意思自治，由电子商务平台经营者与其他电子商务主体自行决定平台服务协议的具体内容，不仅是电子商务平台自身特征的要求，也符合市场经济规律。因此，本条仅对平台服务协议的制定原则和基本内容进行规定，并不涉及平台服务协议的具体内容。

第二，平台服务协议属于民法上的格式条款，应当遵守“公开、公平”原则。《中华人民共和国合同法》第三十九条第一款规定：“采用格式条款订立合同的，提供格式条款一方应当遵循公平原则确定当事人之间的权利和义务，并采取合理的方式提请对方注意免除或者限制其责任的条款，按照对方的要求，对该条款予以说明。”电子商务平台经营者应当采取合理的方式提请平台内经营者、消费者注意免除或者限制其责任的条款，并按照对方的要求，对该条款予以说明，即需要符合公开的原则。电子商务平台经营者在制订平台服务协议时，也应当遵守公平的原则来确定当事人之间的权利和义务。在合同法规定的基础上，本条结合电子商务的特点有所拓展：在公开原则中，本法不仅要求电子商务平台经营者需要就免除或者限制其责任的条款提请平台内经营者、消费者注意，同时，还负有提前公开其平台服务协议的义务，将平台服务协议的内容开放给申请进入平台的主体供其阅读。需要注意的是，实践中一些具有谈判能力的平台内经营者会采用和平台经营者特别约定或签署补充协议的方式，以更好地体现自己的主张，维护自己的权益。

第三，平台服务协议中应当包括本法规定的核心内容，且不得违反公平原则。虽然本条在平台服务协议的问题上首先尊重当事人意思自治，但是基于对平台内经营者和消费者权益的保护，要求平台服务协议必须包含以下几方面内容：明确进入和退出平台各方的权利义务；明确商品和服务质量保障各方的权利义务；明确消费者权利保护各方的权利义务；明确个人信息保护各方的权利义务。这是因为上述内容与平台发展关系密切，直接影响到平台内经营者与消费者的权利，而由于平台内经营者和消费者人数众多且分散，无法形成统一的谈判能力，因此，立法进行特别规定。

二、交易规则的制定原则与内容要求

交易规则是在平台服务协议基础上，电子商务平台经营者基于平台服务协议所作出的提供平台服务与管理权利的细化，是平台日常交易所需要遵守的具体规范。在实践中，为电子商务平台内的交易双方或者多方制订并提供交易规则，是电子商务平台经营者经常提供的服务之一。交易规则主要涉及合同如何订立，合同主要权利义务的分配，个人信息保护，纠纷解决机制等。电子商务平台经营者通过提供交易规则，减少了平台内交易各方的交易成本，提高了电子商务交易的经济效率；通过由交易之外的独立第三方指定交易规则，也有利于兼顾交易各方的利益，维护各方权益；通过交易规则的差别化，有利于电子商务平台经营者针对交易各方提供不同层次的服务，促进电子商务平台之间的竞争，共同推进电子商务的发展。

但是，由于交易规则是由电子商务平台经营者制订且内容对平台内经营者、消费者均会产生重大影响，因此，本法对交易规则制订的原则与内容进行了一般性规定。

1. 交易规则的制订需要尊重“公开、公平与公正”原则。“公开”原则包括以下几个层次：第一，制订过程应当公开，如本法第三十四条规定，电子商务平台经营者修改平台交易规则的，应当在其首页位置公开征求意见。这是因为交易规则是电子商务平台的规范，一旦制订需要平台内经营者、消费者遵守，并且直接影响后者的利益，因此，通过公开的制订过程，有利于反制电子平台经营者滥用规则制订权，也有利于通过公开的过程形成更为健全和适合平台发展的交易规则；第二，交易规则的内容应当公开。交易规则直接影响了平台交易各方的利益，因此只有将交易规则予以公开，才能够起到引导平台内交易各方的行为，规范交易过程，保障各方权益的目的。对此，本法第三十三条规定，电子商务平台经营者应当在其首页显著位置持续公示平台服务协议和交易规则信息，并保证经营者和消费者能够便利、完整地阅读和下载。

“公平”原则是指电子商务平台经营者应当平等地对待平台内经营者和消费者，同时包括了以下层次：第一，电子商务平台经营者应当在制订交易规则时平等地对待不同的平台内经营者；第二，电子商务平台经营者应当在制订交易规则时平等地对待不同的消费者；第三，电子商务平台经营者应当在制订交易规则时平等地对待平台内经营者和消费者；第四，电子商务平台经营者制订的交易规则内容也应当平等地对待平台内经营者、消费者和其各自的关系。公平的对待，是形式上的平等对待。在电子商务平台中交易各方是独立地开展交易的。因此，电子商务平台经营者应当平等对待各独立交易个体，保证其在交易规则中的地位平等。

“公正”原则包括两层含义：第一，指电子商务平台经营者在制订交易规则时不应当偏护任何一方，包括电子商务平台经营者自身；第二，电子商务平台经营者在制订交易规则的过程中，应当做到对消费者等需要保护的群体的倾斜与保护。公平原则将平台内经营者与消费者作为独立的主体平等对待，但是在实践中，平台经营者之间、平台内经营者与消费者之间均存在着关系上的不对等。在平台内经营者与消费者的关系中，平台内经营者具有更多的信息优势，可能会作出损害消费者权益的行为。因此，电子商务平台经营者在制订交易规则时不仅需要遵守平等原则，并且应当根据其在交易中的实际地位，依法保护弱势一方的合法权益。

2. 交易规则的制订应当特别注意商品和服务质量保障、消费者权益保护以及个人信息保护等内容。交易规则，在平台类电子商务实践中，构成交易各方默认的合同条款，进而成为买卖合同或者服务合同的组成部分。这样，一方面有利于进一步降低交易成本，减少交易纠纷；另一方面也有助于保护消费者权益，树立电子商务平台的良好形象。

第三十三条　电子商务平台经营者应当在其首页显著位置持续公示平台服务协议和交易规则信息或者上述信息的链接标识，并保证经营者和消费者能够便利、完整地阅览和下载。

【本条主旨】

本条是关于电子商务平台经营者服务协议和交易规则公示义务的规定。

【条文精释】

本法第三十二条规定了电子商务平台经营者制订服务协议和交易规则的基本原则，包括了公开原则。按照公开原则的要求，服务协议和交易规则制订的过程应当开放，内容应当公开。本条是对前述公开原则的进一步细化规定。按照本条的要求，电子商务平台经营者对平台服务协议和交易规则的内容公开应当符合特别的要求。

第一，平台服务协议和交易规则应当在显著位置公示。平台服务协议和交易规则属于合同法上的格式条款。电子商务主要采用的是非当面的在线交易的模式，因此将电子商务平台经营者制订的平台服务协议和交易规则进行公示，不仅是电子商务平台经营者按照合同法的规定使其制订的平台服务协议和交易规则获得完全的法律效力的方式，也是保护平台内经营者和消费者权益，减少电子商务纠纷的重要途径。根据本条的规定，公开需要满足实质标准，即应当在“首页显著位置”公示。“首页”一般是指通过网站经营的电子商务平台，应当在网站的第一页就上述信息予以公示。对其他非网站经营的电子商务平台而言，其要求应当在“显著位置”予以公示。对其的解释，可参见本书对电子商务法第十五条中的相关解释。

第二，公示应当是“持续”进行的。“持续”是指电子商务平台整个经营期间。在电子商务平台经营期间，电子商务平台经营者都负有在首页显著位置公示平台服务协议和交易规则信息的义务。

第三，公示的对象可以是信息也可以是信息的链接标识。在电子商务实践中，一方面网站首页空间有限，另一方面为了更好地提供平台服务，实践中，平台服务协议和交易规则往往篇幅较长，因此，本法允许电子商务平台经营者在首页显著位置公示平台服务协议和交易规则可选择提供链接的方式进行，方便电子商务平台业务的开展，同时也有助于平台内经营者、消费者可以以更优化的方式阅读。

第四，公示的方式须满足经营者和消费者能够便利、完整地阅览和下载。由于平台服务协议和交易规则，在实践中，往往篇幅较长，对经营者和消费者的权益影响较大，为了能够使经营者和消费者充分知悉平台服务协议和交易规则的内容，确保经营者和消费者的权益。本法对公示的方式进行了以下细化的规定：

便利、完整阅览的要求。由于平台服务协议和交易规则往往篇幅较长，在实践中，有些电子平台经营者往往通过采用缩小字号等不易阅读的方式公示平台服务协议和交易规则。这种做法可能对经营者、消费者作为接受格式条款一方的权益造成损害，同时，也会被认定为未尽到说明解释义务，而使得平台服务协议和交易规则的效力被认定无效，增加电子商务纠纷。为了解决上述问题，本条特别规定了对平台服务协议和交易规则的公示应当满足便利经营者和消费者可以完整阅读的要求。

下载的要求。为了经营者和消费者可以以自己认为便利的方式获取平台服务协议和交易规则的信息，本条除了在便利、完整的实质要求之外，还特别规定平台电子商务经营者应当提供平台服务协议和交易规则的下载途径，使经营者、消费者可以便利、完整地将平台服务协议和交易规则下载到本地，方便经营者、消费者可以充分了解相关内容。

第三十四条　电子商务平台经营者修改平台服务协议和交易规则，应当在其首页显著位置公开征求意见，采取合理措施确保有关各方能够及时充分表达意见。修改内容应当至少在实施前七日予以公示。

平台内经营者不接受修改内容，要求退出平台的，电子商务平台经营者不得阻止，并按照修改前的服务协议和交易规则承担相关责任。

【本条主旨】

本条是关于平台服务协议和交易规则修改方式的规定。

【条文精释】

电子商务平台经营者为了提高服务的效率、改善服务品质，会根据实际情况对平台服务协议和交易规则进行修改完善。对于已经在平台中经营的经营者而言，构成了合同的变更。《中华人民共和国合同法》第七十七条第一款规定："当事人协商一致，可以变更合同。"

从合同法的角度来看，针对平台服务协议和交易规则的修改，平台内经营者和消费者有权选择不接受，从而退出平台。对于消费者而言，选择退出某个平台而到其他平台消费，在市场充分竞争的情况下，阻力与障碍不大；但对于平台内经营者而言，则往往存在较高的成本。这些成本包括投入在该电子商务平台的广告宣传成本、长期服务过程中形成的商誉或口碑等，这些重要无形资产，都需要平台内经营者的长期投入，在经济学上被称为"专用性投资"，即一旦改变用途价值就会发生极大贬损的投资。对于平台内经营者而言，因为专用性投资的存在，因此，在平台内经营者选择离开平台时，其权益尤其可能会受到影响。针对这一问题，为了避免电子商务平台经营者利用其自身地位，随意修改平台服务协议和交易规则，同时，为了保护平台内经营者在相对稳定的规则体系下进行专用性投资，促进电子商务活动的发展，本条规定了电子商务平台经营者修改平台服务协议和交易规则时的法定义务。

1. 电子商务平台经营者在修改平台服务协议和交易规则时应当遵守公开原则

从合同法理论上看，合同的变更，本质上构成了新的合同，因此，合同法规定合同的变更当事人须一致同意。平台服务协议和交易规则属于格式条款，也应当遵守合同法的约定。但是，在电子商务实践中，电子商务平台经营者需要面对人数众多且分散的平台内经营者与消费者，限制了电子商务平台经营者与平台内经营者和消费者就修改内容一一进行协商。针对此问题，本条规定了修改平台服务协议和交易规则的公开原则。

（1）修订过程公开参与。虽然平台服务协议和交易规则属于格式条款，奉行“接受或离开”。但是针对平台内已有的经营者和消费者而言，事实上可能处于“无法离开”或如果离开将遭受巨大损失的境地。电子商务平台作为一种商业生态，涉及多方利益主体。因此，平台的治理，也应当是开放的过程。通过开放修改平台服务协议和交易规则给各方利益主体，能够保证各方利益诉求的表达，维护各方主体的权益；同时，通过开放的过程，也有助于平台经营者更好地提供电子商务平台服务，促进电子商务平台的发展。本条特别规定了修订过程的公开参与：应当在其首页显著位置公开征求意见，采取合理措施确保有关各方能够及时充分表达意见。

（2）修订内容的公示。由于修订内容对经营者和消费者的权益影响较大，本条规定在修订内容实施之前，需要有至少七日的公示期。设置公示期，主要有几个方面的意义：第一，有助于经营者和消费者全面知悉且理解修订的内容，从而作出继续留存在平台还是选择离开的决策；第二，有助于经营者和消费者对未来的交易规则等形成预期，减少因突然改变交易规则对正常进行交易的干扰；第三，有助于经营者和消费者在此期间进一步向平台反馈自己的意见与建议。

2. 平台内经营者有选择退出的权利

在不接受平台服务协议和交易规则修改的情况下，退出权是平台内经营者和消费者保护自身合法权益的重要途径。电子商务平台经营者掌握着平台内经营者或消费者的资料、押金等，其可能借此阻碍平台经营者或消费者退出平台。本条特别规定，平台内经营者不接受修改内容，要求退出平台时，电子商务平台经营者不得阻止。

所谓“不得阻止”，就形式上而言，选择退出平台时平台内经营者的权利，平台内经营者在电子商务平台经营者修改平台服务协议和交易规则时有权自行决定是否接受；从实质内容上而言，电子商务平台经营者不得通过平台服务协议等任何方式实质上剥夺平台内经营者的自主退出权，包括设定退出违约金等障碍。

最后，本条还规定了责任条款。由于选择退出的平台内经营者并不接受修订的平台服务协议和交易规则，因此针对选择退出的平台内经营者而言，平台服务协议和交易规则也就不发生效力，对于已经出现的纠纷等，适用原平台服务协议和交易规则进行处理。

第三十五条　电子商务平台经营者不得利用服务协议、交易规则以及技术等手段，对平台内经营者在平台内的交易、交易价格以及与其他经营者的交易等进行不合理限制或者附加不合理条件，或者向平台内经营者收取不合理费用。

【本条主旨】

本条是对电子商务平台经营者不当交易行为的规制。

【条文精释】

从形式上看，电子商务平台经营者和平台内经营者、消费者之间属于合同法律关系，在当事人意思独立、真实且自愿的情形下，有权自主决定相互间的法律关系。本法第三十二条、第三十三条、第三十四条也是从合同关系的角度入手，处理电子商务平台经营者与平台内经营者、消费者之间的法律关系的。但是在电子商务实践中，由于规模经济而产生的聚合效应，因此电子商务现有的模式多以平台化经营作为主要方式。在电子商务平台中，由于电子商务平台经营者具有制订服务协议、交易规则的权利，并且创设电子商务交易发生的网络平台，因此往往具有更强的谈判优势。可能发生电子商务平台经营者利用服务协议、交易规则的制订权以及提供电子商务平台作为电子商务交易活动的发生空间的技术便利，不合理地对待平台内经营者的行为。本条在这一背景之下，在本法第三十二条到第三十四条规定的基础上，对电子商务平台经营者义务进行了更为实质性的规定。

根据本条的规定，电子商务平台经营者在提供平台服务协议、交易规则时，其内容中不能够包含对平台内经营者在平台内交易、交易价格和与其他经营者交易的不合理限制或附加不合理条件。

对平台内交易、交易价格的不合理限制或者附加不合理条件，主要是电子商务平台经营者利用平台服务协议、交易规则就商品或服务的销售对象、销售价格、销售地区等加以不合理的限制或者附加条件；同时也包括交易规则就交易的达成进行不合理的限制等。对该项规定理解的核心在于如何界定“不合理”。在电子商务实践中，电子商务平台经营者可能因为自身经营模式的选择，对相关商品、服务等进行筛选，对销售对象、销售价格、销售地区等也会加以一定的限制，以提高自身平台竞争力。这些筛选和限制并非都是不合理的，往往具有一定的经济合理性。对不合理的认定，可以结合反垄断法中合理性原则进行判断，即电子商务平台经营者采用的对平台内交易限制的手段，是否具有成本和收益上的经济效率，是否造成了市场福利的无谓损失，是否不当地损害了平台之间的竞争。当然，由于反垄断法中的合理性原则，针对的是具有市场支配地位的市场主体，因此，在本法参照上述原则进行认定时应当更加适度放宽，否则可能会扼杀平台的竞争力，不利于电子商务的健康发展。

对平台内经营者与其他经营者的交易设置不合理限制或附加不合理条件，典型的是电子商务中存在的“二选一”问题。原国家工商总局制订的《网络商品和服务集中促销活动管理暂行规定》明确禁止了“二选一”行为，即禁止电子商务平台经营者不合理地要求平台内经营者在特定时期内选择独家销售模式。正确理解“二选一”等问题，需要注意以下几点：（1）“二选一”行为并非都是不合理的。从行为事实来看，“二选一”行为从行为构成要件上符合反垄断法中“独家交易”的限制，但是需要注意的是：其一，反垄断法中对独家交易规制的前提是市场主体具有市场优势地位；其二，独家交易属于纵向垄断行为，即使针对具有市场优势地位的主体，也并非一概禁止，而需要考察其是否具有合理性。从经济学的角度来看，市场主体选择独家交易等交易模式，可能正是因为资产专用性原因，而需要采取的交易保护措施。因此，“二选一”行为具有经济合理性；（2）本法所限制的对平台内经营者与其他经营者的交易设置不合理限制或者附加不合理条件的核心并非设置限制或者附加条件，而是要求该限制或条件是不合理的。对不合理的理解，不应当单纯从平台内经营者的角度而言。因为整合本法的规定，平台内经营者具有选择退出平台的权利，如果平台内经营者认为相关限制或者附加的条件不合理，在存在其他电子商务平台的情形下，平台内经营者可以选择通过退出平台的方式保护自身的权益。结合本段上部分的解释，在这一前提下，对不合理的认定，应当是严格的。从本法的宗旨在于促进电子商务活动的健康发展来看，此处的“不合理”应当是电子商务平台经营者的限制或者附加的条件构成了对平台内经营者已有利益的严重损害，不能简单以平台经营者需要退出平台而可能承担的商业上的预期利益的损失加以判断；同时对“不合理”的判断更应当结合电子商务平台和市场秩序进行综合的判断。

电子商务平台经营者不仅不能够利用平台服务协议和交易规则对平台内经营者和消费者的交易、交易价格以及平台内经营者与其他经营者的交易设置不合理的限制和附加不合理的条件，也不得利用技术手段进行上述行为。

电子商务活动和一般商事活动最大的区别在于交易发生在网络空间。电子商务平台经营者所提供的服务正是为交易双方或多方提供交易平台。提供平台服务包括撮合交易的服务、提供交易规则的服务，而其中最基本的则是提供网络交易空间的服务。事实上，在网络空间中，撮合交易以及交易规则等也与网络空间中的技术规则密切联系。因此，本条不仅强调了电子商务平台经营者在制订平台服务协议和交易规则中的不得具有不当交易行为，同时还特别规定了电子商务平台经营者不得利用技术措施和手段施加上述行为。

第三十六条　电子商务平台经营者依据平台服务协议和交易规则对平台内经营者违反法律、法规的行为实施警示、暂停或者终止服务等措施的，应当及时公示。

【本条主旨】

本条是关于电子商务平台经营者针对平台内经营者采取处置措施公示

义务的规定。

【条文精释】

电子商务平台经营者提供平台服务，进行平台治理，主要依据的是法律法规，平台服务协议和交易规则。实践中，电子商务平台经营者与平台内经营者的平台服务协议中往往会约定平台内经营者须遵守法律、法规和交易规则的约定，否则需要承担违约责任。

《中华人民共和国合同法》第九十四条规定："有下列情形之一的，当事人可以解除合同：（一）因不可抗力致使不能实现合同目的；（二）在履行期限届满之前，当事人一方明确表示或者以自己的行为表明不履行主要债务；（三）当事人一方迟延履行主要债务，经催告后在合理期限内仍未履行；（四）当事人一方迟延履行债务或者有其他违约行为致使不能实现合同目的；（五）法律规定的其他情形。"第一百零七条规定："当事人一方不履行合同义务或者履行合同义务不符合约定的，应当承担继续履行、采取补救措施或者赔偿损失等违约责任。"本条在合同法的基础上，针对电子商务实践对电子商务平台经营者追求平台内经营者的违反法律、法规行为的责任进行了特别的规定。

一、电子商务平台经营者对平台内经营者采取的是处置措施

按照本条的规定，电子商务平台经营者可以采取"警示""暂停服务"或"终止服务"的处置措施。从权利来源上看，电子商务平台经营者上述处置措施的权利来自于其与平台内经营者之间的合同约定，属于合同法中所规定的合同一方拥有的权利。如终止服务的权利相当于赋予了电子商务平台经营者解决合同的权利。但也需要注意，本条所规定的处置措施与传统合同法中合同当事人一方所拥有的权利有所不同。在平台治理中，电子商务平台经营者更类似于交易双方或多方之间的居中协调主体，负责交易规则的制订与执行，因此，电子商务平台经营者所拥有的采取处置措施的权利也来自于平台治理的需要。同时，这也就意味着电子商务平台经营者除了在传统的合同法中所拥有的权利之外，本法还特别根据电子商务实践确认了其所拥有的采取处置措施的权利。这是一种在私法关系中的治理的权利。

二、电子商务平台经营者处置措施针对的对象

私团体的治理权利需要受到法律的限制，否则容易造成对私主体权利的损害。因此，本条在确认了电子商务平台经营者所拥有的私法中的治理的权利，即采取本条所规定的处置措施的权利之外，还对上述处置措施的针对对象进行了限制，即平台内经营者违反法律、法规的行为。

但是需要注意的是，本条规定并不意味着电子商务平台经营者不再具有合同法上的传统私法主体所拥有的权利，如平台内经营者构成合同法所规定的情形，电子商务平台经营者依然可以依照合同法的规定主张合同的解除及其他相关违约责任。

第三十七条　电子商务平台经营者在其平台上开展自营业务的，应当以显著方式区分标记自营业务和平台内经营者开展的业务，不得误导消费者。

电子商务平台经营者对其标记为自营的业务依法承担商品销售者或者服务提供者的民事责任。

【本条主旨】

本条是关于电子商务平台经营者区分业务、禁止误导消费者的规定。

【条文精释】

电子商务平台经营者可以在其运营的交易平台上从事商品和服务的自营活动。此时，电子商务平台经营者的身份就发生了重要变化：一方面，电子商务平台经营者是平台服务的提供者；另一方面，电子商务平台经营者也属于平台内经营者。这就构成了法律理论上的“角色理论”，即对法律主体权利义务的界定，需要具体来看其在具体法律关系中所扮演的角色。因此，本法对电子商务平台经营者和平台内经营者的权利义务的规定，也是从这个意义上进行的，即分别规定了不同体系的电子商务平台经营者和平台内经营者之间的权利义务体系。本条即是在分别规定了电子商务平台经营者和平台内经营者不同的法律角色和权利义务体系这一基础上，针对电子商务平台经

营者也会从事具体电子商务活动的情形进行了规定。

尽管电子商务平台经营者对平台内电子商务经营者具有一定的管理和控制能力，但毕竟这种管理和控制是间接的，其无法从根本上保证平台内电子商务经营者销售的商品和提供的服务的质量，因此法律将电子商务平台经营者的角色和责任区别于平台内电子商务经营者。对于消费者来说，一些电子商务平台特别是大型电子商务平台拥有较强的资金实力、较高的管理水平和服务水平，如果其本身也从事商品销售或服务提供，通常情况下质量更值得信赖。一些电子商务平台也通常将其自身直接销售的商品或提供的服务明确标注为“自营”，以强调与平台内电子商务经营者的区别，从而吸引消费者。标注“自营”，一是表明了电子商务平台经营者同时作为商品销售者或服务提供者的法律地位，二是意味着对商品或服务质量的宣传或保证。基于对电子商务平台的信赖，许多消费者也通常倾向于购买平台自营商品或服务。但是在实践中，一些电子商务平台通常采取的操作模式为：一个集团公司设立电子商务平台公司和其他电子商务公司，集团设立的其他电子商务公司在该电子商务平台上开展销售商品、提供服务等经营行为，该电子商务平台将上述经营活动标注为“自营”。在消费者产生纠纷的情况下，该电子商务平台经营者提出，其标注的“自营”不是指电子商务平台本身自营，而是指该集团公司自营，平台公司不应当承担商品销售者或服务提供者的责任。这种做法误导了消费者，侵害了消费者的知情权。

一、电子商务平台经营者在其平台上开展自营业务的需要以显著方式加以区分

电子商务平台经营者在其平台开展自营业务的判断标准，包括形式与实质两种。形式上在其平台开展自营业务，是指具体运营电子商务平台的法人、非法人组织以其法律身份从事经营活动的。实质上在平台开展自营业务，是指具体运营电子商务平台的法人、非法人组织虽未直接以其法律身份从事经营活动，但是通过其子公司或关联公司从事经营活动。在实践中，电子商务平台的运营公司和开展自营业务的公司，从形式上往往是不同的法人主体。这些不同的法人，同属于一个集团，彼此之间构成关联企业。因此，对电子商务平台经营者在其平台开展自营业务不能仅仅从法律形式上进行判断，而应当进行实质判断。

第一，从企业间关系的实质进行判断。独立企业的认定标准包括了是否具有独立的企业决策和是否遵守了公司法等规定的企业独立的形式要件，如人员独立、财务独立、业务独立等。实践中，可以首先判断从事平台运营的企业与从事自营业务的企业之间是否存在持股关系。第二，需要结合前述企业决策独立性、人员独立性、财务独立性及业务独立性等进行综合判断。第三，从消费者保护的角度进行判断。本条特别规定了区分义务的功能在于避免引起消费者的误解。因此，在对是否为电子商务平台经营者从事自营业务时，更核心的判断标准在于是否会造成消费者的误解。如电子商务平台经营者在对消费者的宣传中特别宣传了其属于“自营平台”等，而事实上在平台内的业务里，同时存在着自营业务和其他平台内经营者经营的业务；再如，电子商务平台经营者表明某业务属于“自营业务”，但事后却以属于不同公司法人运营为由，拒绝按照自营业务的承诺承担法律责任等。针对这些问题，应当从是否误导消费者的角度进行实质判断，而不能仅仅拘泥于是否属于民商事法律关系中的不同法律主体。

“显著方式”是足以让消费者了解业务类型的方式，包括设置筛选项，在业务后以红色加粗的形式标明等。判断的标准也应当为是否会造成对消费者的误导，引起消费者的误解。

二、电子商务平台经营者应当对标记为自营的业务承担商品销售者或服务提供者的民事责任

由于在实践中，让消费者去判断电子商务平台经营者和自营业务之间的关系较为困难；同时，也为了避免电子商务平台经营者先以自营业务进行宣传，再以复杂的法律形式，主张自身并非从事自营业务进行脱责，损害消费者权益。因此，本条还规定了电子商务平台经营者承担责任的依据，即标明为自营业务。这样一方面减轻了消费者的调查成本，另一方面也给电子商务平台经营者加以行为规范，可以进一步促进电子商务的健康发展。

电子商务平台经营者标记为自营业务的，电子商务平台既是网络平台服务提供者，同时又是商品销售者和服务提供者，对于其自营业务中的商品和服务质量，应依法承担商品销售者或者服务提供者的民事责任。即使其事后证明该标记为自营业务的内容不属于其真实自营业务，也不能就此免除责任。

第三十八条　电子商务平台经营者知道或者应当知道平台内经营者销售的商品或者提供的服务不符合保障人身、财产安全的要求，或者有其他侵害消费者合法权益行为，未采取必要措施的，依法与该平台内经营者承担连带责任。

对关系消费者生命健康的商品或者服务，电子商务平台经营者对平台内经营者的资质资格未尽到审核义务，或者对消费者未尽到安全保障义务，造成消费者损害的，依法承担相应的责任。

【本条主旨】

本条是关于电子商务平台经营者对平台内经营者侵害消费者合法权益行为采取必要措施义务、平台内经营者资质资格审核义务和消费者安全保障义务的规定。

【条文精释】

一、电子商务平台经营者与平台内经营者承担连带责任

本条第一款规定了电子商务平台经营者与平台内经营者承担连带责任的情形，其构成要件包括：

1. 平台内经营者销售的商品或者提供的服务不符合保障人身、财产安全的要求，或者有其他侵害消费者合法权益行为

一是商品或者服务不符合保障人身、财产安全的要求。消费者权益保护法第七条规定："消费者在购买、使用商品和接受服务时享有人身、财产安全不受损害的权利。消费者有权要求经营提供的商品和服务，符合保障人身、财产安全的要求"。《中华人民共和国产品质量法》第十三条规定，可能危及人体健康和人身、财产安全的工业产品，必须符合保障人体健康和人身、财产安全的国家标准、行业标准；未制定国家标准、行业标准的，必须符合保障人体健康和人身、财产安全的要求。

二是其他侵害消费者权益的行为，例如，未及时披露商品或者服务信息、对商品或者服务信息做虚假宣传等。实践中需要注意的是，"侵害消费者权益"的范围非常大，电子商务平台对各种非法行为要积极进行介

入，否则就要承担连带责任。

2. 电子商务平台经营者知道或者应当知道平台内经营者存在前述违法行为

电子商务平台经营者对消费者承担的是过错责任，其仅在知道或者应当知道平台内经营者实施侵害消费者权益行为，而未采取必要措施的情况下，依照本法承担连带责任。如何判定平台经营者知道或者应当知道，最高人民法院颁布的《最高人民法院关于审理利用信息网络侵害人身权益民事纠纷案件适用法律若干问题的规定》第九条对司法实践中的认定标准进行了总结，可资参考，具体包括：第一，网络服务提供者是否以人工或者自动方式对侵权网络信息以推荐、排名、选择、编辑、整理、修改等方式作出处理；第二，网络服务提供者应当具备的管理信息的能力，以及所提供服务的性质、方式及其引发侵权的可能性大小；第三，该网络信息侵害人身权益的类型及明显程度；第四，该网络信息的社会影响程度或者一定事件内的浏览量；第五，网络服务提供者采取预防侵权措施的技术可能性及其是否采取了相应的合理措施；第六，网络服务提供者是否针对同一网络用户的重复侵权行为或者同一侵权信息采取了相应的合理措施；第七，与本案相关的其他因素。

3. 电子商务平台经营者未采取必要措施

本法第二十九条规定，电子商务平台经营者发现平台内的商品或者服务信息存在为取得行政许可而开展非法经营，或者销售的商品或者提供的服务不符合保障人身、财产安全的要求和环境保护要求，或者销售、提供法律、行政法规禁止交易的商品或服务的，应当依法采取必要的处置措施，并向有关主管部门报告。本法第三十六条规定了警示、暂停或者终止服务等措施。但这些规定并没有明确界定什么情况下采取哪些措施。

如何理解本条规定“必要措施”？平台内经营者违法行为不同，需要采取的措施也不同。如果电子商务平台经营者没有按照法律法规规整等的规定以及平台规则、服务协议明确确定的要求采取措施，基本可以认定为没有采取必要措施。在已经采取上述措施后，如果能证明这些措施明显不足以保护消费者合法权益，电子商务平台经营者存在明显过错，也可以认定未采取必要措施。

二、承担相应责任的情形

本条第二款规定，对关系消费者生命健康的商品或者服务，电子商务平台经营者对平台内经营者的资质资格未尽到审核义务，或者对消费者未尽到安全保障义务，造成消费者损害的，依法承担相应的责任。理解该规定，需要重点关注以下内容：

1. 商品或者服务关系到消费者生命健康

除本法外，有关法律中也使用了与“关系到消费者生命健康”相同或相似的表述，例如，《中华人民共和国消费者权益保护法》第四十五条规定，广告经营者、发布者设计、制作、发布关系消费者生命健康商品或者服务的虚假广告，造成消费者损害的，应当与提供该商品或者服务的经营者承担连带责任。《中华人民共和国产品质量法》第十三条规定，可能危及人体健康和人身、财产安全的工业产品，必须符合保障人体健康和人身、财产安全的国家标准、行业标准；未制定国家标准、行业标准的，必须符合保障人体健康和人身、财产安全的要求。

但就如何理解“关系到生命健康”，可能存在不同认识。典型的是食品和药品。考虑到食品的特殊性，《中华人民共和国食品安全法》第三十五条第一款规定：“国家对食品生产经营实行许可制度。从事食品生产、食品销售、餐饮服务，应当依法取得许可。但是，销售食用农产品，不需要取得许可。”如果从保护人的生命健康角度来讲，似乎所有的商品或服务都可能关系到人的生命健康，只不过是与生命健康的相关性程度存在差异而已。由于缺乏明确的标准，实践中可能出现以果定因的情况，即只要出现了商品或服务侵害生命健康的情况，就基本可能被认定为是该商品或服务是“关系到生命健康”，但这种认定办法并不符合法律规定的内在精神。如何确立更科学的标准，是确保该条科学实施的关键。

2. 电子商务平台经营者对平台内经营者的资质资格未尽到审核义务，或者对消费者未尽到安全保障义务

一是资格审核义务。本法第二十七条规定了电子商务平台经营者应当要求申请进入平台销售商品或者提供服务的经营者提交其身份、地址、联系方式、行政许可等真实信息，进行核验、登记，建立登记档案，并定期核验更新。

二是对消费者的安全保障义务。对该义务比较典型的规定是《中华人民共和国消费者权益保护法》第十八条第二款的规定："宾馆、商场、餐馆、银行、机场、车站、港口、影剧院等经营场所的经营者，应当对消费者尽到安全保障义务"，但该规定主要强调的是传统实体经营场所经营者的安全保障义务，网络空间与线下实体空间不同，平台经营者所负担的安全保障义务主要是基于其所掌握的商品或者服务信息而产生的，与线下实体空间管理者的安全保障义务有区别。电子商务法除在本条使用"安全保障义务"外，在第七十九条还规定了网络"安全保障义务"，显然这二者的含义有明显的区别。电子商务法对电子商务平台经营者义务的规定，许多都涉及对消费者的保护，不能将这些义务都认定为是对消费者的"安全保障义务"，但究竟哪些属于电子商务平台对消费者的"安全保障义务"并没有明确界定，需要实践中进一步细化。

实践中需要注意区分第一款和第二款的关系。本条两款都规定的是电子商务平台经营者与平台内经营者责任承担问题。第一款承担责任的前提是"电子商务平台经营者知道或者应当知道平台内经营者销售的商品或者提供的服务不符合保障人身、财产安全的要求，或者有其他侵害消费者合法权益行为"，第二款规定承担责任的前提是"对关系消费者生命健康的商品或者服务，电子商务平台经营者对平台内经营者的资质资格未尽到审核义务，或者对消费者未尽到安全保障义务"。第一款规定的违法行为首先是平台内经营者的违法行为，电子商务平台经营者之所以要与平台内经营者承担连带责任，是因为电子商务平台经营者在知道或者应当知道的情况下未采取相关措施。第二款规定的首先主要是电子商务平台经营者自己的行为。但也可能与第一款混淆，例如，在第一款中未采取必要措施的，是否构成第二款中的未尽到安全保障义务？这两款规定的情形如何认定以避免混淆，也需要进一步细化。

3. 依法承担相应的责任

本款规定的电子商务平台经营者承担责任是相应责任。在本法制订过程中，曾将相应责任规定为连带责任。但是关于连带责任的规定存在争议，有观点认为连带责任对电子商务平台经营者而言责任规定过重。后来又修改为补充责任，有的意见认为补充责任不利于保护消费者合法权益。

从我国法律理论上看，补充责任一般存在于合伙关系等商事法律关系之中，如针对合伙企业的债务，在合伙企业以自身财产承担后，其他普通合伙人以自己的财产承担补充连带责任。而在电子商务法的实践中，电子商务平台经营者尽管对平台内经营者应当承担相关的监督的义务，但是这种监督义务来自于合同的约定且监督措施形式有限。同时，本款所规定的是事前审查的义务，在实践中，平台内经营者损害消费者生命健康权利的行为可能符合事前审查的标准，但是在事中或者事后却未能尽到对消费者权益的保护，如果针对所有情形都规定电子商务平台经营者承担补充责任，则有失公平，同时也不利于明确电子商务平台经营者的责任范围进而督促电子商务平台的健康发展。因此，在本法中将此处电子商务平台经营者的责任最终确定为“相应责任”。具体的责任形式则交给设置资格资质的法律法规以及未来的司法实践，根据不同的情形进行具体认定。

第三十九条　电子商务平台经营者应当建立健全信用评价制度，公示信用评价规则，为消费者提供对平台内销售的商品或者提供的服务进行评价的途径。

电子商务平台经营者不得删除消费者对其平台内销售的商品或者提供的服务的评价。

【本条主旨】

本条是关于电子商务平台经营者建立信用评价制度义务的规定。

【条文精释】

市场经济是信用化的商品经济，信用是市场经济的基础和生命线，特别是在经济进入全球化的过程中，信用是进入国际市场的通行证。电子商务作为一种商业活动，信用同样是其存在和发展的基础。目前，电子商务平台中存在众多的电子商务经营者，国家层面并未建立统一的经营者信用评价体系，为了保障平台内电子商务活动的顺利开展，电子商务平台经营者因地制宜地发展出符合平台发展实际的信用评价体系，如淘宝网上有关商品经营者的评价体系以及以支付宝为基础的经营者信用体系。在信用体系建设行业组织自律已经形成规模的情况下，电子商务法在立法过程中对现有状况予以确认有助于进一步促进电子商务领域的信用评价体系建设，为电子商务可信交易环境的构建奠定坚实的基础。本条规定要求电子商务平台经营者应当建立健全信用评价制度，公示信用评价规则，为消费者提供对平台内销售的商品或者提供的服务进行评价的途径。

电子商务平台经营者的这一义务被细化为三个方面。第一个方面，平台经营者应当建立并健全信用评价制度，这是平台经营者应当履行的义务。《网络交易管理办法》第三十二条也对电子商务平台经营者的信用评价体系作出了规定，鼓励第三方交易平台经营者为交易当事人提供公平、公正的信用评价服务，对经营者的信用情况客观、公正地进行采集与记录，建立信用评价体系、信用披露制度以警示交易风险。在电子商务法制订早期，曾经将信用评价制度的建设规定为平台的自愿行为，"鼓励"其提供公平、公正的信用评价服务，建立信用评价体系和信用披露制度。随着电子商务的纵深发展，消费者对于商品和服务评价的需求和依赖日益明显，评价内容逐渐成为消费者作出购买决策的重要依据之一，这也是具有鲜明互联网特色的交易模式。因此，电子商务法最终把建立健全信用评价制度作为电子商务平台经营者的一般性义务加以规定。不同的平台可以根据自身的运营情况采取不同形式的信用评价制度，基本内容应当包含评价标准、不同要素所占比重、评价结果计算方法、对评价结果申诉渠道等内容。基本要求是能够为消费者进行购买决策时提供参考，并有效提示交易风险。并且，信用评价规则不应存在与强制性规定相冲突的内容，应当符合公平、合理、诚实信用等法律的一般原则。

第二个方面是需要公示信用评价规则。由于信用评价的内容和结果对平台内经营者和消费者都会产生重要的影响，因此，出于公平、公正、公开的考虑，电子商务平台经营者应当将信用评价规则的内容进行公示，保持透明度，一方面，方便消费者通过评价规则了解信用评价结果的确切含义，另一方面，平台内经营者也可以根据规则来指导、调整自己的行为。

信用评价规则的公示也可以为社会提供监督、评估和评价规则合法性和合理性的可能。

第三个方面是为消费者提供对平台内销售的商品或者提供的服务进行评价的途径。这一点是对电子商务交易中消费者进行评价权利的保障，同时也是对于消费者通过其他消费者评价内容了解商品或服务状况的权利的保障，这也是电子商务非当面交易的特点决定的。如果电子商务平台经营者没有提供消费者评价的途径，或者虽然提供了消费者评价的途径，但是并未将评价内容及时公开展示，或者没有合理理由屏蔽消费者评价，都会违反这一义务。

本条第二款规定，电子商务平台经营者不得删除消费者对其平台内销售的商品或者提供的服务的评价。这是对第一款规定的消费者评价相关的权利的再次强化，平台不应通过删除消费者的真实评价来控制、歪曲商品或服务的介绍。但是，另一方面，电子商务平台经营者也有权对虚假、引人误解的评价内容进行控制和删除，对于“刷单”“炒信”等虚假交易和评价行为进行打击和整治，这同样是体现了对于消费者知情权的保护。关于这一点，在反不正当竞争法第八条也有规定，要求经营者不得对其商品的性能、功能、质量、销售状况、用户评价、曾获荣誉等作虚假或者引人误解的商业宣传，欺骗、误导消费者；经营者不得通过组织虚假交易等方式，帮助其他经营者进行虚假或者引人误解的商业宣传。电子商务平台经营者应当把这些规定纳入信用评价规则，确保规则实施的公平、公正，保护消费者的知情权和自主选择权。

第四十条　电子商务平台经营者应当根据商品或者服务的价格、销量、信用等以多种方式向消费者显示商品或者服务的搜索结果；对于竞价排名的商品或者服务，应当显著标明“广告”。

【本条主旨】

本条是关于电子商务平台经营者显示搜索结果相关义务的规定。

【条文精释】

电子商务平台上通常汇集了大量的平台内经营者和种类繁多、数量巨大的商品或者服务，消费者除了被动接受电子商务平台和经营者推送的商品或者服务之外，比较常见的方式就是根据自己想要购买的商品或者服务选择关键词进行搜索，电子商务平台应当提供搜索服务，并且对搜索结果的显示方式提供多种选项。

电子商务平台经营者可以根据多种标准来排列搜索结果，可能根据关键词与搜索结果的相关度，也可能根据消费者的消费行为记录、兴趣爱好、消费习惯等用户画像实现更加精准的结果排序，也可能根据平台内经营者对于特定关键词的出价高低结合其他因素来确定，即竞价排名的情况。这些都是电子商务平台干预搜索结果的方式和手段，对消费者作出消费决策会产生重要的影响，对平台内经营者的利益也会产生影响，应当受到规范。

本条规定，电子商务平台经营者应当至少根据商品或者服务的价格、销量、信用几种方式向消费者显示商品或者服务的搜索结果，即根据价格、销量、信用这些客观因素排列的自然搜索结果，确保消费者可以根据这些选项来获取未经平台经营者干预的搜索结果排列方式，保证消费者的知情权和自主选择权。

对于根据消费者的兴趣爱好、消费习惯等特征向其提供商品或者服务的搜索结果的情况，本法第十八条规定电子商务经营者应当同时向该消费者提供不针对其个人特征的选项，本条和第十八条可以结合起来理解。第十八条规定的是电子商务经营者提供搜索结果的一种特定情况，其中不针对个人特征的选项，可以包括但不限于本条规定的根据价格、销量、信用等因素来显示自然搜索的结果。本条规定的是电子商务平台经营者的义务，而并非所有电子商务经营者的义务，因此并不适用于所有电子商务经营者。

对于竞价排名的商品或者服务，由于其显示方式并非取决于自然搜索的结果，而是考虑了平台内经营者对于特定关键词的出价情况，因此具有商业广告的属性。为了使消费者能够了解商品或者服务出现在特定展示位置的理由，确保消费者的知情权和自主选择权，应当对于竞价排名展示结果显著标明“广告”。与竞价排名结果相关的广告发布各方的责任和义务，应当适用广告法和参考适用《互联网广告管理暂行办法》的相关规定。

第四十一条　电子商务平台经营者应当建立知识产权保护规则，与知识产权权利人加强合作，依法保护知识产权。

【本条主旨】

本条是关于电子商务平台经营者知识产权保护义务的概括性规定。

【条文精释】

电子商务平台经营过程中，除了平台经营者、平台内经营者、消费者这三方主体之外，还会涉及其他利益相关方的利益和侵害问题，电子商务平台经营者需要对此承担相应的责任和义务。其中知识产权保护是电子商务平台经营者比较突出的问题，也是争议和纠纷出现比较多的领域。商标法、专利法、著作权法、侵权责任法等法律也对包括电子商务平台经营者在内的网络服务提供者的知识产权保护义务作出了规定，规定知识产权权利人可以按照“通知—删除”程序，通过网络服务提供者方便、快捷地进行维权。

具体到电子商务活动领域，电子商务平台经营者需要对于知识产权保护承担义务，对于平台内经营者侵害知识产权的行为进行监控、管理和处置。电子商务平台经营者应当建立起全面、明确、可行的知识产权保护规则，为知识产权权利人提供顺畅的维权机制，知识产权人也应当主动采取措施，积极利用电子商务平台建立的知识产权投诉和处理机制，双方通过有效的配合，共同实现保护知识产权的目标。

实践中，国内外的知名电子商务平台经营者都已经建立起了各具特点的知识产权保护规则体系和机制。从整体上看，各大电商平台的知识产权规则都是围绕投诉受理和处理来展开，规定了侵权投诉的形式、程序、合格验证、移除商品链接等处理方式等环节。

第四十二条　知识产权权利人认为其知识产权受到侵害的，有权通知电子商务平台经营者采取删除、屏蔽、断开链接、终止交易和服务等必要措施。通知应当包括构成侵权的初步证据。

电子商务平台经营者接到通知后，应当及时采取必要措施，并将该通知转送平台内经营者；未及时采取必要措施的，对损害的扩大部分与平台内经营者承担连带责任。

因通知错误造成平台内经营者损害的，依法承担民事责任。恶意发出错误通知，造成平台内经营者损失的，加倍承担赔偿责任。

【本条主旨】

本条是关于知识产权权利人向平台发出侵权通知相关权利义务的规定。

【条文精释】

本条规定了知识产权权利人利用“通知—删除”机制对平台内经营者涉嫌知识产权侵权行为进行维权的机制，出于利益平衡的考虑，围绕这一机制的各个环节，对权利人、电子商务平台经营者和平台内经营者都规定了相应的权利和义务，使得各方都能够权责明确，并在因过错给其他各方造成损害时承担相应的法律责任。

一、知识产权权利人发送通知及其要件

知识产权权利人在发现自己的知识产权可能受到侵害时，可以选择多种维权途径。权利人可以直接跟涉嫌侵权人交涉要求停止侵权，也可以向行政机关进行投诉，或者直接向法院提起诉讼。在互联网环境下，上述途径有可能都存在不足之处，权利人有可能难以直接联系侵权人，而向行政机关投诉或者向法院起诉，可能程序历时长久，成本高昂。因此，起源于美国《数字千年版权法》的“通知—删除”机制，在世界范围内产生了巨大的影响，我国也从著作权法领域的《信息网络传播权保护条例》开始，将“通知—删除”机制引入我国法律体系，后续又为侵权责任法第三十六条所采纳，成为网络服务提供者对第三人侵权行为承担帮助责任的基本责任形式之一。

侵权责任法第三十六条第二款规定：“网络用户利用网络服务实施侵权

行为的，被侵权人有权通知网络服务提供者采取删除、屏蔽、断开链接等必要措施。网络服务提供者接到通知后未及时采取必要措施的，对损害的扩大部分与该网络用户承担连带责任。”

知识产权权利人在向电子商务平台经营者发送通知时，应当符合一定的要件，包括构成侵权的初步证据。本条没有对通知的其他要件作出规定，实践中可以参考《信息网络传播权保护条例》关于著作权人发送通知的规定。该条例第十四条规定，权利人发出的通知书应当包含下列内容：(1) 权利人的姓名（名称）、联系方式和地址；(2) 要求删除或者断开链接的侵权作品、表演、录音录像制品的名称和网络地址；(3) 构成侵权的初步证明材料。权利人应当对通知书的真实性负责。

二、电子商务平台经营者接到通知后的处理义务

电子商务平台经营者可以对于权利人发出合格通知规定相应的规则，提出合理的要求。如果权利人发出的通知没有包括侵权的初步证据，或者证据明显不足，或者缺失身份证明、网络地址等关键信息的，平台经合理审核后可以认定不构成合格通知，向权利人进行反馈。目前主要的电商平台都对合格通知的要件进行了规定，也有平台在此基础上建立了权利人分级体系，针对不同情况的权利人制定不同的合格通知要求，对于诚信权利人可以降低合格通知的门槛，建立绿色通道，这些都是电子商务平台在处理知识产权投诉实践中发展出的新型规则。

电子商务平台经营者在接到合格的权利人通知后，即产生了及时处置涉嫌侵权商品或服务的义务，应当参考权利人的要求，及时采取删除、屏蔽、断开链接、终止交易和服务等必要措施。其中，删除、屏蔽、断开链接的措施，是针对特定商品或者服务而言的，即使得涉嫌侵权的商品或者服务不再出现在平台上，这些措施也是与侵权责任法第三十六条的规定保持一致。而“终止交易和服务”的规定，是本条根据电子商务活动的特点规定的新类型处置方式，电子商务平台经营者可以根据具体情况决定是否采取此类措施。例如，大量涉嫌侵权的商品或者服务有可能正处在交易过程中，此时如果仅仅断开链接，并不能保证交易进行中的那部分消费者的利益，权利人的利益也会因此而受损，因此可以针对电子商务活动的特点决定终止交易。如果涉嫌侵权人的行为情节十分严重，单纯的

下架特定商品已经无法阻止或威慑其停止侵害，此时平台经营者也可以考虑对该涉嫌侵权的平台内商家采取更加严厉的处罚措施，比如，终止服务、关闭店铺等。

电子商务平台经营者在接到权利人合格的侵权通知后，在主观上就处于对于平台内侵权行为明知或者应知的状态，这也包括平台经营者在对权利人的通知合格程度进行判断时，作出了错误的评估，将本应合格的通知误认为不合格而不予处理的情况。如果电子商务平台经营者此时未及时采取必要措施的，就对因其未采取必要措施而对权利人产生损害的扩大部分具有过错，因此需要对损害的扩大部分与平台内经营者承担连带责任。

三、电子商务平台经营者向平台内经营者转交通知的义务

电子商务平台经营者在采取必要措施的同时，还需要将权利人的通知转送给平台内经营者，这一环节的设置对于平台内经营者利益十分重要，美国《数字千年版权法》和我国《信息网络传播权保护条例》都有这一程序的规定。由于电子商务平台经营者采取的措施对于平台内经营者可能会产生十分重要的影响，而且由于配合通知的公示等制度，出于利益平衡的考虑，有必要给平台内经营者提供为自己申辩的机会，而将通知转送给平台内经营者是其获得申辩机会的基础和前提。

实践中，有的电子商务平台采取了先将权利人通知转交给平台内经营者，给予其提交不侵权声明和初步证据的机会，在平台内经营者未能提交相关证据的情况下，才采取断开链接等必要措施，即所谓的“反通知前置”的做法。尽管本条并没有明确电子商务平台经营者接到通知之后采取必要措施的行为和转交通知行为的先后顺序，但是如果在权利人提交的通知符合了合格的要件的前提下，原则上平台是不应当采用“反通知前置”做法的。但如果权利人提交的通知中所含的初步证据不够充分，使得平台有合理理由怀疑其请求存在充分依据时，平台可以根据自己的判断适当调整采取必要措施的时间，乃至采用“反通知前置”的程序，这是为了防止权利人滥用通知机制、错误通知对正常的电子商务交易活动产生不当干扰，实现权利人和平台内经营者的利益平衡。需要指出的是，在电子商务平台对于通知和反通知的实质内容作出判断时，需要承担一定的法律风险，因为，如果事后权利人的通知被法院认定为已经提交了足够的初步证据，而平台没有及时采取必要措施，则需要对损害扩大的部分承担连带责任。

四、权利人错误通知或恶意通知的后果

知识产权权利人发出的通知亦会导致平台内经营者由于平台采取的相关措施而遭受损害，为了制约知识产权权利人不滥用“通知—删除”机制，出于利益平衡的考虑，本条第三款对于知识产权权利人发出错误通知的后果也作出了规定，要求权利人对因错误通知造成平台内经营者的损害依法承担民事责任，即在有过错的情况下承担损害赔偿责任。

对于恶意发出错误通知的权利人，本条还规定了惩罚性赔偿的规定，要求其对平台内经营者的损失承担加倍赔偿的责任。这一规定具有创新性，也是对实践中恶意投诉黑灰产业链现状的回应，意在进一步加大恶意投诉者的成本，通过惩罚性赔偿对其进行威慑，从而从源头上遏制恶意通知从中牟利的投机性行为。

所谓恶意发出错误通知，指的是权利人明知权利有瑕疵或者被通知人不构成侵权而依然故意发出错误通知的情形。恶意发出错误通知的情况比较复杂，包括恶意抢注商标后发出通知、伪造权利证明发出通知、通过错误通知进行敲诈勒索等情况，对于电子商务经营者的正常经营活动造成了很大的困扰，对妨碍了电子商务平台上的正常交易秩序，不仅会对电子商务经营者造成损害，也会对平台经营者造成损害。实践中，已经出现了电子商务经营者和平台经营者起诉恶意投诉人的司法案例，法院也根据反不正当竞争法或侵权责任法对恶意投诉人的行为进行了责任认定。本条规定将为司法实践提供更加明确的法律依据，有效打击和威慑恶意通知行为。

第四十三条　平台内经营者接到转送的通知后，可以向电子商务平台经营者提交不存在侵权行为的声明。声明应当包括不存在侵权行为的初步证据。

电子商务平台经营者接到声明后，应当将该声明转送发出通知的知识产权权利人，并告知其可以向有关主管部门投诉或者向人民法院起诉。电子商务平台经营者在转送声明到达知识产权权利人后十五日内，未收到权利人已经投诉或者起诉通知的，应当及时终止所采取的措施。

【本条主旨】

本条是关于平台内经营者发送不侵权声明及其后果的规定。

【条文精释】

在“通知—删除”程序中，为了保障被投诉平台内经营者的合法利益，防止其利益被知识产权权利人及其代理人发出的错误通知以及恶意通知所侵害，本条第一款参考《信息网络传播权保护条例》规定了平台内经营者的“反通知”机制，给予平台内经营者在“通知—删除”程序中作出“抗辩”的机会，平台内经营者在提交“反通知”时应当提供用以证明不存在侵权行为的初步证据。

《信息网络传播权保护条例》第十六条规定：“服务对象接到网络服务提供者转送的通知书后，认为其提供的作品、表演、录音录像制品未侵犯他人权利的，可以向网络服务提供者提交书面说明，要求恢复被删除的作品、表演、录音录像制品，或者恢复与被断开的作品、表演、录音录像制品的链接。书面说明应当包含下列内容：（一）服务对象的姓名（名称）、联系方式和地址；（二）要求恢复的作品、表演、录音录像制品的名称和网络地址；（三）不构成侵权的初步证明材料。服务对象应当对书面说明的真实性负责。”

电子商务法在《信息网络传播权保护条例》的基础上，根据电子商务的实践对电子商务平台经营者接到声明后应当采取的措施作出新的规定。《信息网络传播权保护条例》第十七条规定：“网络服务提供者接到服务对象的书面说明后，应当立即恢复被删除的作品、表演、录音录像制品，或者可以恢复与被断开的作品、表演、录音录像制品的链接，同时将服务对象的书面说明转送权利人……”而本法第四十三条第二款规定：“电子商务平台经营者接到声明后，应当将该声明转送发出通知的知识产权权利人，并告知其可以向有关主管部门投诉或者向人民法院起诉。电子商务平台经营者在转送声明到达知识产权权利人后十五日内，未收到权利人已经投诉或者起诉通知的，应当及时终止所采取的措施。”根据本款规定，电子商务平台经营者应当承担将平台内经营者发出的不存在侵权行为的声明转送给发出通知的知识产权权利人的义务，并告知其可以向有关主管部门进行投诉或者向人民法院起诉。权利人需要在转送声明到达后十五日内决定是否进行投诉或者起诉，如果进行投诉或者提起起诉，则需要在前述十五日内将有关行政部门或者人民法院受理投诉或者起诉的通知告知平台，此时平台将继续保持对于涉嫌侵权的商品或者服务所采取的必要措施，否则，平台应当及时终止采取的措施，恢复商品或者服务的链接。

在《中华人民共和国电子商务法》制定过程中，曾经参考《信息网络传播权保护条例》的规定，要求电子商务平台经营者在接到平台内经营者不侵权的声明后，及时终止所采取的措施，将该声明转送发出通知的知识产权权利人，并告知权利人可以向有关主管部门投诉或者向人民法院起诉。也就是说，一旦平台内经营者发送不侵权声明，平台上的“通知—删除”程序即告终止，如果权利人希望继续维权，需要转到行政机关或者法院进行程序。根据该规定，平台不需要对平台内经营者提交的不侵权证明进行实质审查，这种规定一定程度上体现了对于平台内经营者利益保护的倾斜，他们只需要行使程序上的权利，即使实体上缺乏可靠的证据，亦可以单方面结束由知识产权权利人发起的维权程序，恢复商品或者服务在平台上的销售，这对于权利人的利益保护较为不利。本条修改后增加了十五日的期间，权利人可以通过主动向行政机关投诉或者向法院起诉，来继续维持平台的相关措施，体现了对于权利人利益的保护。

“通知—删除”程序是法律规定的快速解决互联网环境内争议的措施。为了避免争议在解决后，权利人重复利用该程序要求平台经营者采取必要措施，《信息网络传播权保护条例》第十七条规定：“网络服务提供者接到服务对象的书面说明后，应当立即恢复被删除的作品、表演、录音录像制品，或者可以恢复与被断开的作品、表演、录音录像制品的链接，同时将服务对象的书面说明转送权利人。权利人不得再通知网络服务提供者删除该作品、表演、录音录像制品，或者断开与该作品、表演、录音录像制品的链接。”在电子商务法没有作出明确规定的情况下，根据立法创设相关制度的本意，权利人未在法律规定的时间向行政机关投诉或者向人民法院起诉，应认定其自愿终止通过“通知—删除”机制提出请求的进程，不得再通知平台经营者对相关商品或者服务链接重复采取必要措施。

第四十四条　电子商务平台经营者应当及时公示收到的本法第四十二条、第四十三条规定的通知、声明及处理结果。

【本条主旨】

本条是关于电子商务平台经营者公示权利人通知、平台内经营者不存在侵权行为的声明以及处理结果的义务的规定。

【条文精释】

电子商务平台经营者的相关公示义务还体现在本法第三十六条："电子商务平台经营者依据平台服务协议和交易规则对平台内经营者违反法律、法规的行为实施警示、暂停或者终止服务等措施的，应当及时公示。"知识产权权利人侵权通知、平台内经营者不存在侵权行为的声明及处理结果属于其中一种特殊情形，因此也应当适用公示的要求。

电子商务平台经营者公示知识产权的通知、声明及处理结果，目的是保证知识产权"通知—删除"机制执行的公开透明，保障各方相关利益包括消费者的知情权，通过信息公开的方式促进平台及时、公正、合理处理相关通知和声明，也使得知识产权权利人、电子商务平台经营者、平台内经营者的相关行为都处于公众的监督之下，促使其遵守诚实信用原则而谨慎行事。

第四十五条　电子商务平台经营者知道或者应当知道平台内经营者侵犯知识产权的，应当采取删除、屏蔽、断开链接、终止交易和服务等必要措施；未采取必要措施的，与侵权人承担连带责任。

【本条主旨】

本条是关于电子商务平台经营者根据过错对于平台内经营者的知识产权侵权行为承担连带侵权责任的规定。

【条文精释】

一、电子商务平台经营者的知识产权侵权连带责任

电子商务平台经营者除了需要根据本法第四十二条第二款规定，对未及时采取必要措施时产生的扩大部分损害承担连带责任之外，也可能存在其他因过错而承担知识产权侵权连带责任的情形，即在其知道或者应当知道平台内经营者存在侵犯知识产权行为而未采取必要措施时承担连带责任。

《信息网络传播权保护条例》第二十二条规定："网络服务提供者为服务对象提供信息存储空间，供服务对象通过信息网络向公众提供作品、表演、录音录像制品，并具备下列条件的，不承担赔偿责任：（一）明确标示该信息存储空间是为服务对象所提供，并公开网络服务提供者的名称、联系人、网络地址；（二）未改变服务对象所提供的作品、表演、录音录像制品；（三）不知道也没有合理的理由应当知道服务对象提供的作品、表演、录音录像制品侵权；（四）未从服务对象提供作品、表演、录音录像制品中直接获得经济利益；（五）在接到权利人的通知书后，根据本条例规定删除权利人认为侵权的作品、表演、录音录像制品。"由此可见，电子商务平台知道或应当知道侵权行为的存在是承担责任的核心考量因素。侵权责任法第三十六条第三款的规定："网络服务提供者知道网络用户利用其网络服务侵害他人民事权益，未采取必要措施的，与该网络用户承担连带责任。"并对该条文规定的"知道"完善为"知道或者应当知道"，符合《中华人民共和国侵权责任法》立法本意和司法实践的普遍共识，即电子商务平台经营者承担连带责任的过错形式不仅限于"明知"情形，还包括"应知"情形。

电子商务平台经营者对于平台内经营者的侵权行为承担连带责任的规定，在电子商务法中不仅限于知识产权领域，在消费者保护领域也存在连带责任的规定，即第三十八条第一款规定："电子商务平台经营者知道或者应当知道平台内经营者销售的商品或者提供的服务不符合保障人身、财产安全的要求，或者有其他侵害消费者合法权益行为，未采取必要措施的，依法与该平台内经营者承担连带责任。"

这一连带责任的原理是基于《中华人民共和国侵权责任法》上关于帮

助责任的规定，即第九条第一款规定："教唆、帮助他人实施侵权行为的，应当与行为人承担连带责任。"在英美法系国家，这种责任被界定为"间接责任"，分为"帮助责任"和"替代责任"。帮助责任作为第三人责任的一种形式，是电子商务平台经营者为他人（即平台内经营者）的行为基于过错的归责原则而承担连带责任，其中的"过错"来自于平台经营者对于其承担的合理注意义务的违反。

二、电子商务平台经营者的过错判断

电子商务平台经营者的过错分为"知道"和"应当知道"两种情形，即明知和应知。

判断电子商务平台经营者是否对平台内侵权行为构成明知，需要相应的证据证明。一种典型的情况是有证据证明平台经营者对于平台内经营者的经营行为进行了教唆或引诱行为，此时平台的主观恶意十分明显。另一种可以证明明知的情形，是知识产权权利人向电子商务平台经营者发送了合格的侵权通知，即启动了"通知—删除"程序，这就使得平台经营者对侵权行为处于主观上"知道"的状态，从而产生了及时采取必要措施的义务。如果未能采取必要措施的，则需要对损害扩大部分承担连带责任。这一情形已经规定在电子商务法第四十二条第二款，可以认为是本条作为一般性规定的一种适用情形。

在以发送侵权通知的形式导致平台经营者处于主观明知状态的情形中，还涉及"概括通知"和"具体通知"的问题，即权利人是否可以通过发出一般性的概括通知，如要求删除平台上涉及权利人权利的所有侵权链接，而不指定具体特定商品或者服务链接来实现有效的通知。从国内外的司法实践来看，概括通知通常不能导致平台对于侵权行为的"概括性明知"，而需要权利人指出具体的涉嫌侵权链接，才构成平台对于具体商品或者服务构成侵权的明知。

一般而言，除了前述比较明显的情形，权利人要证明电子商务平台经营者明知平台内侵权行为的存在，举证较为困难。因此实践中需要通过"应知"和注意义务的构建，来判断平台是否对特定侵权行为存在过失。

"应知"的规定表明，电子商务平台经营者采取必要措施的义务并不仅产生在接到权利人通知之时，还承担了一定的主动防控义务，需要对平台上侵犯知识产权的行为承担合理的注意义务，包括但不限于采取技术措施进行监控和排查等行为。

具体认定方法可以参考《最高人民法院关于审理侵害信息网络传播权民事纠纷案件适用法律若干问题的规定》第九条关于网络服务提供者过错认定的考虑因素：“（一）基于网络服务提供者提供服务的性质、方式及其引发侵权的可能性大小，应当具备的管理信息的能力；（二）传播的作品、表演、录音录像制品的类型、知名度及侵权信息的明显程度；（三）网络服务提供者是否主动对作品、表演、录音录像制品进行了选择、编辑、修改、推荐等；（四）网络服务提供者是否积极采取了预防侵权的合理措施；（五）网络服务提供者是否设置便捷程序接收侵权通知并及时对侵权通知作出合理的反应；（六）网络服务提供者是否针对同一网络用户的重复侵权行为采取了相应的合理措施；（七）其他相关因素。”

因此，对于电子商务平台经营者的过错，需要结合具体场景和事实来判断，特别是在不同知识产权类型的情况下，判断的方法和标准应当有所区别。一般来说，对于较为明显并且技术上比较容易防范的知识产权侵权，如假冒驰名商标、销售盗版书籍等行为，平台应当更加容易发现并加以防控。而对于隐藏较深、较为复杂、专业、具有技术性的知识产权侵权行为，如专利侵权，由于判断是否侵权通常需要在持有实物的情况下进行，而且具有高度技术专业性要求，因此不要求平台能够主动防控，通常仅在接到权利人通知并存在非常充分的证据情形下才要求平台采取必要措施。

这种类型化的判断方式也在司法实践中得到了运用，在最高人民法院发布的第83号指导案例“威海嘉易烤生活家电有限公司诉永康市金仕德工贸有限公司、浙江天猫网络有限公司侵害发明专利权纠纷案”中，法院认为，对于发明专利权纠纷，被告天猫公司作为电子商务网络服务平台的提供者，基于其公司对于发明专利侵权判断的主观能力、侵权投诉胜诉概率以及利益平衡等因素的考量，并不必然要求天猫公司在接受投诉后对被投诉商品立即采取删除和屏蔽措施，对被诉商品采取的必要措施应当秉承审慎、合理原则，以免损害被投诉人的合法权益。天猫公司应当采取的必要措施应是将有效的投诉通知材料转达被投诉人并通知被投诉人申辩，保证有效投诉信息传递的顺畅，由被投诉人对于其或生产、或销售的商品是否侵权，以及是否应主动自行停止被投诉行为，作出相应的判断及应对。由此可见，在发明专利权纠纷等具有高度专业性和复杂性的领域，应当充分考虑电子商务平台经营者对侵权判断的主观能力，在其履行了转送通知的程序性义务的基础上，不应再附加过高的注意义务，以免不适当地增加平台经营者的负担，促使其秉承“审慎、合理”原则，实现各方主体整体上的利益平衡。

第四十六条　除本法第九条第二款规定的服务外，电子商务平台经营者可以按照平台服务协议和交易规则，为经营者之间的电子商务提供仓储、物流、支付结算、交收等服务。电子商务平台经营者为经营者之间的电子商务提供服务，应当遵守法律、行政法规和国家有关规定，不得采取集中竞价、做市商等集中交易方式进行交易，不得进行标准化合约交易。

【本条主旨】

本条是关于电子商务平台经营者基本服务范围的规定。

【条文精释】

电子商务经营者提供的服务按照本法第九条的规定是在电子商务中为交易双方或者多方提供网络经营场所、交易撮合、信息发布等服务，供交易双方或者多方独立开展交易活动。其核心是“交易撮合”。本条在第九条规定的基础上，进一步列举了电子商务平台经营者可以提供的服务，包括仓储、物流、支付结算、交收服务等。从实践来看，电子商务平台在我国也呈现生态链的发展趋势，即将整个电子商务交易流程都包括在一个平台之中，以此加强电子商务服务能力，提高电子商务平台经营者整体竞争力，也有利于电子商务的健康发展。

在本条列举的服务范围之外，从市场经济规律出发，电子商务平台经营者也可以遵循商业自由的原则，依法从事其他业务，但是必须遵守相关法律法规和基本商业习惯及道德，不得经营法律法规禁止的业务。

本条后半段在前半段规定的基础上，明确电子商务平台经营者不得集中竞价、做市商等集中交易方式进行交易，不得进行标准合约交易。该项规定实质上是禁止电子商务平台从事交易场所业务的规定。

“集中交易方式”是证券等金融交易所使用的交易方式，包括集合竞价、连续竞价、电子撮合、做市商等不同的方式。我国证券主板市场交易所采用的是集合竞价和连续竞价的集中交易方式，二板市场也采用了做市商制度。这些交易方式需要一系列配合的交易机制作为支撑，如交易的匿名性、中央交易对手、分级结算制度以及对做市商的限制性规定等。同时也因为该种交易在匿名和标准的方式之中更适宜于针对证券、期货、大宗商品等具有金融投资属性的商品或者服务，因此设立采用该种交易方式的平台有可能存在损害消费者权益以及实质设立金融交易所等问题。

“标准化合约交易”，主要是期货、大宗商品等交易场所使用的交易方式，对于这种交易，除价格外，其他条款由交易所事前制订，因此称为“标准化合约”。在标准化合约中，因除价格之外的交易内容都已事前以统一的标准确立，因此也就具有了高度的流动性。标准化与高度流动的商品或服务，易于脱离商品或服务本身的特性而转化为金融投资品，进而引发可能的金融风险。

集中交易方式和标准化合约交易方式有很强的金融属性，进行集中交易和标准化合约交易的场所（无论是实体场所还是网络空间）本质上属于金融性质的交易场所，这些交易场所及交易模式容易引发金融风险，需要国家特殊规制。《国务院关于清理整顿各类交易场所切实防范金融风险的决定》中明确规定：交易场所是为所有市场参与者提供平等、透明交易机会，进行有序交易的平台，具有较强的社会性和公开性，需要依法规范管理，确保安全运行。因此，本条禁止了电子商务平台经营者采用标准化合约交易的方式进行服务的提供。

第三章　电子商务合同的订立与履行

第四十七条　电子商务当事人订立和履行合同，适用本章和《中华人民共和国民法总则》《中华人民共和国合同法》《中华人民共和国电子签名法》等法律的规定。

【本条主旨】

本条是关于电子商务合同的订立与履行适用法律的规定。

【条文精释】

电子商务法本章根据电子商务合同的特点，对其订立和履行作了有针对性的规定。电子商务合同是民事合同，其订立和履行除了适用电子商务法本章规定外，还受《中华人民共和国民法总则》《中华人民共和国合同法》《中华人民共和国电子签名法》等法律的调整。

《中华人民共和国民法总则》已由中华人民共和国第十二届全国人民代表大会第五次会议于2017年3月15日通过，自2017年10月1日起施行。民法总则规定了民事活动的基本原则、民事主体、民事权利、民事法律行为、代理、民事责任、诉讼时效、期间计算等。电子商务合同的订立和履行是民事活动，需要遵守民法总则规定的民事活动必须遵循的基本原则和一般性规则。

《中华人民共和国合同法》制定于1999年，是民法的重要组成部分，是市场经济的基本法律。合同法规定了合同的订立、合同的效力、合同的履行、合同的变更和转让、合同的权利义务终止、违约责任，还规定了买卖合同、承揽合同、运输合同等多种有名合同。电子商务合同是民事合同的一种，其订立和履行要符合合同法确立的基本规则，例如，合同的成立要符合合同法关于要约、承诺的规定，当事人应当按照约定全面履行自己的义务，应当遵循诚实信用原则，根据合同的性质、目的和交易习惯履行通知、协助、保密等义务。电子商务合同是电子商务经营者通过互联网等信息网络销售商品或者提供服务产生的合同，根据内容划分，可分为买卖合同、承揽合同等。如果属于合同法明确规定的有名合同类型，还要适用合同法分则关于有名合同的规定。目前我国正在进行民法典的起草工作，民法典出台后，合同法将作为民法典的一编，其相关规定仍适用于电子商务合同。

电子签名是指数据电文中以电子形式所含、所附用于识别签名人身份并表明签名人认可其中内容的数据。电子签名随着电子商务得到了广泛的应用，是电子商务中签订合同的重要手段。《中华人民共和国电子签名法》制定于2004年，并于2015年4月24日第十二届全国人民代表大会常务委员会第十四次会议修正，该法规定了电子签名的法律效力，规定了数据电文、电子签名和认证等内容，明确电子签名规则，消除电子商务发展的法律障碍，维护电子交易各方的合法权益，保障电子交易安全，为电子商务发展创造了有利的法律环境。《中华人民共和国电子签名法》适用于电子商务合同中的电子签名。

另外，其他法律关于合同订立和履行的规定，除非有明确的排除适用情形，也应当适用于电子商务合同。例如，《中华人民共和国消费者权益保护法》第二十四条规定："经营者提供的商品或者服务不符合质量要求的，消费者可以依照国家规定、当事人约定退货，或者要求经营者履行更换、修理等义务。没有国家规定和当事人约定的，消费者可以自收到商品之日起七日内退货；七日后符合法定解除合同条件的，消费者可以及时退货，不符合法定解除合同条件的，可以要求经营者履行更换、修理等义务。""依照前款规定进行退货、更换、修理的，经营者应当承担运输等必要费用。"第二十五条规定："经营者采用网络、电视、电话、邮购等方式销售商品，消费者有权自收到商品之日起七日内退货，且无需说明理由，但下列商品除外：（一）消费者定作的；（二）鲜活易腐的；（三）在线下载或者消费者拆封的音像制品、计算机软件等数字化商品；（四）交付的报纸、期刊。""除前款所列商品外，其他根据商品性质并经消费者在购买时确认不宜退货的商品，不适用无理由退货。""消费者退货的商品应当完好。经营者应当自收到退回商品之日起七日内返还消费者支付的商品价款。退回商品的运费由消费者承担；经营者和消费者另有约定的，按照约定。”第二十六条规定：“经营者在经营活动中使用格式条款的，应当以显著方式提请消费者注意商品或者服务的数量和质量、价款或者费用、履行期限和方式、安全注意事项和风险警示、售后服务、民事责任等与消费者有重大利害关系的内容，并按照消费者的要求予以说明。”“经营者不得以格式条款、通知、声明、店堂告示等方式，作出排除或者限制消费者权利、减轻或者免除经营者责任、加重消费者责任等对消费者不公平、不合理的规定，不得利用格式条款并借助技术手段强制交易。”“格式条款、通知、声明、店堂告示等含有前款所列内容的，其内容无效。”《中华人民共和国食品安全法》第一百三十一条第二款规定：“消费者通过网络食品交易第三方平台购买食品，其合法权益受到损害的，可以向入网食品经营者或者食品生产者要求赔偿。网络食品交易第三方平台提供者不能提供入网食品经营者的真实名称、地址和有效联系方式的，由网络食品交易第三方平台提供者赔偿。网络食品交易第三方平台提供者赔偿后，有权向入网食品经营者或者食品生产者追偿。网络食品交易第三方平台提供者作出更有利于消费者承诺的，应当履行其承诺。”《中华人民共和国旅游法》第四十八条规定：“通过网络经营旅行社业务的，应当依法取得旅行社业务经营许可，并在其网站主页的显著位置标明其业务经营许可证信息。”“发布旅游经营信息的网站，应当保证其信息真实、准确。”

《中华人民共和国立法法》第九十二条规定：“同一机关制定的法律、行政法规、地方性法规、自治条例和单行条例、规章，特别规定与一般规定不一致的，适用特别规定；新的规定与旧的规定不一致的，适用新的规定。”相关法律关于电子商务合同的规定不一致的，按照立法法该规定确定应当适用的法律。

第四十八条　电子商务当事人使用自动信息系统订立或者履行合同的行为对使用该系统的当事人具有法律效力。

在电子商务中推定当事人具有相应的民事行为能力。但是，有相反证据足以推翻的除外。

【本条主旨】

本条是关于使用自动信息系统订立或者履行电子商务合同的效力，以及电子商务合同当事人民事行为能力推定的规定。

【条文精释】

《中华人民共和国合同法》第十条规定："当事人订立合同，有书面形式、口头形式和其他形式。""法律、行政法规规定采用书面形式的，应当采用书面形式。当事人约定采用书面形式的，应当采用书面形式。"第十一条规定："书面形式是指合同书、信件和数据电文（包括电报、电传、传真、电子数据交换和电子邮件）等可以有形地表现所载内容的形式。"《中华人民共和国电子签名法》第三条规定："民事活动中的合同或者其他文件、单证等文书，当事人可以约定使用或者不使用电子签名、数据电文。""当事人约定使用电子签名、数据电文的文书，不得仅因为其采用电子签名、数据电文的形式而否定其法律效力。""前款规定不适用下列文书：（一）涉及婚姻、收养、继承等人身关系的；（二）涉及土地、房屋等不动产权益转让的；（三）涉及停止供水、供热、供气、供电等公用事业服务的；（四）法律、行政法规规定的不适用电子文书的其他情形。"第四条规定："能够有形地表现所载内容，并可以随时调取查用的数据电文，视为符合法律、法规要求的书面形式。"第十四条规定："可靠的电子签名与手写签名或者盖章具有同等的法律效力。"

上述规定确定了数据电文和电子签名在订立合同时的合法性、有效性，为电子商务的发展提供了法律保障。利用数据电文和电子签名订立或者履行合同，可以是人工操作进行，也可能是通过自动信息系统进行。随着电子商务交易数量增加和人工智能技术不断发展，通过自动信息系统订立和履行合同的情况更为普遍，且交易双方难以识别对方是在人工操作还是自动信息系统操作下订立和履行合同。自动信息系统如机器人并非法律主体而是订立和履行合同的工具，利用该自动信息系统的当事人才是法律主体。电子商务当事人使用自动信息系统订立或者履行合同，就应当对因此产生的法律效果负责，这些行为对使用该系统的当事人具有法律效力，当事人不得以相关行为是自动信息系统操作为由否认由此产生的法律效果。

民事行为能力是指民事主体独立实施民事法律行为、行使民事权利和履行民事义务的资格。根据《中华人民共和国民法总则》第一百四十三条的规定，行为人具有相应的民事行为能力是民事法律行为有效的条件之一。《中华人民共和国合同法》第九条第一款规定："当事人订立合同，应当具有相应的民事权利能力和民事行为能力。"《中华人民共和国民法总则》第一百四十四条规定："无民事行为能力人实施的民事法律行为无效。"第一百四十五条第一款规定："限制民事行为能力人实施的纯获利益的民事法律行为或者与其年龄、智力、精神健康状况相适应的民事法律行为有效；实施的其他民事法律行为经法定代理人同意或者追认后有效。"

《中华人民共和国民法总则》第十七条规定："十八周岁以上的自然人为成年人。不满十八周岁的自然人为未成年人。"第十八条规定："成年人为完全民事行为能力人，可以独立实施民事法律行为。""十六周岁以上的未成年人，以自己的劳动收入为主要生活来源的，视为完全民事行为能力人。"第十九条规定："八周岁以上的未成年人为限制民事行为能力人，实施民事法律行为由其法定代理人代理或者经其法定代理人同意、追认，但是可以独立实施纯获利益的民事法律行为或者与其年龄、智力相适应的民事法律行为。"第二十条规定："不满八周岁的未成年人为无民事行为能力人，由其法定代理人代理实施民事法律行为。"第二十一条规定："不能辨认自己行为的成年人为无民事行为能力人，由其法定代理人代理实施民事法律行为。""八周岁以上的未成年人不能辨认自己行为的，适用前款规定。"第二十二条规定："不能完全辨认自己行为的成年人为限制民事行为能力人，实施民事法律行为由其法定代理人代理或者经其法定代理人同意、追认，但是可以独立实施纯获利益的民事法律行为或者与其智力、精神健康状况相适应的民事法律行为。"

实践中，以当事人为无民事行为能力或限制民事行为能力人为由主张相关民事法律行为无效或可撤销的案件时有发生。在电子商务领域，由于多数交易行为通过互联网进行，当事人并不面对面交流，不可能像传统面对面交易那样识别对方当事人的行为能力，这是电子商务交易的重要特点。考虑到电子商务的特殊之处，电子商务法确立了民事行为能力推定制度，即在电子商务中推定当事人具有相应的民事行为能力，确保了电子商务交易效率和交易安全。同时考虑到对无民事行为能力和限制民事行为能力当事人交易安全的保护，规定了例外情形，即“有相反证据足以推翻的除外”。“有相反证据足以推翻”并不是说只要出具了当事人不具有相应的民事行为能力，就可以否认交易的效力，因为这样对交易对方不公平。“有相反证据足以推翻”应当是指有相反证据证明一方当事人知道或应当知道另一方当事人不具备相应的民事行为能力。例如，一个未成年人在电子商务平台上进行了巨额消费，与其年龄、智力不相适应，如果其或其监护人能够证明对方当事人知道或应当知道该未成年人的实际情况，则可以根据法律规定推翻关于完全民事行为能力的推定。根据“谁主张谁举证”的原则，应当由主张推翻完全民事行为能力推定的一方举证证明。实践中，有的是未成年人利用其监护人的账户进行网上消费，此种情况下很难推翻关于完全民事行为能力的推定。为了避免纠纷，监护人应当做好预防工作，一是管理好自己的账户和密码，避免未成年人不当操作；二是为未成年人的消费设置合理权限，避免不当消费。

第四十九条　电子商务经营者发布的商品或者服务信息符合要约条件的，用户选择该商品或者服务并提交订单成功，合同成立。当事人另有约定的，从其约定。

电子商务经营者不得以格式条款等方式约定消费者支付价款后合同不成立；格式条款等含有该内容的，其内容无效。

【本条主旨】

本条是关于电子商务合同成立和格式条款效力的规定。

【条文精释】

合同的成立遵循“要约——承诺”规则。《中华人民共和国合同法》第十三条规定：“当事人订立合同，采取要约、承诺方式。”第十四条、第二十一条规定，要约是希望和他人订立合同的意思表示，承诺是受要约人同意要约的意思表示。第二十五条规定："承诺生效时合同成立。"

根据《中华人民共和国合同法》第十四条的规定，认定一个意思表示是否为要约，有两个标准：一是内容具体确定；二是表明经受要约人承诺，要约人即受该意思表示约束。实践中，比较容易混淆的是要约与要约邀请。《中华人民共和国合同法》第十五条规定："要约邀请是希望他人向自己发出要约的意思表示。寄送的价目表、拍卖公告、招标公告、招股说明书、商业广告等为要约邀请。""商业广告的内容符合要约规定的，视为要约。"关于要约的内容确定，主要是看关于商品或服务的描述是否详细，例如，商品的图片、规格、性能、数量、价格、交易方式、交易时间等，内容越详细、越明确，就越可能符合要约的条件，但也可能属于要约邀请，最核心的是要看第二个标准，即行为人是否有愿意受约束的意思表示。商业广告对商品或服务都做了非常详细的描述，但如果不具备第二个条件，仍属于要约邀请而非要约。

《中华人民共和国合同法》第二十二条规定："承诺应当以通知的方式作出，但根据交易习惯或者要约表明可以通过行为作出承诺的除外。"第二十六条规定，承诺通知到达要约人时生效。承诺不需要通知的，根据交易习惯或者要约的要求作出承诺的行为时生效。采用数据电文形式订立合同的，收件人指定特定系统接收数据电文的，该数据电文进入该特定系统的时间，视为到达时间；未指定特定系统的，该数据电文进入收件人的任何系统的首次时间，视为到达时间。《中华人民共和国民法总则》第一百三十七条规定："以对话方式作出的意思表示，相对人知道其内容时生效。""以非对话方式作出的意思表示，到达相对人时生效。以非对话方式作出的采用数据电文形式的意思表示，相对人指定特定系统接收数据电文的，该数据电文进入该特定系统时生效；未指定特定系统的，相对人知道或者应当知道该数据电文进入其系统时生效。当事人对采用数据电文形式的意思表示的生效时间另有约定的，按照其约定。"根据电子商务法本条的规定，电子商务经营者发布的商品或者服务信息符合要约条件的，当事人选择该商品或者服务并提交订单成功，属于进行承诺且承诺通知到了要约人，合同成立。

由于要约与要约邀请存在模糊区域，在认定上容易产生纠纷。在电子商务经营中，经营方为了能够灵活调整交易价格和交易数量，掌握交易主动权，通常在交易规则中规定自己对商品的展示和描述不属于要约而属于要约邀请，用户提交订单才属于要约。这些规则考虑了电子商务经营的特点，不违反合同法等关于合同成立的规范及精神，对消费者没有产生实质损害，因此是有效的。电子商务法规定，当事人对合同成立另有约定的，从其约定。该规定沿袭了合同法和民法总则的精神，尊重了电子商务经营者的经营自主权以及合同当事人的合同自由。但电子商务经营者制定的合同成立的规则应当适度，不能滥用法律规则或钻法律规则的空子，过于损害消费者权益。例如，正常支付价款的行为本属于履行合同行为，有的电子商务平台交易规则却规定消费者支付价款的行为仍属于要约，合同仍不成立。这种规则不符合法律关于要约、承诺规定的精神，侵害了消费者的合法权益。针对这种情况，电子商务法规定电子商务经营者不得以格式条款等方式约定消费者支付价款后合同不成立；格式条款等含有该内容的，其内容无效。需要注意的是，这是电子商务法针对电子商务领域出现的新情况、新问题作出的特别规定，适用于电子商务经营活动，不能扩大到所有的民事合同行为。

第五十条　电子商务经营者应当清晰、全面、明确地告知用户订立合同的步骤、注意事项、下载方法等事项，并保证用户能够便利、完整地阅览和下载。

电子商务经营者应当保证用户在提交订单前可以更正输入错误。

【本条主旨】

本条是关于电子商务经营者为合同订立提供便利的规定。

【条文精释】

随着电子商务的普及，消费者群体多元化，电子商务合同的订立技术性较强，且不同的电子商务经营者的合同订立规则差异较大，消费者可能因不熟悉电子商务经营者的合同订立规则而出现误解，导致订立合同错误。本条规定了电子商务经营者的相关义务，有利于帮助消费者有效、准确理解订立合同中相关操作的法律效果，知悉合同条款内容，有利于避免消费纠纷，保护消费者合法权益，也有利于促进电子商务交易的顺利进行。

一是告知义务，电子商务经营者应当清晰、全面、明确地告知用户订立合同的步骤、注意事项、下载方法等事项。《中华人民共和国合同法》第三十九条第一款对格式合同签订时提供格式条款的一方的说明义务作了规定："采用格式条款订立合同的，提供格式条款的一方应当遵循公平原则确定当事人之间的权利和义务，并采取合理的方式提请对方注意免除或者限制其责任的条款，按照对方的要求，对该条款予以说明。"《中华人民共和国消费者权益保护法》规定了消费者的知情权和经营者提供相关信息的义务。该法第八条规定："消费者享有知悉其购买、使用的商品或者接受的服务的真实情况的权利。""消费者有权根据商品或者服务的不同情况，要求经营者提供商品的价格、产地、生产者、用途、性能、规格、等级、主要成份、生产日期、有效期限、检验合格证明、使用方法说明书、售后服务，或者服务的内容、规格、费用等有关情况。"第二十条规定："经营者向消费者提供有关商品或者服务的质量、性能、用途、有效期限等信息，应当真实、全面，不得作虚假或者引人误解的宣传。""经营者对消费者就其提供的商品或者服务的质量和使用方法等问题提出的询问，应当作出真实、明确的答复。""经营者提供商品或者服务应当明码标价。"合同法和消费者权益保护法关于合同当事人的说明义务，主要是针对合同内容以及合同标的情况的说明。电子商务法本条规定的电子商务经营者告知义务，是关于如何使用电子信息系统签订合同的说明，这是电子商务法针对电子商务特点做的特别规定。告知的程度应当是清晰、全面、明确，以确保用户能够正确理解操作步骤，在操作时准确进行意思表示。告知的内容包括订立合同的步骤、注意事项、下载方法等事项。

二是保证用户能够便利、完整地阅览和下载合同。电子商务经营者告知用户订立合同的步骤、注意事项、下载方法等事项，是程序上的要求。但仅仅是告知用户，如果页面安排、操作程序设置不合理，造成用户阅读、下载不便，容易诱导或迫使消费者在未认真阅览合同内容的情况下签订合同或者在签订合同后放弃下载合同。所以本条规定电子商务经营者除了要告知，还要保证用户能够便利、完整地阅览和下载合同，这种保证主要是强调在操作程序设置上的便利，不设置不合理的障碍等，并非要求电子商务经营者保证用户确实阅览和下载了合同。

三是电子商务经营者应当保证用户在提交订单前可以更正输入错误。实践中，用户由于操作不当等原因，可能存在输入错误的情况。有的网站对于用户输入错误，没有设置更正程序，不利于保护用户权利，本条对此作了规范。关于消费者的撤销权，有的人还建议在法律中有所规定，即消费者提交订单后、电子商务经营者发货前，消费者可以取消订单。《中华人民共和国消费者权益保护法》第二十五条规定了消费者无理由退货制度："经营者采用网络、电视、电话、邮购等方式销售商品，消费者有权自收到商品之日起七日内退货，且无需说明理由，但下列商品除外：（一）消费者定作的；（二）鲜活易腐的；（三）在线下载或者消费者拆封的音像制品、计算机软件等数字化商品；（四）交付的报纸、期刊。""除前款所列商品外，其他根据商品性质并经消费者在购买时确认不宜退货的商品，不适用无理由退货。""消费者退货的商品应当完好。经营者应当自收到退回商品之日起七日内返还消费者支付的商品价款。退回商品的运费由消费者承担；经营者和消费者另有约定的，按照约定。"退货制度主要是为了解决消费者在电子商务交易中因信息不对称而导致的意思表示不真实、不准确问题，从而保护消费者权益。且无理由退货也不是绝对的，法律在规定无理由退货制度的同时，也考虑到对经营者保护的需要，规定了不适用无理由退货的情形以及无理由退货情况下消费者承担运费，较好地平衡了经营者和消费者的利益，能够较好地解决消费者的反悔权问题。如果再规定消费者提交订单后、电子商务经营者发货前，消费者可以取消订单，可能不易于维护电子商务经营者与消费者之间权利义务的平衡。当然，电子商务经营者在制定交易规则时，可以承诺允许消费者在提交订单后、货物发出前取消订单，这是当事人意思自治的内容，可以鼓励而非强制实行。

第五十一条　合同标的为交付商品并采用快递物流方式交付的，收货人签收时间为交付时间。合同标的为提供服务的，生成的电子凭证或者实物凭证中载明的时间为交付时间；前述凭证没有载明时间或者载明时间与实际提供服务时间不一致的，实际提供服务的时间为交付时间。

合同标的为采用在线传输方式交付的，合同标的进入对方当事人指定的特定系统并且能够检索识别的时间为交付时间。

合同当事人对交付方式、交付时间另有约定的，从其约定。

【本条主旨】

本条是关于合同标的交付时间的规定。

【条文精释】

标的物的交付是合同履行中的重要环节，其不仅涉及当事人是否按照合同约定履行合同义务，还涉及标的物所有权转移时间的确定以及商品毁损、灭失的风险承担。《中华人民共和国物权法》第二十三条规定："动产物权的设立和转让，自交付时发生效力，但法律另有规定的除外。"《中华人民共和国合同法》第一百四十二条规定："标的物毁损、灭失的风险，在标的物交付之前由出卖人承担，交付之后由买受人承担，但法律另有规定或者当事人另有约定的除外。"

电子商务合同商品交付，很多是通过快递物流方式进行的。卖方发货和买方收货之间有在途运输时间，货物运输途中存在毁损、灭失风险。对于将何时确定为交付时间，有不同看法，有的认为卖方将货物交给快递物流公司即为交付，有的则主张买方签收商品时才为交付。如果把卖方将商品交付给快递公司的时间确定为货物交付时间，意味着买方承担货物运输途中的毁损、灭失风险；如果把买方签收商品的时间确定为交付时间，意味着卖方承担货物运输途中的毁损、灭失风险。电子商务法本条规定，合同标的为交付商品并采用快递物流方式交付的，收货人签收时间为交付时间，明确了交付规则，有利于避免争议。

对于合同标的为提供服务的，生成的电子凭证或者实物凭证中所载明的时间为交付时间，服务提供者应当根据该时间提供相应服务。如果上述凭证没有载明时间或者载明时间与实际提供服务时间不一致的，实际提供服务的时间为交付时间。规定实际提供服务的时间为交付时间，并不意味着该时间是符合合同规定的，如果该时间违反了合同约定，服务提供者应当承担违约责任。

合同标的为采用在线传输方式交付的，以合同标的进入对方当事人指定的特定系统并且能够检索识别的时间为交付时间。这里有两个条件：一是进入特定系统，二是能够检索识别。以购买电子书为例，电子书进入合同约定的系统如购买人的邮箱，且能够被检索识别的时间为交付时间。如果进入系统，但无法检索识别，则不构成有效交付。需要注意的是，能够检索识别是一个客观状态，而非买方实际进行检索识别的时间。这与快递签收不同。即便买方没有实际检索识别，也构成交付。另外，该规定与要约的到达规则存在区别。《中华人民共和国合同法》第十六条规定："要约到达受要约人时生效。""采用数据电文形式订立合同，收件人指定特定系统接收数据电文的，该数据电文进入该特定系统的时间，视为到达时间；……"而《中华人民共和国电子商务法》的规定强调了可检索识别性。

除了上述确定的交付规则，《中华人民共和国电子商务法》本条还规定，合同当事人对交付方式、交付时间另有约定的，从其约定。这也与《中华人民共和国合同法》第一百四十二条的规定相一致。电子商务交易种类复杂，交付方式多样，各方面所关注的重点也不同。在有的交易中，相对于商品在途运输风险，买方更关注所有权的及时取得，如果强制规定自收货人签收时交付，虽然帮助收货人减轻了在途运输风险，但并不能反映和保护收货人的真实意思。另外，目前关于在途运输风险，已经有比较成熟的商业保险机制加以防范。本条规定当事人可以约定交付方式和交付时间，体现了对当事人意思自治的尊重，也为电子商务商业模式创新等留下空间。

第五十二条　电子商务当事人可以约定采用快递物流方式交付商品。

快递物流服务提供者为电子商务提供快递物流服务，应当遵守法律、行政法规，并应当符合承诺的服务规范和时限。快递物流服务提供者在交付商品时，应当提示收货人当面查验；交由他人代收的，应当经收货人同意。

快递物流服务提供者应当按照规定使用环保包装材料，实现包装材料的减量化和再利用。

快递物流服务提供者在提供快递物流服务的同时，可以接受电子商务经营者的委托提供代收货款服务。

【本条主旨】

本条是关于快递物流服务提供者应当遵守的义务的规定。

【条文精释】

一、电子商务当事人可以约定采用快递物流方式交付商品

快递物流是电子商务商品交付的重要方式，是电子商务发展的重要支撑。自2007年以来，我国快递业发展迅猛，业务量10年增长了30.3倍，年均增长率高达41.4%。2017年全国快件量突破400亿件，居世界第一。法律规定当事人可以约定商品交付方式，包括约定采用快递物流方式交付商品。

根据《中华人民共和国合同法》第十二条的规定，当事人可以约定合同的履行方式。电子商务法本条第一款主要强调的是快递物流可以作为商品交付的方式。实践中，对于快递物流作为商品交付方式本身没有太大争议，比较容易产生纠纷的是具体采用哪一个快递物流公司的服务。有的电子商务平台经营者可能利用经营优势地位，要求该平台上的经营者或消费者只能接受特定快递物流服务提供者的服务。该问题涉及不正当竞争问题，并非电子商务法本条规范的内容。

二、快递物流服务提供者的义务

快递业在高速发展的同时，也暴露出一些问题，例如，快递市场经营秩序不够规范，快递行业普遍实行的加盟经营模式中存在服务质量低、责任界定不清的问题，对快件损失赔偿的争议较多，快递服务的有关规则不够明确，容易引起争议。《中华人民共和国邮政法》等法律对快递物流作了规定。国务院于2018年出台了《快递暂行条例》，规定了促进快递业发展的措施，同时也对快递服务行为作了规范。电子商务法本条再次强调，快递物流服务提供者为电子商务提供快递物流服务，应当遵守法律、行政法规，并应当符合承诺的服务规范和时限。

实践中，有的快递物流服务提供者要求收货人先签收再查验。由于签收就相当于货物交付，要求收货人先签收再查验，损害了收货人的合同权利。电子商务法本条规定，快递物流服务提供者在交付商品时，应当提示收货人当面查验。《快递暂行条例》第二十五条规定："经营快递业务的企业应当将快件投递到约定的收件地址、收件人或者收件人指定的代收人，并告知收件人或者代收人当面验收。收件人或者代收人有权当面验收。"根据上述规定，查验商品是收货人的权利，快递物流服务提供者不但不能拒绝查验，还应当提示收货人查验。

快递物流服务提供者将货物送达收货地点时，收货人本人因为各种原因无法亲自签收，快递物流服务提供者经收货人同意，可以交由他人代收。由他人代收的，快递物流服务提供者也应当提醒代收人查验商品。

《国务院关于促进快递业发展的若干意见》（国发〔2015〕61号）提出，建设快递末端服务平台。《快递暂行条例》第十一条规定："国家支持和鼓励经营快递业务的企业在农村、偏远地区发展快递服务网络，完善快递末端网点布局。"第十四条规定："企业事业单位、住宅小区管理单位应当根据实际情况，采取与经营快递业务的企业签订合同、设置快件收寄投递专门场所等方式，为开展快递服务提供必要的便利。鼓励多个经营快递业务的企业共享末端服务设施，为用户提供便捷的快递末端服务。"实践中，快递物流服务提供者在企业事业单位、社区设置快递柜等末端服务设施，以便于在本人无法签收且无人代收的情况下对商品的送达。快递物流服务提供者经收货人同意，还可以将商品存放在这些快递柜中并通知收货人及时收取。需要注意的是，仅放在柜子里并不代表当事人的签收以及商品的交付，交付时间仍宜为收货人实际取出商品为准。但是，如果因收货人的过错未能及时取走物品而造成损失的，收货人应依法承担相应不利后果。

三、快递物流服务提供者应当按照规定使用环保包装材料

《2017中国快递领域绿色包装发展现状及趋势报告》显示，2016年，全国快递业快递运单103.2亿张，塑料袋总使用量约147亿个，胶带使用总量约为3.3亿卷。大量快递物流包装材料的使用带来严重的环境污染等问题，引起社会广泛关注。2017年，国家邮政局、国家发展改革委等十部门联合发布《关于协同推进快递业绿色包装工作的指导意见》，明确了“十三五”期间快递业绿色包装工作要实现的三大目标，即绿色化、减量化、可循环取得明显效果，科技创新和应用水平大幅提升，治理体系日益完善。到2020年，可降解的绿色包装材料应用比例将提高到50%，基本淘汰重金属等特殊物质超标的包装物料，基本建成专门的快递包装物回收体系。主要快递品牌协议客户电子运单使用率达到90%以上，平均每件快递包装耗材减少10%以上，推广使用中转箱、笼车等设备，编织袋和胶带使用量进一步减少。《快递暂行条例》第九条规定：“国家鼓励经营快递业务的企业和寄件人使用可降解、可重复利用的环保包装材料，鼓励经营快递业务的企业采取措施回收快件包装材料，实现包装材料的减量化利用和再利用。”自2018年9月1日起实施的《快递封装用品》系列国家标准，根据减量化、绿色化、可循环的要求，明确提出“快递包装袋宜采用生物降解塑料”，并相应增加了生物分解性能要求等。

《中华人民共和国电子商务法》草案第四次审议时，在第五十二条中增加一款，规定快递物流服务提供者应当按照规定使用环保包装材料，实现包装材料的减量化和再利用。同时增加的第六十五条规定“国务院和县级以上地方人民政府及其有关部门应当采取措施，支持、推动绿色包装、仓储、运输，促进电子商务绿色发展”体现了绿色发展理念。

四、快递物流服务提供者提供代收货款服务

一般情况下，快递物流服务提供者应当在取得快递业务经营许可后开展快递物流业务。根据《中华人民共和国邮政法》第五十三条的规定，申请快递业务经营许可，在省、自治区、直辖市范围内经营的，应当向所在地的省、自治区、直辖市邮政管理机构提出申请，跨省、自治区、直辖市经营或者经营国际快递业务的，应当向国务院邮政管理部门提出申请。电

子商务支付方式多样化，有的是电子支付，有的是现金支付；有的是先行支付，有的是货到付款。对于货到付款特别是现金支付来说，需要作为电子商务经营者和消费者之间纽带的快递物流服务提供代收货款服务。代收货款业务也是快递物流服务提供者适应电子商务发展需要，通过充分利用快递资源为电子商务经营者提供的便捷服务。电子商务法在法律上明确了快递物流服务提供者可以开展代收货款服务，有利于促进电子商务和快递物流服务业的发展。代收货款不仅可以代收现金，也包括通过非现金支付方式代收货款，且随着电子支付的广泛应用，以非现金支付方式代收货款的情况将占更大比重。

代收货款存在被代收方挪用、拆借和拖延支付等风险，涉及金融安全问题，快递企业开展代收货款业务，要严格依法规范经营，建立完善的管理制度。《快递业务经营许可管理办法》第六条规定，快递企业开办代收货款业务的，应当以自营方式提供代收货款服务，具备完善的风险控制措施和资金结算系统，并明确与委托方和收件人之间的权利、义务。国家邮政局还曾发布《关于加强快递企业代收货款业务管理的通知》，要求对代收货款行为加强检查，防范经营风险，指导和帮助快递企业建立规范的管理制度、操作流程、资金返还以及突发事件应急机制，要求各地建立代收货款业务信息定期上报制度，实时掌控快递企业办理代收货款业务的基本情况和发展动态等。

第五十三条　电子商务当事人可以约定采用电子支付方式支付价款。

电子支付服务提供者为电子商务提供电子支付服务，应当遵守国家规定，告知用户电子支付服务的功能、使用方法、注意事项、相关风险和收费标准等事项，不得附加不合理交易条件。电子支付服务提供者应当确保电子支付指令的完整性、一致性、可跟踪稽核和不可篡改。

电子支付服务提供者应当向用户免费提供对账服务以及最近三年的交易记录。

【本条主旨】

本条是关于电子支付方式的选择及电子支付服务提供者义务的规定。

【条文精释】

一、鼓励电子支付的使用

根据2005年中国人民银行《电子支付指引（第一号）》的规定，电子支付是指单位、个人直接或授权他人通过电子终端发出支付指令，实现货币支付与资金转移的行为。电子支付的类型按电子支付指令发起方式分为网上支付、电话支付、移动支付、销售点终端交易、自动柜员机交易和其他电子支付。根据参与主体的不同，电子支付分为发生在银行之间的电子支付、银行与其客户间的电子支付以及其他支付服务组织与其客户之间的电子支付。随着电子商务的发展，作为银行向客户提供的新型金融服务产品，大量的电子支付服务面对的是个人消费者和商业企业在经济交往中产生的一般性支付需求。这类电子支付参与主体众多，涉及银行、客户、商家、系统开发商、网络运营服务商、认证服务提供机构等。

我国的电子支付发展迅速，新兴电子支付工具不断出现，电子支付交易量不断提高，逐步成为我国零售支付体系特别是电子商务支付体系的重要组成部分，电子支付体系的完善对促进电子商务发展具有重要意义。《国务院办公厅关于促进跨境电子商务健康快速发展的指导意见》（国办发〔2015〕46号）提出，鼓励境内银行、支付机构依法合规开展跨境电子支付业务，满足境内外企业及个人跨境电子支付需要。《推进普惠金融发展规划（2016—2020年）》提出，加强对网上银行、手机银行的开发和推广，完善电子支付手段。引导金融机构积极发展电子支付手段，逐步构筑电子支付渠道与固定网点相互补充的业务渠道体系，加快以电子银行和自助设备补充、替代固定网点的进度。

电子商务法本条规定电子商务当事人可以约定采用电子支付方式支付价款，体现了对电子支付手段的认可和鼓励。

二、电子支付服务提供者

电子支付服务提供者主要包括银行和非金融支付机构。非金融支付机构，有的也叫非银行支付机构或简称支付机构。商务部2011年发布的《第三方电子商务交易平台服务规范》规定，第三方电子商务交易平台采用的电子支付应当由银行或具备合法资质的非金融支付机构提供。交通运输部等十部门《关于鼓励和规范互联网租赁自行车发展的指导意见》（交运发〔2017〕109 号）规定，互联网租赁自行车业务中涉及的支付结算服务，应通过银行、非银行支付机构提供。

中国人民银行 2010 年《非金融机构支付服务管理办法》规定，非金融机构支付服务，是指非金融机构在收付款人之间作为中介机构提供下列部分或全部货币资金转移服务：（1）网络支付；（2）预付卡的发行与受理；（3）银行卡收单；（4）中国人民银行确定的其他支付服务。网络支付是指依托公共网络或专用网络在收付款人之间转移货币资金的行为，包括货币汇兑、互联网支付、移动电话支付、固定电话支付、数字电视支付等。

根据《非金融机构支付服务管理办法》的规定，非金融机构提供支付服务，应当依据本办法规定向中国人民银行申请《支付业务许可证》。未经中国人民银行批准，任何非金融机构和个人不得从事或变相从事支付业务。《支付业务许可证》的申请人应当具备下列条件：在中华人民共和国境内依法设立的有限责任公司或股份有限公司，且为非金融机构法人；有符合《非金融机构支付服务管理办法》规定的注册资本最低限额和出资人；有 5 名以上熟悉支付业务的高级管理人员；有符合要求的反洗钱措施、支付业务设施、营业场所和安全保障措施；有健全的组织机构、内部控制制度和风险管理措施；申请人及其高级管理人员最近 3 年内未因利用支付业务实施违法犯罪活动或为违法犯罪活动办理支付业务等受过处罚。申请人拟在全国范围内从事支付业务的，其注册资本最低限额为 1 亿元人民币；拟在省（自治区、直辖市）范围内从事支付业务的，其注册资本最低限额为 3000 万元人民币。注册资本最低限额为实缴货币资本。申请人的主要出资人应当符合以下条件：为依法设立的有限责任公司或股份有限公司；截至申请日，连续为金融机构提供信息处理支持服务 2 年以上，或连续为电子商务活动提供信息处理支持服务 2 年以上；截至申请日，连续盈利 2 年以上；最近 3 年内未因利用支付业务实施违法犯罪活动或为违法犯罪活动办理支付业务等受过处罚。

三、电子支付服务提供者的义务

《电子支付指引（第一号）》主要规定了银行提供电子支付业务的相关义务，包括：电子支付指令的发起行应建立必要的安全程序，对客户身份和电子支付指令进行确认，并形成日志文件等记录，保存至交易后5年。发起行应采取有效措施，在客户发出电子支付指令前，提示客户对指令的准确性和完整性进行确认。发起行应确保正确执行客户的电子支付指令，对电子支付指令进行确认后，应能够向客户提供纸质或电子交易回单。发起行、接收行应确保电子支付指令传递的可跟踪稽核和不可篡改。发起行、接收行之间应按照协议规定及时发送、接收和执行电子支付指令，并回复确认。电子支付指令须转换为纸质支付凭证的，其纸质支付凭证必须记载付款人开户行名称和签章，付款人名称、账号，接收行名称，收款人名称、账号，大写金额和小写金额，发起日期和交易序列号等事项。

《非金融机构支付服务管理办法》规定的非金融机构提供支付服务的相关义务主要包括：

支付机构之间的货币资金转移应当委托银行业金融机构办理，不得通过支付机构相互存放货币资金或委托其他支付机构等形式办理。支付机构不得办理银行业金融机构之间的货币资金转移，经特别许可的除外。

支付机构应当按照审慎经营的要求，制订支付业务办法及客户权益保障措施，建立健全风险管理和内部控制制度，确定支付业务的收费项目和收费标准，公开披露支付服务协议的格式条款，并报所在地中国人民银行分支机构备案。支付机构应当公开披露其支付业务的收费项目和收费标准，应当制定支付服务协议，明确其与客户的权利和义务、纠纷处理原则、违约责任等事项。支付机构应当在客户发起的支付指令中记载付款人名称、确定的金额、收款人名称、付款人的开户银行名称或支付机构名称、收款人的开户银行名称或支付机构名称、支付指令的发起日期。

客户通过银行结算账户进行支付的，支付机构还应当记载相应的银行结算账号。客户通过非银行结算账户进行支付的，支付机构还应当记载客户有效身份证件上的名称和号码。支付机构应当按规定核对客户的有效身份证件或其他有效身份证明文件，并登记客户身份基本信息。支付机构应当按规定妥善保管客户身份基本信息、支付业务信息、会计档案等资料。支付机构应当具备必要的技术手段，确保支付指令的完整性、一致性和不可抵赖性，支付业务处理的及时性、准确性和支付业务的安全性。

《非金融机构支付服务管理办法实施细则》第三十条规定：“支付机构

应当根据法律法规、部门规章的有关规定确定其支付业务的收费项目和收费标准。法律法规、部门规章未明确支付业务的收费项目和收费标准的，支付机构可以按照市场原则合理确定其支付业务的收费项目和收费标准。”“支付机构应当在营业场所显著位置披露其支付业务的收费项目和收费标准。支付机构有互联网网站的，还应当在网站主页显著位置进行披露。”“支付机构调整支付业务的收费项目或收费标准的，应当在实施新的支付业务收费项目或收费标准之前按照前款规定连续公示30日。”

中国人民银行2013年《支付机构客户备付金存管办法》对备付金银行账户管理以及客户备付金的使用与划转作了规定。《国务院办公厅关于印发互联网金融风险专项整治工作实施方案的通知》（国办发〔2016〕21号）规定，非银行支付机构不得挪用、占用客户备付金，客户备付金账户应开立在人民银行或符合要求的商业银行。人民银行或商业银行不向非银行支付机构备付金账户计付利息，防止支付机构以“吃利差”为主要盈利模式，理顺支付机构业务发展激励机制，引导非银行支付机构回归提供小额、快捷、便民小微支付服务的宗旨。非银行支付机构不得连接多家银行系统，变相开展跨行清算业务。非银行支付机构开展跨行支付业务应通过人民银行跨行清算系统或者具有合法资质的清算机构进行。

电子商务法本条规定了电子支付服务提供者的义务，一是告知用户电子支付服务的功能、使用方法、注意事项、相关风险和收费标准等事项，不得附加不合理交易条件。二是确保电子支付指令的完整性、一致性、可跟踪稽核和不可篡改。三是向用户免费提供对账服务以及最近三年的交易记录。这些规定有利于确保电子支付的安全性。

第五十四条　电子支付服务提供者提供电子支付服务不符合国家有关支付安全管理要求，造成用户损失的，应当承担赔偿责任。

【本条主旨】

本条是关于电子支付服务提供者不履行安全管理规定造成损失时责任承担的规定。

【条文精释】

国家有关支付安全管理要求内容广泛，《电子支付指引（第一号）》《非金融机构支付服务管理办法》《支付机构客户备付金存管办法》《电子银行业务管理办法》《电子银行安全评估指引》等作了详细规定，除了前面提到的内容，还有其他内容。《电子支付指引（第一号）》规定，银行开展电子支付业务采用的信息安全标准、技术标准、业务标准等应当符合有关规定。银行应根据审慎性原则并针对不同客户，在电子支付类型、单笔支付金额和每日累计支付金额等方面作出合理限制；应采取必要措施保护电子支付交易数据的完整性和可靠性；应采取必要措施为电子支付交易数据保密；应确保对电子支付业务处理系统的操作人员、管理人员以及系统服务商有合理的授权控制等。《非金融机构支付服务管理办法》规定，建立健全风险管理和内部控制制度。支付机构明知或应知客户利用其支付业务实施违法犯罪活动的，应当停止为其办理支付业务。支付机构应当具备灾难恢复处理能力和应急处理能力，确保支付业务的连续性。支付机构应当依法保守客户的商业秘密，不得对外泄露。

《电子银行业务管理办法》第三十一条规定："金融机构应当将电子银行业务风险管理纳入本机构风险管理的总体框架之中，并应根据电子银行业务的运营特点，建立健全电子银行风险管理体系和电子银行安全、稳健运营的内部控制体系。"第三十二条规定："金融机构的电子银行风险管理体系和内部控制体系应当具有清晰的管理架构、完善的规章制度和严格的内部授权控制机制，能够对电子银行业务面临的战略风险、运营风险、法律风险、声誉风险、信用风险、市场风险等实施有效的识别、评估、监测和控制。"第三十三条规定："金融机构针对传统业务风险制定的审慎性风险管理原则和措施等，同样适用于电子银行业务，但金融机构应根据电子银行业务环境和运行方式的变化，对原有风险管理制度、规则和程序进行必要的和适当的修正。"第三十七条规定："金融机构应当保障电子银行运营设施设备，以及安全控制设施设备的安全，对电子银行的重要设施设备和数据，采取适当的保护措施。（一）有形场所的物理安全控制，必须符合国家有关法律法规和安全标准的要求，对尚没有统一安全标准的有形场所的安全控制，金融机构应确保其制定的安全制度有效地覆盖可能面临的主要风险；（二）以开放型网络为媒介的电子银行系统，应合理设置和使用防火墙、防病毒软件等安全产品与技术，确保电子银行有足够的反攻击能力、防病毒能力和入侵防护能力；（三）对重要设施设备的接触、检查、维修和应急处理，应有明确的权限界定、责任划分和操作流程，并建立日志文件管理制度，如实记录并妥善保管相关记录；（四）对重要技术参数，应严格控制接触权限，并建立相应的技术参数调整与变更机制，并保证在更换关键人员后，能够有效防止有关技术参数的泄漏；（五）对电子银行管理的关键岗位和关键人员，应实行轮岗和强制性休假制度，建立严格的内部监督管理制度。”

国家有关支付安全管理要求，有的属于技术要求，有的属于管理要求，都是确保电子支付安全进行的关键，电子支付服务提供者应当认真履行，确保其提供的电子支付服务符合国家有关支付安全管理要求。否则，造成用户损失的，电子支付服务提供者应当承担赔偿责任。《电子支付指引（第一号）》第四十二条规定：“因银行自身系统、内控制度或为其提供服务的第三方服务机构的原因，造成电子支付指令无法按约定时间传递、传递不完整或被篡改，并造成客户损失的，银行应按约定予以赔偿。”“因第三方服务机构的原因造成客户损失的，银行应予赔偿，再根据与第三方服务机构的协议进行追偿。”

第五十五条　用户在发出支付指令前，应当核对支付指令所包含的金额、收款人等完整信息。

支付指令发生错误的，电子支付服务提供者应当及时查找原因，并采取相关措施予以纠正。造成用户损失的，电子支付服务提供者应当承担赔偿责任，但能够证明支付错误非自身原因造成的除外。

【本条主旨】

本条是关于电子指令的发出及发生错误时如何处理和责任承担的规定。

【条文精释】

电子支付指令通过电子终端发出，是实现货币支付与资金转移的关键环节，支付服务机构只有收到电子支付指令，才能执行资金转移。电子支付指令发起方式包括互联网、电话、销售点终端、自动柜员机等。电子支付指令与纸质支付凭证可以相互转换，二者具有同等效力。

电子支付指令是用户设置和发出的，用户使用电子支付指令应当履行适当的注意义务，特别是应当核对支付指令所包含的金额、收款人等完整信息，这是对用户的最基本要求。《电子支付指引（第一号）》规定，客户应按照其与发起行的协议规定，发起电子支付指令。

根据《电子支付指引（第一号）》的规定，支付服务机构对于支付令的发出、执行均承担相应义务。一是提示义务。发起行应采取有效措施，在客户发出电子支付指令前，提示客户对指令的准确性和完整性进行确认。二是确认义务。电子支付指令的发起行应建立必要的安全程序，对客户身份和电子支付指令进行确认。三是正确执行义务。发起行应确保正确执行客户的电子支付指令。四是提供交易回单义务。发起行对电子支付指令进行确认后，应能够向客户提供纸质或电子交易回单。五是发起行、接收行应确保电子支付指令传递的可跟踪稽核和不可篡改。六是防止损失扩大的义务。因不可抗力造成电子支付指令未执行、未适当执行、延迟执行的，银行应当采取积极措施防止损失扩大。根据《非金融机构支付服务管理办法》的规定，支付机构只能根据客户发起的支付指令转移备付金。支付机构应当具备必要的技术手段，确保支付指令的完整性、一致性和不可抵赖性，支付业务处理的及时性、准确性和支付业务的安全性；具备灾难恢复处理能力和应急处理能力，确保支付业务的连续性。

支付指令错误，是指支付指令内容存在错误或者在支付指令的传递中出现了错误，主要有支付指令错误指定受益人、支付金额错误、支付指令重复等。支付指令错误的原因比较复杂，包括用户操作不当、服务器故障、网络传送错误等。由于电子支付系统的运行涉及数量众多用户的切身利益以及金融安全，支付指令发生错误的，电子支付服务提供者应当及时查找原因，并采取相关措施予以纠正。如果是由于用户操作错误造成的，要告知用户原因，避免后续错误。如果是由于服务器故障、网络传送错误等技术原因，要进行补救，防止损失扩大。

对于支付指令错误，电子商务法本条规定了过错推定责任。造成用户损失，电子支付服务提供者应当承担赔偿责任，但能够证明支付错误非自身原因造成的除外。实践中，电子支付服务提供者重点是证明自己履行了法律规定的提示义务、确认义务、正确执行义务、安全管理义务等法定义务以及合同约定义务等。有的支付指令错误也可能是由于自然灾害等不可抗力造成的，尽管电子支付服务提供者对此不承担责任，但其应当在不可抗力发生后按照规定采取积极措施防止损失扩大，否则对后续扩大的损失要承担相应责任。

第五十六条　电子支付服务提供者完成电子支付后，应当及时准确地向用户提供符合约定方式的确认支付的信息。

【本条主旨】

本条是关于电子支付服务提供者向用户提供确认支付信息的规定。

【条文精释】

尽管信息通信系统很发达，但当面沟通对当事人获取信息、实施意思表示仍具有重要作用。《电子银行业务管理办法》第二十条规定，利用电子银行平台销售有关银行产品或服务时，应认真分析选择适应电子银行销售的产品，不得利用电子银行销售需要对客户进行当面评估后才能销售的，或者需要客户当面确认才能销售的银行产品，法律法规和行政规章另有规定的除外。

与传统的柜台支付不同，电子支付服务提供者与用户通过电子系统联系，缺乏当面沟通，如果没有专门通知，用户无法知道电子支付是否完成，不利于保护用户知情权以及确保用户对电子支付的安全感。《电子支付指引（第一号）》第十九条第一款规定：“发起行应确保正确执行客户的电子支付指令，对电子支付指令进行确认后，应能够向客户提供纸质或电子交易回单。”《非银行支付机构网络支付业务管理办法》第二十七条规定：“支付机构应当采取有效措施，确保客户在执行支付指令前可对收付款客户名称和账号、交易金额等交易信息进行确认，并在支付指令完成后及时将结果通知客户。”“因交易超时、无响应或者系统故障导致支付指令无法正常处理的，支付机构应当及时提示客户；因客户原因造成支付指令未执行、未适当执行、延迟执行的，支付机构应当主动通知客户更改或者协助客户采取补救措施。”

电子商务法本条专门规定了电子支付服务提供者完成电子支付后，应当及时准确地向电子支付服务接受者提供符合约定方式的确认支付信息。一是要做到及时、准确。实践中，大部分支付系统可以做到即时通知。通知内容通常包括支付时间、支付方式、支付对象、支付数额，有的还包括支付原因等。二是通知要符合约定方式。通知约定方式包括短信通知、电子邮件通知、即时通信工具通知等，用户使用电子支付系统，通常会选择通知方式，有的是一个，有的是多个。如果通知的方式违反约定，则构成违约行为。值得注意的是，用户接收通知的方式发生变化的，例如，原约定的手机号码、电子邮箱等停用，用户应及时通知电子支付服务提供者，双方可再约定其他方式。

第五十七条　用户应当妥善保管交易密码、电子签名数据等安全工具。用户发现安全工具遗失、被盗用或者未经授权的支付的，应当及时通知电子支付服务提供者。

未经授权的支付造成的损失，由电子支付服务提供者承担；电子支付服务提供者能够证明未经授权的支付是因用户的过错造成的，不承担责任。

电子支付服务提供者发现支付指令未经授权，或者收到用户支付指令未经授权的通知时，应当立即采取措施防止损失扩大。电子支付服务提供者未及时采取措施导致损失扩大的，对损失扩大部分承担责任。

【本条主旨】

本文是关于未经授权的支付的规定。

【条文精释】

非授权支付是指没有经过用户合法授权，向支付机构发出支付指令，在收付款人之间实现资金转移。通俗地讲，主要是指通过伪造银行卡、实施网络漏洞攻击、盗取客户信息等方式实施的网络诈骗。美国《电子资金转移法》对非授权支付的定义是客户之外的人在没有真实授权发起传输的情况下，从客户账户发起的电子资金传输，并且客户也没有从中得到利益。但是，客户向其他人提供卡、密码或者其他访问工具，其他人进行操作（除非客户已经告知金融机构，由该人所做的传输不再被授权）以及客户或与客户合谋的其他人以欺诈目的发起的电子资金传输等情况不属于非授权支付。

《2016 年国内银行卡盗刷大数据报告》显示，快捷支付成为银行卡盗刷的重要方式。《第 42 次中国互联网络发展状况统计报告》显示，2018 年上半年，有 54% 的网民表示过去半年中曾遇到过网络安全问题。非授权支付给客户造成损失，对该损失的承担有很多纠纷，是电子支付法律制度需要解决的问题。

一、用户的义务

用户的义务分为两项：一是应当妥善保管交易密码、电子签名数据等安全工具。二是通知义务。发现安全工具遗失、被盗用或者其他未授权交易的，应当及时通知电子支付服务提供者。《中华人民共和国合同法》第六十条第二款规定："当事人应当遵循诚实信用原则，根据合同的性质、目的和交易习惯履行通知、协助、保密等义务。"

交易密码、电子签名数据等安全工具，是实施电子支付、确保电子支付安全进行的重要措施。非授权支付通常通过盗用交易密码、电子签名数据等途径实施。用户应当妥善保管，发现遗失、被盗用或者其他未授权交易的，应当及时通知电子支付服务提供者，避免进一步的损失，否则用户自己要承担相应的责任。美国《电子资金转移法》有相似规定：访问工具丢失或被盗的，客户一般应当在其得知访问工具丢失或被盗之后两个工作日内通知金融机构，否则应承担因疏忽而未报告所引起的相关损失。

二、电子支付服务者的责任

在电子商务法之前，法律没有关于非授权支付的直接规定，各支付机构的用户协议确定的责任分担机制也有较大差异，司法实践主要适用《中华人民共和国合同法》《中华人民共和国侵权责任法》认定责任分担。另外，《电子银行业务管理办法》第八十九条规定："金融机构在提供电子银行服务时，因电子银行系统存在安全隐患、金融机构内部违规操作和其他非客户原因等造成损失的，金融机构应当承担相应责任。""因客户有意泄露交易密码，或者未按照服务协议尽到应尽的安全防范与保密义务造成损失的，金融机构可以根据服务协议的约定免于承担相应责任，但法律法规另有规定的除外。"第九十条规定："金融机构未经批准擅自开办电子银行业务，或者未经批准增加或变更需要审批的电子银行业务类型，造成客户损失的，金融机构应承担全部责任。法律法规明确规定应由客户承担的责任除外。"第九十一条规定："金融机构已经按照有关法律法规和行政规章的要求，尽到了电子银行风险管理和安全管理的相应职责，但因其他金融机构或者其他金融机构的外包服务商失职等原因，造成客户损失的，由其他金融机构承担相应责任，但提供电子银行服务的金融机构有义务协助其客户处理有关事宜。"《非银行支付机构网络支付业务管理办法》第十九条第一款规定："支付机构应当建立健全风险准备金制度和交易赔付制度，并对不能有效证明因客户原因导致的资金损失及时先行全额赔付，保障客户合法权益。"第二十一条第二款规定："特约商户违反协议约定存储上述敏感信息的，支付机构应当立即暂停或者终止为其提供网络支付服务，采取有效措施删除敏感信息、防止信息泄露，并依法承担因相关信息泄露造成的损失和责任。"第二十五条规定："支付机构网络支付业务相关系统设施和技术，应当持续符合国家、金融行业标准和相关信息安全管理要求。如未符合相关标准和要求，或者尚未形成国家、金融行业标准，支付机构应当无条件全额承担客户直接风险损失的先行赔付责任。"《电子支付指引（第一号）》第四十五条规定："非资金所有人盗取他人存取工具发出电子支付指令，并且其身份认证和交易授权通过发起行的安全程序的，发起行应积极配合客户查找原因，尽量减少客户损失。"这些规定主要是根据过错责任原则确定支付机构和用户之间的责任分担。电子商务法在此基础上明确了电子支付服务提供者的以下责任：

其一，电子支付服务提供者承担未授权的支付造成的损失，除非其能证明未授权支付是因用户的过错造成的。电子支付面临的风险多样，未授权支付的原因复杂，有的是用户的过错，如故意泄露密码、和他人串通等；有的是电子支付服务提供者的过错，如未按照支付协议约定进行支付、支付系统不符合法律要求的标准等；有的用户和电子支付服务提供者均不存在过错，而是由于第三方原因造成的，如网络黑客攻击。有时甚至难以找到明确的原因，根据传统的过错责任原则难以合理确定责任归属。与用户相比，电子支付服务提供者控制着电子支付系统，对支付系统负有维护义务，举证能力和承担风险能力较强，由其承担非授权支付的损失和证明责任是比较合理的。由于用户对电子支付安全也负有相应的注意义务，如果电子支付服务提供者证明非授权损失是由于用户的过错造成的，电子支付服务提供者可以不承担责任，体现了责任分配的平衡。美国《电子资金转移法》规定，关于非授权支付及损失承担，金融机构对非授权支付的存在以及用户的过错承担举证责任。

其二，防止损失扩大的义务。防止损失扩大是合同当事人应尽的法定义务，也是诚实信用原则的体现。《中华人民共和国合同法》第一百一十九条第一款规定："当事人一方违约后，对方应当采取适当措施防止损失的扩大；没有采取适当措施致使损失扩大的，不得就扩大的损失要求赔偿。"根据该法第三百三十八条第二款的规定，在技术开发合同履行过程中，当事人一方发现可能致使研究开发失败或者部分失败的风险的，应当及时通知另一方采取适当措施减少损失。没有及时通知并采取适当措施，致使损失扩大的，应当就扩大的损失承担责任。

电子支付服务提供者发现支付指令未经授权，或者收到用户支付指令未经授权的通知时，应当立即采取措施防止损失扩大。例如，电子支付服务提供者发现用户密码被盗导致支付指令未经授权，应及时停止对新指令的执行，并通知用户修改密码，避免再次非授权支付。如果发现支付系统被攻击导致非授权支付，应及时按规定启动应急预案。《电子银行业务管理办法》第四十一条第二款规定："金融机构发现假冒电子银行的非法活动后，应向公安部门报案，并向中国银监会报告。同时，金融机构应及时在其网站、电话语音提示系统或短信平台上，提醒客户注意。"《电子支付指引（第一号）》第四十五条规定："非资金所有人盗取他人存取工具发出电子支付指令，并且其身份认证和交易授权通过发起行的安全程序的，发起行应积极配合客户查找原因，尽量减少客户损失。”即使电子支付服务提供者对初始的未授权支付不承担责任，但如果发现支付指令未经授权，或者收到用户支付指令未经授权的通知时未及时采取措施而导致损失扩大的，对损失扩大部分承担责任。

第四章　电子商务争议解决

第五十八条　国家鼓励电子商务平台经营者建立有利于电子商务发展和消费者权益保护的商品、服务质量担保机制。

电子商务平台经营者与平台内经营者协议设立消费者权益保证金的，双方应当就消费者权益保证金的提取数额、管理、使用和退还办法等作出明确约定。

消费者要求电子商务平台经营者承担先行赔付责任以及电子商务平台经营者赔偿后向平台内经营者的追偿，适用《中华人民共和国消费者权益保护法》的有关规定。

【本条主旨】

本条是关于鼓励电子商务平台经营者建立消费者保护机制的规定。

【条文精释】

本条在电子商务法的一审稿中是“消费者保护”专节中的内容，二审稿对原结构做了调整，取消了“消费者保护”专节，将其中的内容分散到了其他章节中。

本条第一款规定鼓励平台经营者建立商品、服务质量担保机制。电子商务平台经营者在电子商务活动中为交易双方或者多方提供网络经营场所、交易撮合、信息发布等服务。在电子商务交易中，具体的交易当事人为平台内经营者和消费者。平台内经营者是具体的商品销售者或服务提供者，产品质量法规定了销售者的义务，包括应当采取措施保持销售产品的质量，不得销售国家命令淘汰并停止销售的产品和失效、变质的产品，不得伪造产地，不得伪造或者冒用他人的厂名、厂址，不得伪造或者冒用认证标志等质量标志，不得掺杂、掺假，不得以假充真、以次充好，不得以不合格产品冒充合格产品。消费者权益保护法第二十三条规定，经营者应当保证在正常使用商品或者接受服务的情况下其提供的商品或者服务应当具有的质量、性能、用途和有效期限。本法第十三条也规定了电子商务经营者的义务：电子商务经营者销售的商品或者提供的服务应当符合保障人身、财产安全的要求和环境保护要求，不得销售或者提供法律、行政法规禁止交易的商品或者服务。与电子商务平台经营者相比，平台内经营者直接向消费者承担确保产品或服务质量的义务。但电子商务平台经营者对平台内经营者销售的商品或提供的服务质量也需要承担相应的注意义务，但这种义务主要是其作为平台服务提供者对平台内经营者的经营行为所需要承担的相关义务，例如，本法第三十八条规定："电子商务平台经营者知道或者应当知道平台内经营者销售的商品或者提供的服务不符合保障人身、财产安全的要求，或者有其他侵害消费者合法权益行为，未采取必要措施的，依法与该平台内经营者承担连带责任。""对关系消费者生命健康的商品或者服务，电子商务平台经营者对平台内经营者的资质资格未尽到审核义务，或者对消费者未尽到安全保障义务，造成消费者损害的，依法承担相应的责任。"本条第一款关于平台经营者建立商品、服务质量担保机制的规定，是鼓励、倡导性规定而非强制性义务。通过建立这种机制，一是可以有效避免或及时处理相关纠纷，二是可以提高平台的公信力和吸引力，从长远来看有利于电子商务总体环境的不断改善和电子商务的发展。

本条第二款是关于平台消费者权益保证金的设立和管理的规定。电子商务平台经营者与平台内经营者通过协议设立消费者权益保证金，是电子商务平台经营者与平台内经营者合作进行平台治理的有效举措。《网络交易管理办法》第三十三条对此作了规定："鼓励第三方交易平台经营者设立消费者权益保证金。消费者权益保证金应当用于对消费者权益的保障，不得挪作他用，使用情况应当定期公开。""第三方交易平台经营者与平台内的经营者协议设立消费者权益保证金的，双方应当就消费者权益保证金提取数额、管理、使用和退还办法等作出明确约定。"该法主要目的是确保消费者权益保证金的规范使用，电子商务法借鉴了该规定。

本条第三款中的“适用《中华人民共和国消费者权益保护法》的有关规定”指的是《中华人民共和国消费者权益保护法》第四十四条第一款的规定:“消费者通过网络交易平台购买商品或者接受服务,其合法权益受到损害的,可以向销售者或者服务者要求赔偿。网络交易平台提供者不能提供销售者或者服务者的真实名称、地址和有效联系方式的,消费者也可以向网络交易平台提供者要求赔偿;网络交易平台提供者作出更有利于消费者的承诺的,应当履行承诺。网络交易平台提供者赔偿后,有权向销售者或者服务者追偿。”该规定主要是考虑到电子商务平台经营者能够掌握平台内经营者情况,且有义务建立健全平台内经营者的准入和退出机制。

第五十九条　电子商务经营者应当建立便捷、有效的投诉、举报机制,公开投诉、举报方式等信息,及时受理并处理投诉、举报。

【本条主旨】

本条是关于电子商务经营者建立投诉举报机制的规定。

【条文精释】

该规定是电子商务法草案二审稿中增加的内容。根据消费者权益保护法第十五条的规定,消费者享有对商品和服务以及保护消费者权益工作进行监督的权利,消费者有权检举、控告侵害消费者权益的行为。在电子商务活动中,消费者与电子商务经营者主要通过互联网、电话等方式进行联系,缺乏面对面沟通,要求电子商务经营者建立便捷、有效的投诉、举报机制,这是确保消费者有效维护自身权益的关键环节。另外,网络治理需要全社会参与,便捷、有效的投诉、举报机制也有利于社会公众监督互联网违法行为,对电子商务平台经营者实施平台治理也是一种有益的制度。

根据侵权责任法第三十六条的规定,网络用户和网络服务者在接到被侵权人的投诉后,应及时采取删除、屏蔽、断开链接等必要处理措施,否则网络用户将承担直接责任,网络服务者将承担连带责任。该条主要是从投诉权行使之后的处理角度规定的,后续的相关规定则强调了投诉、举报机制本身的完善性。《国务院办公厅关于加强互联网领域侵权假冒行为治理的意见》（国办发〔2015〕77号）从多个方面提出畅通投诉、举报机制，包括：坚持社会共治原则，充分发挥行业组织的自律作用，落实电子商务相关企业主体责任，畅通社会举报投诉渠道；打击网上销售假劣商品，完善网上交易在线投诉及售后维权机制；落实电子商务企业责任，建立完善举报投诉处理机制；加强政企沟通与协作；加强执法部门与电子商务企业的信息沟通与交流，与电子商务平台企业建立投诉举报、违法案件信息通报机制；畅通网络举报投诉渠道，鼓励和引导消费者、权利人积极举报投诉侵权假冒违法犯罪行为。《中华人民共和国网络安全法》第四十九条第一款规定："网络运营者应当建立网络信息安全投诉、举报制度，公布投诉、举报方式等信息，及时受理并处理有关网络信息安全的投诉和举报。"《互联网信息搜索服务管理规定》第十二条规定："互联网信息搜索服务提供者应当建立健全公众投诉、举报和用户权益保护制度，在显著位置公布投诉、举报方式，主动接受公众监督，及时处理公众投诉、举报，依法承担对用户权益造成损害的赔偿责任。"《网络食品安全违法行为查处办法》第十条规定："网络食品交易第三方平台提供者应当建立入网食品生产经营者审查登记、食品安全自查、食品安全违法行为制止及报告、严重违法行为平台服务停止、食品安全投诉举报处理等制度，并在网络平台上公开。"电子商务法强调了投诉、举报机制要便捷、有效。

关于"及时受理并处理投诉、举报"的问题，如何定义"及时"，在立法过程中有不同的建议，有的建议是二十四小时，有的建议是两个工作日。我们认为，根据投诉、举报问题的性质不同，处理的时间周期肯定有区别。涉及海外知识产权权利人的举报，需要一定的验证反馈时间，两个工作日也未必能够完成。法律规定及时处理的目的是要求对问题迅速反应，快速处理，防止拖沓。是否"及时"的具体标准，需要根据实际情况进行判定。

电子商务经营者违反本条规定，可能引起一系列法律后果。一是行政机关介入处理。例如，《网络食品安全违法行为查处办法》第二十七条规定，网络食品交易第三方平台提供者和入网食品生产经营者未及时妥善处理投诉举报的食品安全问题，可能存在食品安全隐患的，县级以上食品药品监督管理部门可以对其法定代表人或者主要负责人进行责任约谈。二是由此可能导致消费者受到损害或者导致损害扩大，电子商务经营者要承担相应责任。

第六十条　电子商务争议可以通过协商和解，请求消费者组织、行业协会或者其他依法成立的调解组织调解，向有关部门投诉，提请仲裁，或者提起诉讼等方式解决。

【本条主旨】

本条是关于电子商务争议解决方式的规定。

【条文精释】

一、协商和解

电子商务争议通常属于民事争议，和解是当事人解决争议的常用方式，具有低成本、高效率的优点。由于和解是在当事人自愿情况下达成处理结果，更容易被当事人所接受，对于解决纠纷更有效。鼓励和解也符合充分发挥社会在网络社会治理中的作用的精神。《中华人民共和国民事诉讼法》第五十条规定："双方当事人可以自行和解。"《中华人民共和国消费者权益保护法》第三十九条规定，消费者和经营者发生消费者权益争议的，可以与经营者协商和解。《网络交易管理办法》第二十八条规定，第三方交易平台经营者应当建立消费纠纷和解和消费维权自律制度。《工商行政管理部门处理消费者投诉办法》第五条规定："工商行政管理部门应当引导经营者加强自律，鼓励经营者与消费者协商和解消费纠纷。"

二、消费者组织、行业协会或者其他依法成立的调解组织调解

消费者组织调解。根据《中华人民共和国消费者权益保护法》的规定，消费者组织包括消费者协会和其他消费者组织，是依法成立的对商品和服务进行社会监督的保护消费者合法权益的社会组织，其职责之一就是受理消费者的投诉，并对投诉事项进行调查、调解。消费者和经营者发生消费者权益争议的，可以请求消费者协会或者依法成立的其他调解组织调解。

行业协会组织调解。2012 年 10 月，中国贸促会/中国国际商会电子信息行业分会电子商务调解中心获准成立，该中心被称作全国首家针对电子商务特点而成立的专门调解机构。2017 年，中国电子商务协会调解中心成立，属于电子商务行业调解组织，通过网上调解、现场调解等多种方式解决电子商务交易过程中出现的各类纠纷。

人民调解组织调解。《中华人民共和国人民调解法》规定了人民调解委员会调解制度。人民调解是指人民调解委员会通过说服、疏导等方法，促使当事人在平等协商基础上自愿达成调解协议，解决民间纠纷的活动。人民调解委员会是依法设立的调解民间纠纷的群众性组织。村民委员会、居民委员会设立人民调解委员会；企业事业单位根据需要设立人民调解委员会。经人民调解委员会调解达成调解协议的，可以制作调解协议书。当事人认为无须制作调解协议书的，可以采取口头协议方式，人民调解员应当记录协议内容。经人民调解委员会调解达成的调解协议，具有法律约束力，当事人应当按照约定履行。经人民调解委员会调解达成调解协议后，当事人之间就调解协议的履行或者调解协议的内容发生争议的，一方当事人可以向人民法院提起诉讼。经人民调解委员会调解达成调解协议后，双方当事人认为有必要的，可以自调解协议生效之日起三十日内共同向人民法院申请司法确认，人民法院应当及时对调解协议进行审查，依法确认调解协议的效力。人民法院依法确认调解协议有效，一方当事人拒绝履行或者未全部履行的，对方当事人可以向人民法院申请强制执行。人民法院依法确认调解协议无效的，当事人可以通过人民调解方式变更原调解协议或者达成新的调解协议，也可以向人民法院提起诉讼。

另外，电子商务平台调解对解决电子商务纠纷也发挥着重要作用。《网络交易管理办法》第二十八条规定，消费者在平台内购买商品或者接受服务，发生消费纠纷或者其合法权益受到损害时，消费者要求平台调解的，平台应当调解；消费者通过其他渠道维权的，平台应当向消费者提供经营者的真实的网站登记信息，积极协助消费者维护自身合法权益。

三、向有关部门投诉

《中华人民共和国消费者权益保护法》第三十九条规定，消费者和经营者发生消费者权益争议的，可以向有关行政部门投诉。第四十六条规定："消费者向有关行政部门投诉的，该部门应当自收到投诉之日起七个工作日内，予以处理并告知消费者。"当事人就电子商务纠纷向有关部门投诉后，有关行政部门有几种处理方式。例如，《工商行政管理部门处理消费者投诉办法》对是否受理以及受理后的调解作了详细规定。一是决定受理或者不受理。该办法第十五条规定："有管辖权的工商行政管理部门应当自收到消费者投诉之日起七个工作日内，予以处理并告知投诉人：（一）符合规定的投诉予以受理，并告知投诉人；（二）不符合规定的投诉不予受理，并告知投诉人不予受理的理由。"第十六条规定："下列投诉不予受理或者终止受理：（一）不属于工商行政管理部门职责范围的；（二）购买后商品超过保质期，被投诉人已不再负有违约责任的；（三）已经工商行政管理部门组织调解的；（四）消费者协会或者人民调解组织等其他组织已经调解或者正在处理的；（五）法院、仲裁机构或者其他行政部门已经受理或者处理的；（六）消费者知道或者应该知道自己的权益受到侵害超过一年的，或者消费者无法证实自己权益受到侵害的；（七）不符合国家法律、法规及规章规定的。"二是进行调解。工商行政管理部门在其职权范围内受理的消费者投诉属于民事争议的，实行调解制度。工商行政管理部门受理消费者投诉后，当事人同意调解的，工商行政管理部门应当组织调解。调解由工商行政管理部门工作人员主持。经当事人同意，工商行政管理部门可以邀请有关社会组织以及专业人员参与调解。经调解达成协议后，当事人认为有必要的，可以按照有关规定共同向人民法院申请司法确认。

电子商务涉及部门较多，电子商务法并没有明确规定主管部门，而是确立了各司其职的监管体制。发生纠纷后，消费者有可能不知道向哪个部门投诉或者投诉后遭遇推诿，这是实际生活中向有关部门投诉容易遭遇的难题。

四、仲裁

《中华人民共和国消费者权益保护法》第三十九条规定，消费者和经营者发生消费者权益争议的，可以根据与经营者达成的仲裁协议提请仲裁机构仲裁。《中华人民共和国仲裁法》第二条规定："平等主体的公民、法人和其他组织之间发生的合同纠纷和其他财产权益纠纷，可以仲裁。”第四条规定：“当事人采用仲裁方式解决纠纷，应当双方自愿，达成仲裁协议。没有仲裁协议，一方申请仲裁的，仲裁委员会不予受理。”第五条规定：“当事人达成仲裁协议，一方向人民法院起诉的，人民法院不予受理，但仲裁协议无效的除外。”采取仲裁方式解决纠纷，前提是电子商务经营者和消费者之间存在有效的仲裁协议。

五、提起诉讼

诉讼是通过人民法院解决纠纷。一是当事人直接向人民法院提起诉讼。二是公益诉讼。《中华人民共和国消费者权益保护法》第四十七条规定：“对侵害众多消费者合法权益的行为，中国消费者协会以及在省、自治区、直辖市设立的消费者协会，可以向人民法院提起诉讼。”在诉讼方面的一个创新是互联网法院的设立。2017 年 6 月，中央全面深化改革领导小组第三十六次会议审议通过了《关于设立杭州互联网法院的方案》，2017 年 8 月 18 日，杭州互联网法院正式揭牌，成为中国首家互联网法院。设立杭州互联网法院，是司法主动适应互联网发展大趋势的一项重大制度创新。2018 年 7 月 6 日，中央全面深化改革委员会第三次会议审议通过了《关于增设北京互联网法院、广州互联网法院的方案》。2018 年 9 月 9 日，北京互联网法院挂牌成立。

自 2018 年 9 月 7 日起施行的《最高人民法院关于互联网法院审理案件若干问题的规定》（法释〔2018〕16 号），规定了互联网法院审理案件相关问题。在管辖范围上，规定北京、广州、杭州互联网法院集中管辖所在市的辖区内应当由基层人民法院受理的下列第一审案件：（1）通过电子商务平台签订或者履行网络购物合同而产生的纠纷；（2）签订、履行行为均在互联网上完成的网络服务合同纠纷；（3）签订、履行行为均在互联网上完成的金融借款合同纠纷、小额借款合同纠纷；（4）在互联网上首次发表作品的著作权或者邻接权权属纠纷；（5）在互联网上侵害在线发表或者传播作品的著作权或者邻接权而产生的纠纷；（6）互联网域名权属、侵权及合同纠纷；（7）在互联网上侵害他人人身权、财产权等民事权益而产生的纠纷；（8）通过电子商务平台购买的产品，因存在产品缺陷，侵害他人人身、财产权益而产生的产品责任纠纷；（9）检察机关提起的互联网公益诉讼案件；（10）因行政机关作出互联网信息服务管理、互联网商品交易及有关服务管理等行政行为而产生的行政纠纷；（11）上级人民法院指定管辖的其他互联网民事、行政案件。该司法解释还规定了审理方式、送达等问题。

第六十一条　消费者在电子商务平台购买商品或者接受服务，与平台内经营者发生争议时，电子商务平台经营者应当积极协助消费者维护合法权益。

【本条主旨】

本条是关于电子商务平台经营者协助消费者维护合法权益的规定。

【条文精释】

考虑到电子商务平台经营者掌握着平台内经营者、消费者的身份信息、交易信息等，并依据平台协议对平台内经营者实施一定的管理，本条规定了电子商务平台经营者协助消费者维护合法权益的义务。在电子商务法之前也有类似规定，《网络交易管理办法》第二十八条规定："第三方交易平台经营者应当建立消费纠纷和解和消费维权自律制度。消费者在平台内购买商品或者接受服务，发生消费纠纷或者其合法权益受到损害时，消费者要求平台调解的，平台应当调解；消费者通过其他渠道维权的，平台应当向消费者提供经营者的真实的网站登记信息，积极协助消费者维护自身合法权益。"《第三方电子商务交易平台服务规范》规定，消费者在网络交易平台购买商品或者接受服务，发生消费纠纷或者其合法权益受到损害的，平台经营者应当向消费者提供站内经营者的真实的网站登记信息，积极协助消费者维护自身合法权益。

消费者与平台内经营者发生争议时需要平台经营者协助，包括提供平台内经营者信息、交易记录，主持调解、协助执行等。消费者需要获知平台内经营者的真实名称、地址和有效联系方式等信息。争议发生后，消费者可以通过调解、仲裁、诉讼等多种渠道维护自身合法权益，但进入这些程序的前提是需要有明确的相对人。例如，《工商行政管理部门处理消费者投诉办法》第十一条规定，消费者投诉应当有明确的被投诉人和具体的投诉请求、事实和理由。《中华人民共和国民事诉讼法》第一百一十九条规定，起诉必须有明确的被告。网络交易具有虚拟性的特点，对确定交易当事人的身份有很大影响，消费者如果在这个环节遇到困难，相关程序难以进行下去。本法第二十七条规定，电子商务平台经营者应当要求申请进入平台销售商品或者提供服务的经营者提交其身份、地址、联系方式、行政许可等真实信息，进行核验、登记，建立登记档案，并定期核验更新。《网络交易管理办法》第三十条规定，平台内经营者的营业执照或者个人真实身份信息记录保存时间从经营者在平台的登记注销之日起不少于两年。因此，在发生消费纠纷的时候，电子商务平台经营者应当依法向消费者提供平台内经营者的真实名称、地址和有效联系方式等信息。根据《中华人民共和国消费者权益保护法》第四十四条规定，消费者通过网络交易平台购买商品或者接受服务，其合法权益受到损害的，可以向销售者或者服务者要求赔偿。网络交易平台提供者不能提供销售者或者服务者的真实名称、地址和有效联系方式的，消费者也可以向网络交易平台提供者要求赔偿。

第六十二条　在电子商务争议处理中，电子商务经营者应当提供原始合同和交易记录。因电子商务经营者丢失、伪造、篡改、销毁、隐匿或者拒绝提供前述资料，致使人民法院、仲裁机构或者有关机关无法查明事实的，电子商务经营者应当承担相应的法律责任。

【本条主旨】

本条是关于电子商务经营者在争议处理中提供原始合同和交易记录的规定。

【条文精释】

电子商务交易是交易双方当事人利用信息技术完成的商品或者服务交易活动。经营者利用技术手段保存了交易过程中的各项数据，包括登记注册数据、浏览数据、交易数据、聊天数据、信用数据、争议和投诉数据等。在这些数据中，原始合同和交易记录是争议解决的关键证据，需要由电子商务经营者及时向争议解决机构提供。

相关法律法规主要规定了电子商务平台经营者留存相关记录的内容。电子商务法第三十一条规定："电子商务平台经营者应当记录、保存平台上发布的商品和服务信息、交易信息，并确保信息的完整性、保密性、可用性。商品和服务信息、交易信息保存时间自交易完成之日起不少于三年；法律、行政法规另有规定的，依照其规定。"第五十三条规定，电子支付服务提供者应当向用户免费提供对账服务以及最近三年的交易记录。《网络交易管理办法》第三十条规定，第三方交易平台经营者应当审查、记录、保存在其平台上发布的商品和服务信息内容及其发布时间。交易记录等其他信息记录备份保存时间从交易完成之日起不少于两年。同时，电子商务经营者包括电子商务平台经营者、平台内经营者以及通过自建网站、其他网络服务销售商品或者提供服务的电子商务经营者，他们都负有提供相关资料的义务。

"因电子商务经营者丢失、伪造、篡改、销毁、隐匿或者拒绝提供上述资料，致使人民法院、仲裁机构或者有关机关无法查明事实的，电子商务经营者应当承担相应的法律责任。"理解该规定，需要注意以下几点：

第一，丢失、伪造、篡改、销毁、隐匿或者拒绝提供原始合同和交易记录须是由于电子商务经营者的原因造成的。原始合同和交易记录可能因不可抗力原因毁损、灭失，在法律上也并非要求电子商务经营者无限期保存，如果丢失、销毁不是因电子商务经营者的过错或违反行为造成的，其可以不必承担责任。

第二，电子商务经营在"致使人民法院、仲裁机构或者有关机关无法查明事实"的情况下承担责任。需要注意的是，此规定是电子商务法规定的承担责任的前提条件之一，但并不排除其他法律法规规定电子商务经营者因丢失、伪造、篡改、销毁、隐匿或者拒绝提供原始合同和交易记录而承担相关责任。例如，《中华人民共和国网络安全法》规定，关键信息基础设施的运营者应当对重要系统和数据库进行容灾备份；关键信息基础设施的运营者不履行该义务的，由有关主管部门责令改正，给予警告；拒不改正或者导致危害网络安全等后果的，处十万元以上一百万元以下罚款，对直接负责的主管人员处一万元以上十万元以下罚款。

第三，“相应的法律责任”包括民事、行政、刑事等多种责任。本条规定了电子商务经营者提供原始合同和交易记录的义务。消费者与经营者发生纠纷，如果电子平台经营者不能依法提供材料，消费者可以向其要求赔偿；如果平台内经营者不能依法提供材料，应当承担不利的仲裁、诉讼结果。根据《网络交易管理办法》的规定，第三方交易平台经营者没有按照规定审查、记录、保存在其平台上发布的商品和服务信息内容及其发布时间以及备份保存交易记录等其他信息记录的，予以警告，责令改正，拒不改正的，处以一万元以上三万元以下的罚款。根据《中华人民共和国民事诉讼法》第一百一十一条的规定，诉讼参与人或者其他人伪造、毁灭重要证据，妨碍人民法院审理案件的，人民法院可以根据情节轻重予以罚款、拘留；构成犯罪的，依法追究刑事责任。

第六十三条　电子商务平台经营者可以建立争议在线解决机制，制定并公示争议解决规则，根据自愿原则，公平、公正地解决当事人的争议。

【本条主旨】

本条是鼓励电子商务平台经营者建立争议在线解决机制的规定。

【条文精释】

争议在线解决机制，英文缩写为“ODR”（Online Dispute Resolution），是指利用互联网解决电子商务纠纷的一种方式，包括在线和解、调解、仲裁等。电子商务利用互联网进行，具有跨地域、跨国界以及当事人不进行面对面沟通的特点，传统的争议解决方式面临成本、法律适用等方面的问题，很难适应电子商务发展的新需要，争议在线解决机制应运而生，其具有高效、节约、便捷等特点。

电子商务发达的国家和地区，如美国和欧盟都积极推动争议在线解决机制的推广应用。欧盟《电子商务指令》还专门规定成员国的法律不应妨碍消费者通过各种法院外途径包括电子方式解决纠纷。2013 年出台了《欧盟消费者在线争议解决条例》。

联合国国际贸易法委员会（贸易法委员会）在 2016 年第四十九届会议上最后审定通过了《关于网上争议解决的技术指引》，尽管该指引无约束力，但反映了网上争议解决程序的各项要素，对推动网上争议解决具有积极指导意义。指引确立的主要框架如下：一是网上解决平台和网上解决管理人。要求必须有一套以确保数据安全的方式生成、发送、接收、存储、交换或以其他手段处理通信的系统，这种系统称作“网上解决平台”。执行网上解决平台管理和协调功能的实体称作“网上解决管理人”。网上解决管理人可以独立于网上解决平台，也可以是平台的组成部分。二是程序。网上解决程序的过程包括谈判、协助下调解、第三（最后）阶段。第一阶段可以是当事人之间经由网上解决平台进行谈判。如果谈判过程未果（即未能就申请事宜达成和解），程序可进入第二阶段，在这一阶段指定一位中立人，由其与各方当事人沟通，设法达成和解。中立人拥有处理有关争议的相关专业经验和争议解决技巧，网上解决中立人不一定必须是律师。如果协助下调解未果，可以启动网上解决程序的第三阶段，即最后阶段。网上解决管理人或中立人向当事人告知最后阶段的性质以及这一阶段可能采取的形式。

国际上 ODR 平台多为独立与电子商务经营者之外的平台，我国目前也有相关平台，但总体来说规模不大，处理的纠纷也不多。我国目前的在线纠纷解决机制，主要是电子商务平台经营者为了处理本平台内部交易纠纷而建立的，例如，淘宝网建立了“大众评审”制度，由买卖双方组成大众评审团解决相关纠纷。

本条规定电子商务平台经营者可以建立争议在线解决机制，有利于充分发挥电子商务平台经营者在平台治理中的作用，减轻国家在矛盾化解方面的压力。电子商务平台经营者建立的争议在线解决机制保持权威性、公正性和有效性，需要处理好以下几个问题：一是制定并公示争议解决规则，确保公开透明，且不能违反法律强制性规定；二是坚持自愿原则，电子商务平台经营者的争议在线解决机制本质上属于调解行为，应当以自愿原则为前提。电子商务平台经营者特别是规模较大的平台经营者，对平台内经营者虽有较强的控制力和影响力，但也不能强迫平台内经营者接受处理结果。

第五章　电子商务促进

第六十四条　国务院和省、自治区、直辖市人民政府应当将电子商务发展纳入国民经济和社会发展规划，制定科学合理的产业政策，促进电子商务创新发展。

【本条主旨】

本条是国家关于电子商务促进措施的规定。

【条文精释】

一、将电子商务发展纳入国民经济和社会发展规划

国民经济和社会发展规划是指全国或者某一地区经济、社会发展的总体纲要，是具有战略意义的指导性文件，国民经济和社会发展规划统筹安排和指导全国或某一地区的社会、经济、文化建设工作。

2006 年 5 月，中共中央办公厅、国务院办公厅印发了《2006—2020 年国家信息化发展战略》，其中包括推进社会信息化、完善综合信息基础设施、提高国民信息技术应用能力、造就信息化人才队伍等战略重点和国民信息技能教育培训计划、电子商务行动计划、缩小数字鸿沟计划等战略计划。

2008 年 4 月，中共中央办公厅、国务院办公厅印发了《国民经济和社会发展信息化“十一五”规划》，提出要放宽市场准入，加强政策引导，鼓励社会资金参与信息化建设；营造良好的财税政策环境，鼓励社会资金投向信息资源公益性开发以及公共信息服务平台建设。

在《中华人民共和国国民经济和社会发展第十二个五年规划纲要》中

明确："推动经济社会各领域信息化。积极发展电子商务，完善面向中小企业的电子商务服务，推动面向全社会的信用服务、网上支付、物流配送等支撑体系建设。"

《中华人民共和国国民经济和社会发展第十三个五年规划纲要》又进一步将"拓展网络经济空间"作为单独一篇，提出要发展现代互联网产业体系，促进互联网深度广泛应用，带动生产模式和组织方式变革，形成网络化、智能化、服务化、协同化的产业发展新形态。

此外，我国针对电子商务发展先后制定了《电子商务发展"十一五"规划》、《电子商务"十二五"发展规划》和《电子商务"十三五"发展规划》。

2016年的《电子商务"十三五"发展规划》全面总结了"十二五"期间电子商务发展取得的成果，分析了"十三五"期间电子商务发展面临的机遇和挑战，明确了电子商务发展的指导思想、基本原则和发展目标，提出了电子商务发展的5大主要任务、17项专项行动和6条保障措施。

二、产业政策

产业政策是指国家制定的，引导国家产业发展方向、引导推动产业结构升级、协调国家产业结构、促使国民经济健康可持续发展的相关政策。国家近年来不断加大对电子商务行业的政策扶持力度，并相应制定了多项战略规划和产业政策。

2005年，国务院办公厅出台了《关于加快电子商务发展的若干意见》，这是我国第一部国家层面的电子商务产业政策；该文件的第七部分对电子商务立法作出了系统的规划："（七）推动电子商务法律法规建设。认真贯彻实施《中华人民共和国电子签名法》，抓紧研究电子交易、信用管理、安全认证、在线支付、税收、市场准入、隐私权保护、信息资源管理等方面的法律法规问题，尽快提出制定相关法律法规的意见；根据电子商务健康有序发展的要求，抓紧研究并及时修订相关法律法规；加快制订在网上开展相关业务的管理办法；推动网络仲裁、网络公证等法律服务与保障体系建设；打击电子商务领域的非法经营以及危害国家安全、损害人民群众切身利益的违法犯罪活动，保障电子商务的正常秩序。"

2012年2月，国家发展和改革委员会、财政部、商务部等8部委办公厅共同发布了《关于促进电子商务健康快速发展有关工作的通知》，为22个电子商务示范城市提供试点指导。

2013年4月，国家发展和改革委员会、财政部、农业部等13部委（局）办公厅共同发布了《关于进一步促进电子商务健康快速发展有关工作的通知》，继续加快完善支持电子商务创新发展的法规政策环境，决定推动电子商务企业会计档案电子化试点、加快网络（电子）发票推广与应用等工作。

2013年8月，国务院办公厅针对跨境电子商务B2C方式在通关、商检、结汇、退税、统计等方面存在的问题，转发商务部、发展改革委、人民银行、海关总署等9个部门《关于实施支持跨境电子商务零售出口有关政策的意见》，将跨境电子商务零售出口纳入海关的出口贸易统计，提出了对跨境电子商务零售出口的支持政策以及出口检验、收结汇等6项具体措施。

2013年10月，商务部发布了《商务部关于促进电子商务应用的实施意见》，提出引导网络零售健康快速发展、加强农村和农产品电子商务应用体系建设、支持城市社区电子商务应用体系建设等10项重点任务。

2015年，国务院发布《国务院关于大力发展电子商务加快培育经济新动力的意见》，并陆续出台《国务院关于积极推进“互联网+”行动的指导意见》《国务院办公厅关于促进跨境电子商务健康快速发展的指导意见》《国务院办公厅关于推进线上线下互动加快商贸流通创新发展转型升级的意见》等政策措施；此后，国家发展和改革委员会2017年1月发布的《战略性新兴产业重点产品和服务指导目录》、商务部2017年1月发布的《关于进一步推进国家电子商务示范基地建设工作的指导意见》等文件都规定了促进我国电子商务发展的重要产业政策，在我国电子商务发展过程中起到了非常重要的作用。

三、促进创新发展

在政策的基本取向和政策环境营造方面，面对电子商务这一全新事物，过去十多年来我国政府治理的基本经验是：尊重互联网创业者的创新精神，相信和依靠电子商务市场的自我管理与净化能力；秉持“先发展、后管理、在发展中逐步规范”的思路，致力于营造一个较为宽松的政策环境。

在1996年联合国国际贸易法委员会制定《电子商务示范法》时，明确了法律对电子商务的几个基本原则，包括非歧视、技术中立和功能等同原则，还有一个非常重要的原则，就是最小干预原则。最小干预原则强调政府对于电子商务的发展要避免不必要的干预和过多干预，将干预降至最低。

我国在2008年以前的电子商务发展中，不管我们的管理部门是主动意识到了这点还是没有意识到这个领域的重要性，事实上确实形成了“最小干预”的局面。再加之互联网自身的灵活多变性，大量基于互联网的电子商务新商业模式不断涌现，如个人网商、网货品牌、网络代购、团购、第三方交易平台、第三方支付，等等，极大地活跃和丰富了我国的电子商务应用，组成了极富能量的新的网络化的商业基础设施。

第六十五条　国务院和县级以上地方人民政府及其有关部门应当采取措施，支持、推动绿色包装、仓储、运输，促进电子商务绿色发展。

【本条主旨】

本条是关于促进电子商务绿色发展的规定。

【条文精释】

近年来，随着电子商务的快速发展，电商物流规模不断扩大，快递包裹量大幅增大。据国家邮政局统计数据显示，2017年全国快递服务企业业务量累计完成400.6亿件，同比增长28%，电商包裹的占比达到7成以上。目前，电子商务领域应用较多的快递包装主要是包装箱、塑料袋、胶带、编织袋、内部缓冲物等。这些包装物或者不能循环利用，或者不可降解，或者被过度使用，或者被消费者随意丢弃，不仅给生态环境带来极大的破坏，而且造成了严重的资源浪费，与我国近年来坚持强调的绿色、可持续发展的理念不符。

习近平总书记在党的十八届五中全会提出了“创新”“协调”“绿色”“开放”“共享”五大发展理念，为电子商务领域的绿色发展指明了方向。

为此，本法设置专条对促进电子商务绿色发展的各环节作出规定，要求国务院和县级以上地方人民政府及其有关部门采取有效措施支持、推动绿色包装、仓储、运输的发展，以期实现电子商务产业的绿色发展。

为推动、促进电子商务产业的绿色发展，各级人民政府应当加强监督力度，实现对电商包装、仓储、运输行业的全流程监管，严格执法，对违反环境保护法律法规的行为进行处置，同时应当与行业协会合作进一步完善行业标准，建立与产业发展相适应的绿色包装、仓储、运输的标准化体系，并根据实际情况不断更新完善。

徒法不足以自行。各级政府部门应积极作为，加大环保宣传力度，提高全社会对绿色发展的认识，为绿色发展创造良好的社会舆论和环境氛围。从事电子商务包装、仓储、运输的经营主体应提升环保意识、采取环保措施，承担社会责任，保护好我们赖以生存的绿色家园。

第六十六条　国家推动电子商务基础设施和物流网络建设，完善电子商务统计制度，加强电子商务标准体系建设。

【本条主旨】

本条是关于促进电子商务产业发展基础建设的规定。

【条文精释】

一、电子商务基础设施和物流网络建设

为了实现立法确定的促进电子商务发展的目标，本法明确了国家在促进发展层面应采取的措施，国家推动电子商务基础设施的建设，具体包括电子通信基础设施、物流快递基础设施、电子支付基础设施、电子商务信用体系等。

电子商务的物流是指物流企业采用网络化的计算机技术和现代化的硬件设备、软件系统及先进的管理手段，针对社会需求，按用户的订货要求，进行一系列分类、编码、整理、配货等工作，交给各类用户，满足其对商品的需求。这种新型的物流模式带来了流通领域的巨大变革，越来越多的企业开始积极搭乘电子商务快车，采用电子商务物流模式。

快递是电子商务物流网络的重要组成部分，发挥着至关重要的作用。快递物流服务是电子商务链条上不可或缺的环节，是信息流、商品流和资金流最终实现的根本保证，将商品或者服务真正转移到消费者手中，解决了电子商务“最后一公里”的问题。快递服务是实现和完成电子商务交易价值的支撑。因此，快递配送服务的好坏能够直接影响消费者的消费行为，进而影响整个电子商务行业的发展。

发展充分的快递物流能够很好地促进网络购物的发展，发展滞后的快递物流在相当程度上会抑制网络购物的发展。根据艾瑞咨询的数据显示，对潜在网络购物用户不下单的原因调查中，超过1/4的潜在用户因担心快递问题而未使用网络购物。网络购物旺季时，快递物流的季节性“瓶颈”等问题，也促使一些企业建立自营配送体系，直接经营快递业务。

目前我国快递市场普遍存在“小而散、多而不强”的现象。一方面是快递市场集中度低，缺少大型的领军式的主导企业，我国前4家快递企业的市场集中度还不到50%，而美国则高达90%，差距十分明显。另一方面是快递企业及业务区域分布不均衡，主要集中在东部和南部发达地区，形成了长三角、珠三角和京津冀三大重点区域，快递业务量也主要集中在东部地区，其业务量占全国总量的80%左右。而中西部地区网购产生的快递服务需求得不到充分满足，进一步加剧了快递市场“小、多、散”及区域发展不均衡所产生的需求矛盾。

根据《交通运输“十二五”发展规划》，“十二五”期间，我国公路总里程达到450万公里，国家高速公路网基本建成，覆盖90%以上的20万以上城镇人口城市，国省道总体技术状况达到良等水平；全国铁路运营里程增加至12万公里左右，其中快速铁路达到4.5万公里左右，以高速铁路为主骨架的快速铁路网按三个速度等级建设，推进在铁路客货运线路加载邮件、快件车厢，开行邮件、快件专列；航空方面，初步建成布局合理、功能完善、层次分明、安全高效的机场体系，运输机场数量达到230个以上，推动航空货运物流化；建成100个左右铁路、公路、城市交通有效衔接的综合客运枢纽，建设200个功能完善的综合性物流园区或公路货运枢纽。我国交通运输业将进一步加强构建便捷、安全、经济、高效的综合运输体系，为快递市场的发展提供强大的运输能力支持。

《电子商务“十三五”发展规划》明确提出：“支持社会化、信息化、智能化、国际化电子商务物流体系及平台建设。鼓励企业整合社会存量资源，大力发展分布式区域物流配送中心，积极探索城市共同配送、众包物流、社区自提等电子商务物流新模式。鼓励骨干快递企业拓展服务领域，健全仓储、冷链、运输、供应链管理等能力，加快向综合性快递物流运营商转型。支持应用新技术，实现库存前置、供应链协同，探索智能化仓储物流配送服务。围绕跨境电子商务对物流服务的迫切需求，加强国际港口、公路、铁路、水路等基础设施及物流资源的互联互通，打造国际电子商务物流协作体系。”

二、完善电子商务统计制度

2013 年，国家统计局对电子商务开展首次联网直报统计，以企业应用电子商务情况为统计内容，对电子商务这一新的商业模式的统计进行了积极有益的探索。以企业为切入点的电商交易统计，买卖交叉，存在重复统计，影响了全社会电商交易量统计的准确性。为此，国家统计局在充分调研、论证的基础上，为全面、准确地统计各地电子商务交易情况，自 2015 年年报开始设立“电子商务交易平台情况表”，首次从平台端通过联网直报报送统计电商交易额，调查对象为所有符合条件的电商平台，报送方式为联网直报。

根据国家统计局对电子商务平台交易的定义，纳入电子商务平台的交易统计必须符合四个条件：一是通过网络自动化的签署合同，不能仅仅是通过网络进行宣传推广，电邮、传真、黄页展示、网页填写订单等达成的交易不纳入统计；二是依靠平台完成，平台可以是计算机网络技术应用（Web）也可以是手机应用软件（App），电子商务交易平台按其参与平台活动的性质不同，分为自营平台、非自营平台和混营平台；三是发生实际的金钱交易，不涉及款项支付的交易不在统计范围内；四是指非金融交易，电子支付、银行理财、保险、股票、房地产买卖等都不在统计范围内。

电子商务平台统计主要指标有交易额、B2B + B2G、B2C + C2C 等，由国家统计局根据各省上报数据综合汇总。其中，地区电商交易额计算公式为：地区电子商务交易额=在本地平台实现电子商务交易额+在省外平台实现电子商务交易额。

三、加强电子商务标准体系建设

国务院办公厅在《国务院办公厅关于加快电子商务发展的若干意见》中提出：“（十二）建立并完善电子商务国家标准体系。提高标准化意识，充分调动各方面积极性，抓紧完善电子商务的国家标准体系；鼓励以企业为主体，联合高校和科研机构研究制订电子商务关键技术标准和规范，参与国际标准的制订和修正，积极推进电子商务标准化进程。”

电子商务标准分为两大类，包括面向商务活动的业务标准和面向支撑体系的支撑体系标准。为了保障电子商务的良性发展，我国还需要制定监督管理类标准，具体包括电子商务服务质量、发展评价和标准符合性测试等方面的内容。此外，还有一些基础技术类标准对于电子商务的实现也是不可或缺的。也就是说，电子商务标准可分为基础技术标准、业务标准、支撑体系标准和监督管理标准四大类别。

在我国电子商务迅猛发展的同时，原有的基于EDI和基于XML，并侧重于B2B数据交换技术与业务环节的一系列标准，已经远远满足不了目前我国基于互联网的不同模式的电子商务产业发展对标准的极大需求。尤其是近年来，由于标准和相关法律的缺失，导致出现大量交易欺诈、产品质量、交易安全等问题，给电子商务监管带来挑战和困难。

国家发改委、标准委和科技部以及电子商务相关管理部门也高度重视，相继出台各种政策并配套项目支持推动电子商务的健康发展。《国家发展改革委、商务部、中国人民银行、国家税务总局、国家工商行政管理总局关于开展国家电子商务示范城市创建工作的指导意见》《国家发展改革委办公厅关于组织开展国家电子商务示范城市电子商务试点专项的通知》以及国家发展和改革委员会、财政部、农业部等13个部门办公厅《关于进一步促进电子商务健康快速发展有关工作的通知》等文件明确对我国各地方、城市和企业开展电子商务提出了各种规范化发展要求，并通过启动国家电子商务示范城市建设项目贯彻落实政策的正确实施；《国家标准委办公室、国家发展改革委办公厅、商务部办公厅关于调整国家电子商务标准化总体组的通知》的发布，是为了更好地满足国家电子商务示范城市建设对电子商务标准化的需求，为我国电子商务长远健康发展而提出的重要举措。

电子商务的发展涉及产业链长、定位复杂、环节很多，因此离不开标准化的支撑。国家电子商务标准化总体组的重要职责和工作，就是组织编制国家电子商务标准体系，提出电子商务标准制订、修订计划项目建议，协调电子商务标准重大技术问题；监督和检查电子商务标准制定的质量和进度，推进电子商务标准的实施。

第六十七条　国家推动电子商务在国民经济各个领域的应用，支持电子商务与各产业融合发展。

【本条主旨】

本条是关于促进电子商务与各产业融合发展的规定。

【条文精释】

国务院发布《国务院关于大力发展电子商务加快培育经济新动力的意见》明确：

“（十二）推动传统商贸流通企业发展电子商务。鼓励有条件的大型零售企业开办网上商城，积极利用移动互联网、地理位置服务、大数据等信息技术提升流通效率和服务质量。支持中小零售企业与电子商务平台优势互补，加强服务资源整合，促进线上交易与线下交易融合互动。（商务部）推动各类专业市场建设网上市场，通过线上线下融合，加速向网络化市场转型，研究完善能源、化工、钢铁、林业等行业电子商务平台规范发展的相关措施。（有关部门按职责分工分别负责）制定完善互联网食品药品经营监督管理办法，规范食品、保健食品、药品、化妆品、医疗器械网络经营行为，加强互联网食品药品市场监测监管体系建设，推动医药电子商务发展。（食品药品监管总局、卫生计生委、商务部）”

“（十四）创新工业生产组织方式。支持生产制造企业深化物联网、云计算、大数据、三维（3D）设计及打印等信息技术在生产制造各环节的应用，建立与客户电子商务系统对接的网络制造管理系统，提高加工订单的响应速度及柔性制造能力；面向网络消费者个性化需求，建立网络化经营管理模式，发展‘以销定产’及‘个性化定制’生产方式。（工业和信息化部、科技部、商务部）鼓励电子商务企业大力开展品牌经营，优化配置研发、设计、生产、物流等优势资源，满足网络消费者需求。（商务部、工商总局、质检总局）鼓励创意服务，探索建立生产性创新服务平台，面向初创企业及创意群体提供设计、测试、生产、融资、运营等创新创业服务。（工业和信息化部、科技部）”

“（十五）推广金融服务新工具。建设完善移动金融安全可信公共服务平台，制定相关应用服务的政策措施，推动金融机构、电信运营商、银行卡清算机构、支付机构、电子商务企业等加强合作，实现移动金融在电子商务领域的规模化应用；推广应用具有硬件数字证书、采用国家密码行政主管部门规定算法的移动智能终端，保障移动电子商务交易的安全性和真实性；制定在线支付标准规范和制度，提升电子商务在线支付的安全性，满足电子商务交易及公共服务领域金融服务需求；鼓励商业银行与电子商务企业开展多元化金融服务合作，提升电子商务服务质量和效率。（人民银行、密码局、国家标准委）”

2015 年 9 月 18 日，国务院办公厅印发《国务院办公厅关于推进线上线下互动加快商贸流通创新发展转型升级的意见》。在鼓励线上线下互动创新的问题上，提出：

“（一）支持商业模式创新。包容和鼓励商业模式创新，释放商贸流通市场活力。支持实体店通过互联网展示、销售商品和服务，提升线下体验、配送和售后等服务，加强线上线下互动，促进线上线下融合，不断优化消费路径、打破场景限制、提高服务水平。鼓励实体店通过互联网与消费者建立全渠道、全天候互动，增强体验功能，发展体验消费。鼓励消费者通过互联网建立直接联系，开展合作消费，提高闲置资源配置和使用效率。鼓励实体商贸流通企业通过互联网强化各行业内、行业间分工合作，提升社会化协作水平。（商务部、网信办、发展改革委、工业和信息化部、地方各级人民政府）”

“（二）鼓励技术应用创新。加快移动互联网、大数据、物联网、云计算、北斗导航、地理位置服务、生物识别等现代信息技术在认证、交易、支付、物流等商务环节的应用推广。鼓励建设商务公共服务云平台，为中小微企业提供商业基础技术应用服务。鼓励开展商品流通全流程追溯和查询服务。支持大数据技术在商务领域深入应用，利用商务大数据开展事中事后监管和服务方式创新。支持商业网络信息系统提高安全防范技术水平，将用户个人信息保护纳入网络安全防护体系。（商务部、工业和信息化部、发展改革委、地方各级人民政府）”

“（三）促进产品服务创新。鼓励企业利用互联网逆向整合各类生产要素资源，按照消费需求打造个性化产品。深度开发线上线下互动的可穿戴、智能化商品市场。鼓励第三方电子商务平台与制造企业合作，利用电子商务优化供应链和服务链体系，发展基于互联网的装备远程监控、运行维护、技术支持等服务市场。支持发展面向企业和创业者的平台开发、网店建设、代运营、网络推广、信息处理、数据分析、信用认证、管理咨询、在线培训等第三方服务，为线上线下互动创新发展提供专业化的支撑保障。鼓励企业通过虚拟社区等多种途径获取、转化和培育稳定的客户群体。（商务部、工业和信息化部、网信办、地方各级人民政府）”

第六十八条　国家促进农业生产、加工、流通等环节的互联网技术应用，鼓励各类社会资源加强合作，促进农村电子商务发展，发挥电子商务在精准扶贫中的作用。

【本条主旨】

本条是关于促进农村电子商务发展的规定。

【条文精释】

自2014年以来，中央一号文件都对农村电子商务发展作出部署。2015年以来，国务院相继印发《国务院关于大力发展电子商务加快培育经济新动力的意见》《国务院关于积极推进“互联网+”行动的指导意见》《国务院办公厅关于促进农村电子商务加快发展的指导意见》，形成了农村电子商务发展的顶层设计。多部委积极行动，部署若干重大工程、重大计划、重大行动，推动了农村电子商务蓬勃发展。在上述政策保障下，农村电子商务发展步入快速发展期。近年来，随着农村网民数量的快速增长，农村网购市场增长迅速，农村电子商务步入快速发展阶段，并呈现集聚发展态势。2017年，全国农村实现网络零售额12448.8亿元，农村网店达985.6万家，较2016年年底增加169.3万家，增长20.7%，带动就业人数超过2800万人。

国务院发布的《国务院关于大力发展电子商务加快培育经济新动力的意见》提出："（十三）积极发展农村电子商务。加强互联网与农业农村融合发展，引入产业链、价值链、供应链等现代管理理念和方式，研究制定促进农村电子商务发展的意见，出台支持政策措施。（商务部、农业部）加强鲜活农产品标准体系、动植物检疫体系、安全追溯体系、质量保障与安全监管体系建设，大力发展农产品冷链基础设施。（质检总局、发展改革委、商务部、农业部、食品药品监管总局）开展电子商务进农村综合示范，推动信息进村入户，利用"万村千乡"市场网络改善农村地区电子商务服务环境。（商务部、农业部）建设地理标志产品技术标准体系和产品质量保证体系，支持利用电子商务平台宣传和销售地理标志产品，鼓励电子商务平台服务"一村一品"，促进品牌农产品走出去。鼓励农业生产资料企业发展电子商务。（农业部、质检总局、工商总局）支持林业电子商务发展，逐步建立林产品交易诚信体系、林产品和林权交易服务体系。（林业局）"

精准扶贫是粗放扶贫的对称，是指针对不同贫困区域环境、不同贫困农户状况，运用科学有效程序对扶贫对象实施精确识别、精确帮扶、精确管理的治贫方式。

"精准扶贫"思想的最早提出，是2013年11月习近平总书记到湖南湘西考察时，首次作出了"实事求是、因地制宜、分类指导、精准扶贫"的重要指示。2014年1月，中央办公厅详细规制了精准扶贫工作模式的顶层设计，推动了"精准扶贫"的落地。2014年3月，习近平总书记参加两会代表团审议时强调，要实施精准扶贫，瞄准扶贫对象，进行重点施策，进一步阐释了精准扶贫理念。2015年1月，习近平总书记新年将首个调研地点选择在云南，强调坚决打好扶贫开发攻坚战，加快民族地区经济社会发展。5个月后，总书记来到与云南毗邻的贵州省，强调要科学谋划好

“十三五”时期扶贫开发工作，确保贫困人口到2020年如期脱贫，并提出扶贫开发“贵在精准，重在精准，成败之举在于精准”。

2015年10月16日，习近平总书记在“2015减贫与发展高层论坛”上强调，中国扶贫攻坚工作实施精准扶贫方略，增加扶贫投入，出台优惠政策措施，坚持中国制度优势，注重六个精准，坚持分类施策，因人因地施策，因贫困原因施策，因贫困类型施策，通过扶持生产和就业发展一批，通过易地搬迁安置一批，通过生态保护脱贫一批，通过教育扶贫脱贫一批，通过低保政策兜底一批，广泛动员全社会力量参与扶贫。

2016年10月，中央网信办、国家发展改革委、国务院扶贫办联合印发《网络扶贫行动计划》（以下简称“行动计划”），行动计划提出：大力发展农村电子商务。鼓励电商平台为贫困地区开设扶贫频道，降低电商平台与贫困地区的合作门槛，开设特色农产品网上销售平台，推进网上“一村一品”产业行动工程。推动电子商务进农村综合示范政策向国家级贫困县倾斜，到2019年，实现对全国所有国家级贫困县的全覆盖。鼓励当地电信运营商、交通、商贸、金融、邮政、供销等各类社会资源加强合作，协调有关机构免费提供域名资源，支持地方利用已有资源构建电子商务平台。健全农村电子商务服务体系，支持各类农村电子商务运营网点积极吸收农村贫困人口、妇女、残障人士等就业。加快建设完善贫困地区物流服务网络和设施，支撑贫困地区电子商务发展。

2018年6月15日，《中共中央、国务院关于打赢脱贫攻坚战三年行动的指导意见》中明确：“实施电商扶贫，优先在贫困县建设农村电子商务服务站点。继续实施电子商务进农村综合示范项目。动员大型电商企业和电商强县对口帮扶贫困县，推进电商扶贫网络频道建设。”

第六十九条　国家维护电子商务交易安全，保护电子商务用户信息，鼓励电子商务数据开发应用，保障电子商务数据依法有序自由流动。

国家采取措施推动建立公共数据共享机制，促进电子商务经营者依法利用公共数据。

【本条主旨】

本条是关于促进电子商务数据开放应用和公共数据共享机制建立的规定。

【条文精释】

本条第一款是促进电子商务数据开发应用的规定。大数据以容量大、类型多、存取速度快、应用价值高为重要特征，由此，数据和劳动力、资本一样成为国家发展的基础性资源要素。大数据时代，数据的重要性凸显，电子商务活动的各方主体对数据的开放利用、对电子商务产业的发展具有重要的作用。我国在电子商业的发展上与发达国家比肩，在大数据发展和应用方面具备一定的基础，拥有市场优势和发展潜力，鼓励电子商务数据开发应用有助于电子商务产业的快速发展。但在发展过程中需要注意维护数据信息安全：首先，要保障交易信息的安全；其次，要保障交易当事人人身和财产安全，保障个人信息安全。

人类正在步入大数据时代。云计算、移动互联网等网络技术的发展和应用，使得海量数据的产生、收集、存储、流转和使用成为当前社会信息化进程的新常态。云计算技术的发展推动数据规模扩张与数据处理能力的急速成长，互联网尤其是移动互联的快速普及，使得数据呈现出来源广、数量巨大、来源分散、格式多样等特点。大数据时代的到来深刻改变世界，无论是政府治理、社会治理，还是商业生态变革、万众创新、创业，数据资源已经成为新的生产要素，成为国际竞争中的基础性和战略性的资源。数据规模的急剧扩张正在改变世界、改变你我。2015 年 8 月，国务院发布《促进大数据发展行动纲要》，明确提出："数据已成为国家基础性战略资源，大数据正日益对全球生产、流通、分配、消费活动以及经济运行机制、社会生活方式和国家治理能力产生重要影响。"

本条第二款是关于促进公共数据开放的规定。电子商务产业发展在数据开发利用层面的首要障碍，在于政府公共数据信息的开放共享机制不透明，经营者和消费者在进行交易活动时，很难对交易相对方提供的身份信息、资质信息等对交易真实性、可靠性和安全性有重大影响的信息进行验证。实现公共数据资源的开放，是政府提高治理能力和治理水平的一项重要工作。目前政府掌握着80%的数据，但是数据呈现碎片化和孤岛化，尚未构建完善的数据分享与开放机制。大数据时代需要数据治理，而数据治理则要求开放数据。政府各部门信息平台正在加快整合，综合运用，推进数据资源向社会开放。例如，有关部门正在推进人口、法人、商标和产品质量等信息资源向电子商务企业和信用服务机构开放，逐步降低查询及利用成本。在依法加强安全保障和隐私保护的前提下，稳步推动公共数据资源开放，保护与促进电子商务各方主体相关信息的交换共享。电子商务活动的各方主体应充分利用政府公开的公共数据库，以及自身在经营过程中所积累的数据资源开展经营活动。在数据开放、交换和保护的过程中，应注意保护数据涉及的国家秘密、商业秘密和个人信息，不得危害国家安全、公共安全和损害他人的合法权益。

第七十条　国家支持依法设立的信用评价机构开展电子商务信用评价，向社会提供电子商务信用评价服务。

【本条主旨】

本条是关于电子商务信用评价体系建设的规定。

【条文精释】

市场经济是信用化的商品经济，信用是市场经济的基础和生命线，特别是在经济进入全球化的过程中，信用是进入国际市场的通行证。电子商务作为一种商业活动，信用同样是其存在和发展的基础。电子商务和信用服务都是发展很快的新兴领域，市场前景广阔。从二者的关系来看，一方面，电子商务需要信用体系；另一方面，信用体系有可能最先在电子商务领域取得广泛的应用并体现其价值。因为电子商务对信用体系的需求最强，没有信用体系支持的电子商务风险极高，不堪设想；而在电子商务的基础上又很容易建立信用体系，电子商务的信息流、资金流、物流再加上相关认证信息四者相互呼应交叉形成一个整体，在这整体之上，只要稍加整合分析，进行技术，处理，就可以建立信用体系，并且该信用体系对电子商务是可控的。所以，整合电子商务与信用体系，或者建立电子商务的信用体系，就成为一种需求，一个目标，一项任务。

长期以来，对于如何规范电子商务活动，人们确立了几种基本模式，包括技术手段、行政管理、法律制裁与信用保障。在电子商务和网络发展的初期，人们更多地偏重于从技术上进行规范，如加密、认证等安全措施，都是以技术为核心的。但很快人们就认识到了过于依赖技术手段解决电子商务中的问题的弊端，开始更多地考虑行政管理和法律制裁。而信用保障与技术手段、行政管理、法律制裁相比，又具有十分鲜明的特点，那就是从一定意义上看，信用保障主要是创造一种可信赖的商业环境，尤其是与法律制裁相比较，它既是一种“软环境”，具有法律制裁所难以具备的防患于未然的功效，又不会面临技术手段所难以解决的交易的安全性与便捷性的矛盾。电子商务的生命就在于其快速和便捷，如果过多地利用技术手段和行政干预手段对网上交易进行管理，虽然可以在一定程度上增加安全性，但同时也影响了网络交易方便快捷的优势。在规范电子商务活动的四种主要措施技术手段、行政管理、法律制裁与信用保障中，信用体系可以说是一种最为灵活、最有可能与电子商务本身实现良性互动的制度，可以无处不在却同时能做到大象无形，体现信用治理的柔性和隐性。由于电子商务与信用体系基于诚信基础上的一致性，能够做到无缝连接。这种无缝连接所带来的效率和便捷，正是电子商务发展所需要的。应该说，信用体系与行政管理、法律制裁，是相互补充、互为作用的，前者更注重内生动力。

加快网络市场信用体系建设，建设可信交易环境，建立健全网络经营者信用评价体系，既是打造诚实守信、公平竞争的网络交易秩序的关键，也是促进电子商务健康发展的必然选择。由于我国整体信用体系的建设落后于电子商务产业的发展，为了保障电子商务交易的顺利开展，本条明确规定支持依法设立的信用评价机构建立信用评价体系，提供信用评价服务。

国务院办公厅在《国务院办公厅关于加快电子商务发展的若干意见》中规定：“（十）加快信用体系建设。加强政府监管、行业自律及部门间的协调与联合，鼓励企业积极参与，按照完善法规、特许经营、商业运作、专业服务的方向，建立科学、合理、权威、公正的信用服务机构；建立健全相关部门间信用信息资源的共享机制，建设在线信用信息服务平台，实现信用数据的动态采集、处理、交换；严格信用监督和失信惩戒机制，逐步形成既符合我国国情又与国际接轨的信用服务体系。”

电子商务法本条规定的“依法设立”是指从事电子商务信用评价的机构应当符合国务院2013年颁布的《征信业管理条例》的规定，该条例第六条规定，设立经营个人征信业务的征信机构，应当符合《中华人民共和国公司法》规定的公司设立条件，并经国务院征信业监督管理部门批准。

第七十一条　国家促进跨境电子商务发展，建立健全适应跨境电子商务特点的海关、税收、进出境检验检疫、支付结算等管理制度，提高跨境电子商务各环节便利化水平，支持跨境电子商务平台经营者等为跨境电子商务提供仓储物流、报关、报检等服务。

国家支持小型微型企业从事跨境电子商务。

【本条主旨】

本条是国家促进跨境电子商务发展的具体规定。

【条文精释】

一、关于跨境电子商务

跨境电子商务是指交易电子商务当事人以数据电文形式，通过互联网等信息网络，开展跨越中华人民共和国关境交易的一种国际商业活动。从进出境货物流向划分，可分为跨境电子商务出口和跨境电子商务进口；按交易主体划分，我国跨境电子商务主要分为企业对企业（B2B）、企业对消费者（B2C）、消费者对消费者（C2C）的模式；按照企业功能划分，我国跨境电子商务企业可以分为交易类跨境电子商务企业和平台类跨境电子商务企业。

跨境电子商务在对外贸易中逐渐发挥出重要作用。联合国经济合作和发展组织认为全球跨境电子商务发展呈现出：(1) 传统强国仍居主导地位；(2) 新兴市场快速增长；(3) 跨境电子商务潜力巨大等特征。

当前我国跨境电子商务发展主要呈现出如下特征：

1. 跨境电子商务市场交易规模迅速扩张。根据有关数据显示，近几年我国跨境电子商务发展迅猛。中国企业跨境电子商务的进口商品主要包括：奶粉等食品以及化妆品等奢侈品，规模还较小；出口商品主要有服装、饰品、小家电、数码产品等消费品，规模较大且增速较快。

2. 跨境电子商务出口去向分布由集中走向均衡。我国跨境电子商务的商品主要出口到美国、英国、德国、澳大利亚等发达国家和地区。近年来随着中国经济的发展，我国跨境电商的海外市场不再局限于传统的欧美日市场，对俄罗斯、巴西、印度等新兴市场的交易额大幅提升，尤其是中俄双边贸易在电子商务领域更是取得了突出成绩。

3. 跨境电子商务的产品和地区分布集中。由于跨境电商产品多通过国际航空物流配送，要求产品具有潜在的减少物流负担的特性，主要产品集中在服装服饰、手机通信、计算机网络、美容保健等类别。在地区分布上，集中在东南沿海地区经济发达地区和大城市。广东、福建、江浙沪地区以及北京，跨境电子商务的各项指标都整体领先于中西部地区。

4. 跨境电子商务进出口贸易结构失衡。从跨境电商进口、出口结构分布情况来看，近年来绝大多数的交易规模由出口电商贡献，进口电商比重较低。目前，制约中国进口电商发展的因素除了政策法律环境和消费者习惯外，主要涉及跨境物流、关税、支付安全、诚信体系及售后保障等基础环节，这些亟待完善和加强。

二、提高跨境电子商务各环节便利化水平

目前，跨境电子商务企业对通关手续简便、高效的需求并未得到完全满足，主要表现是：

1. 出口退税问题并未彻底解决。虽然海关提出了“清单核放，汇总申报”的模式，但目前对跨境电子商务出口退税管理，参照的是一般贸易企业出口退税政策，要求出口人具备一般纳税人资格，同时取得“合法有效的进货凭证”，报关单证明联的商品项要与企业进货发票上的商品项一一对应。对于出口小微企业和个人而言，或者很难达到这些条件，或者手续极为烦琐，导致目前占出口电子商务企业比例较高的个人和小微企业无法取得退免税资格。同时小微电子商务企业与大型电子商务企业的退免税需求也有明显不同，小微电子商务企业的出口货物大部分采购于市场，没有取得增值税发票，根据《财政部、国家税务总局关于跨境电子商务零售出口税收政策的通知》（财税〔2013〕96号）规定，出口电子商务企业要想享受增值税、消费税免税政策，必须提供合法有效的进货证明（进项税发票），这就要求电子商务企业在退税之前先缴税，出现了电子商务业界所说的“不退反征”的情形。

2. 保税进口商品依然面临检验检疫难题。目前各管理部门对跨境电子商务进口商品的性质认定存在不同的判断标准。部分试点城市的检验检疫部门根据现行有效的法律法规的规定，要求入驻电子商务经营者提供进境检疫审批许可、输出国或地区官方出具的检疫证书和原产地证、品牌授权或销售授权、食品和化妆品网购保税进口保证书等，客观上在一定程度上提高了跨境试点电子商务经营者的入驻门槛；另外涉及法定检验检疫商品的种类过多，费用过高、检验时间过长，在一定程度上影响了经营者参与跨境电子商务的积极性。

3. 电子清单的效力互认问题迫在眉睫。电子商务在整个交易过程中实现了无纸化。海关在跨境电子商务试点中，依托电子技术用网络手段审核和采集电子数据，通过“电子订单”“电子支付凭证”“电子运单”三单信息与电子清单报关数据的自动比对，实现无纸化监管。但目前在其他主管部门并未对电子清单报关数据的效力状态形成互认，电子商务企业在通过电子清单完成出口申报并经海关审核通过后，还须汇总申报形成传统意义的“出口报关单”，才能向国税、外汇部门办理退税和结汇手续。一是造成出口电子商务企业事实上的两次申报，增加成本；二是手续繁杂，信息数据经过多重传递反而影响真实性。对于海关在跨境电子商务进口环节开具的电子税单的法律效力问题，也面临同样障碍。

4. 物流、支付、结汇方面存在阻力和障碍。物流、支付与结汇是跨境电子商务企业须解决的重要问题。当前跨境电子商务还有多个环节亟须进一步破题：物流方面，目前各国对于来自中国的快递和邮政小包检查日渐严格，不少网站的掉包率和退款率有所上升，给企业增加了成本压力。支付环节，跨境电子商务企业大多依赖于境外支付公司进行支付，而在结汇环节，因跨境电子商务业务大部分通过邮包和快递渠道，国家外汇管理部门并不认可快递单进行外汇结算。目前首批跨境电子商务外汇支付业务试点的许可牌照已发放，但在规范第三方支付机构，明确其业务范围、注册资本、身份审核、资金清算、账户开立、保证金使用以及风险控制等问上，要求其承担部分外汇政策执行及管理职责、履行法定义务方面，仍有很大的探索空间。

第七十二条　国家进出口管理部门应当推进跨境电子商务海关申报、纳税、检验检疫等环节的综合服务和监管体系建设，优化监管流程，推动实现信息共享、监管互认、执法互动，提高跨境电子商务服务和监管效率。跨境电子商务经营者可以凭电子单证向国家进出口管理部门办理有关手续。

【本条主旨】

本条是关于跨境电子商务进出口环节监管优化的规定。

【条文精释】

我国政府高度重视、鼓励支持跨境电子商务发展，不断探索建立适应和引领跨境电子商务发展的政策体系和监管模式。一是出台系列政策文件，推动完善制度设计、监管和服务创新。2015 年以来，国务院、国务院办公厅相继出台《国务院关于大力发展电子商务加快培育经济新动力的意见》《国务院关于积极推进“互联网 +”行动的指导意见》《国务院关于促进外贸回稳向好的若干意见》《国务院办公厅关于促进跨境电子商务健康快速发展的指导意见》等多个政策性文件，推动完善相关制度设计，促进跨境电子商务发展。此外，国务院有关部门、部分地方政府也先后发布支持跨境电子商务发展的政策性文件和行业标准。二是设立跨境电子商务综合试验区，探索形成推动跨境电子商务发展的可复制、可推广的经验。目前共有杭州、天津、上海、重庆等十三个城市获批设立跨境电子商务综合试验区，着力在跨境电子商务交易、支付、物流、通关、退税、结汇等各环节的技术标准、业务流程、监管模式和信息化建设等方面先行先试，推进制度创新、管理创新和服务创新，用新模式为外贸发展提供新支撑。经过上述试点实践形成的经验将为立法提供最有力的支撑。

合理有效的政府监管有利于电子商务的健康有序发展，但政府监管应保持适度，尊重电子商务发展的客观规律，顺势而为，因势利导。政府部门对跨境电子商务监管应当紧紧抓住“信息流、物流、资金流”三大监管要素，厘清各参与主体在监管法律关系中的地位和角色，依法实施监管。

跨境电子商务中政府部门监管的对象是跨境电子交易行为。每项跨境电子交易中，除买卖双方之外，一般还涉及电子商务平台企业、支付企业、物流企业、发货人、收货人和支付人等主体，该类主体都在一定程度参与并协助完成了电子交易行为。该类主体在政府监管中的权利、义务和责任，应当与其在跨境电子商务交易行为中所发挥的功能和作用相适应。以海关为例：

买卖双方即进出口人作为海关监管的直接管理相对人，承担着《中华人民共和国海关法》规定的申报、纳税、接受监管等法律义务。电子商务平台企业在跨境电子商务交易架构中，发挥着提供交易平台服务促成交易的功能，承担网络技术保障、市场准入审查、交易记录安全和保存、合理告知等义务，而且其所保存的交易记录是海关监管的重要要素之一。

跨境支付是在跨境电子交易中除物之外的另一个监管要素，且支付人的信息一般都是真实可靠的。由于跨境支付一般都是“数据留痕、有迹可查”，这些数据也会进入外汇管理和金融监管的视线。跨境电子商务中的支付行为，是整个电子交易的有机组成部分，也是海关监管所覆盖的地带。

物流企业因其与作为海关监管对象——“货物”存在直接联系，并实际参与货物跨越关境的行为，因此与海关发生了法律联系，产生了其向海关提供相关货物信息的法律义务。实践中，一些物流企业还提供代为报关、垫付关税的服务，对于进出口人与物流企业之间的这种安排，只要不违反《中华人民共和国海关法》相关禁止性规定，对于这种市场选择似无过多干预之必要，在此物流企业扮演了代理报关人和税收债务承担人的角色。有的意见提出，要赋予此物流企业强制性的关税代扣代缴义务，这需要先解决法律授权给物流企业的问题。

由于上述主体实际上参与了跨境电子商务交易或服务，不同程度地涉及进出口秩序以及国家政治、经济、文化、环境、社会安全等公共利益领域，赋予其一定的行政法义务也是符合行政法原理的。至于其具体的义务标准问题，应与其平台功能和作用相适应，以协助、配合政府监管的义务为限，鼓励电子商务的健康发展。

第七十三条　国家推动建立与不同国家、地区之间跨境电子商务的交流合作，参与电子商务国际规则的制定，促进电子签名、电子身份等国际互认。

国家推动建立与不同国家、地区之间的跨境电子商务争议解决机制。

【本条主旨】

本条是关于推动跨境电子商务中的国际合作的规定。

【条文精释】

在电子商务国际规则方面，主要围绕电子签章、电子合同、电子记录的法律效力展开。其中较重要或影响较大的有：联合国国际贸易法委员会1996 年的《电子商务示范法》和 2000 年的《电子签名统一规则》，欧盟的《关于内部市场中与电子商务有关的若干法律问题的指令》和《电子签名统一框架指令》，美国 2000 年的《国际与国内商务电子签章法》等。

联合国国际贸易法委员会在 2005 年制定了《联合国国际合同使用电子通信公约》（以下简称“电子通信公约”或者“电子商务公约”），该公约不仅为各国电子商务立法提供了很好的示范和指引性作用，而且用国际立法的方式使原有的《承认及执行外国仲裁裁决公约》《联合国国际货物买卖合同公约》等“电子化”，对于跨境电子商务的交易有效及可执行性意义重大。

在电子签名方面，国际立法大致可以分为三种模式：其一，数字签名技术规范型立法模式。这种立法模式将数字签名技术作为电子签名的法定技术，注重对数字签名技术的法律规范，强调数字签名的法律效果，对数字签名的技术细节规定得很完备；其二，技术中立、功能等同原则立法模式。这种立法模式并不确定具体的技术方案，采用技术中立、功能等同的立法态度，对广义的电子签名予以认可和确认。其立法态度较为原则，一般不规定具体细节；其三，折中型模式。这种立法模式有很强的灵活性，立法规定了电子签名制度的原则和具体的适用条件，一方面提供了一种广义的电子签名的法律确认；另一方面提供了使用数字签名或以数字签名为范例的安全电子签名的法律后果。我国在 2004 年颁布、2015 年修正的电子签名法，应该属于其中的第三种模式。

在电子身份方面，美国从互联网环境中的国家安全角度出台了《网络空间可信身份国家战略》，美国这一国家战略提出，为实现身份标识生态系统，将确定以下四项主要具体目标：建立一个综合的身份标识生态系统框架；建立可互操作的身份标识基础设施；增强用户信心和参与身份标识生态系统的意愿；确保身份标识生态系统的长远成功。

总之，电子商务立法既要与现行立法相互协调，又要与国际立法相互协调，同时还要协调好电子商务过程中出现的各种利益关系。比如，在世界海关组织《全球贸易安全与便利标准框架》中，关于海关与海关之间、海关与商界之间的伙伴关系，就特别强调了国际合作的重要性，与我国电子商务法本条的规定要求相一致。我国海关在国内正在依托电子口岸平台，通过跨境电子商务通关服务和管理平台的建设，探索与政府管理部门和电子商务企业的合作。

第六章　法律责任

第七十四条　电子商务经营者销售商品或者提供服务，不履行合同义务或者履行合同义务不符合约定，或者造成他人损害的，依法承担民事责任。

【本条主旨】

本条是关于电子商务经营者承担民事法律责任的规定。

【条文精释】

一、违约责任

《中华人民共和国合同法》第六十条规定："当事人应当按照约定全面履行自己的义务。""当事人应当遵循诚实信用原则，根据合同的性质、目的和交易习惯履行通知、协助、保密等义务。"电子商务经营者不履行合同义务或者履行合同义务不符合约定有多种情形，典型的包括未在约定期限或地点交付商品或提供服务，提供的商品或服务种类、数量或质量不符合合同约定，提供的商品或服务不符合国家强制质量或服务标准，收取预付款后不提供商品或服务等。

不履行合同义务或者履行合同义务不符合约定属于违约行为。《中华人民共和国合同法》第一百零七条规定："当事人一方不履行合同义务或者履行合同义务不符合约定的，应当承担继续履行、采取补救措施或者赔偿损失等违约责任。"违约责任的方式根据具体情况决定：（1）修理、更换、退货等。质量不符合约定的，根据《中华人民共和国合同法》第一百一十一条的规定，应当按照当事人的约定承担违约责任。对违约责任没有约定或者约定不明确，不能达成补充协议且按照合同有关条款或者交易习惯仍不能确定的，受损害方根据标的的性质以及损失的大小，可以合理选择要求对方承担修理、更换、重作、退货、减少价款或者报酬等违约责任。《中华人民共和国产品质量法》第四十条第一款规定：“售出的产品有下列情形之一的，销售者应当负责修理、更换、退货；给购买产品的消费者造成损失的，销售者应当赔偿损失：（一）不具备产品应当具备的使用性能而事先未作说明的；（二）不符合在产品或者其包装上注明采用的产品标准的；（三）不符合以产品说明、实物样品等方式表明的质量状况的。”《中华人民共和国消费者权益保护法》第五十四条规定：“依法经有关行政部门认定为不合格的商品，消费者要求退货的，经营者应当负责退货。”（2）赔偿损失。《中华人民共和国合同法》第一百一十三条第一款规定：“当事人一方不履行合同义务或者履行合同义务不符合约定，给对方造成损失的，损失赔偿额应当相当于因违约所造成的损失，包括合同履行后可以获得的利益，但不得超过违反合同一方订立合同时预见到或者应当预见到的因违反合同可能造成的损失。”（3）惩罚性赔偿。《中华人民共和国消费者权益保护法》第五十五条第一款规定：“经营者提供商品或者服务有欺诈行为的，应当按照消费者的要求增加赔偿其受到的损失，增加赔偿的金额为消费者购买商品的价款或者接受服务的费用的三倍；增加赔偿的金额不足五百元的，为五百元。法律另有规定的，依照其规定。”（4）违约金责任。《中华人民共和国合同法》第一百一十四条规定：“当事人可以约定一方违约时应当根据违约情况向对方支付一定数额的违约金，也可以约定因违约产生的损失赔偿额的计算方法。”“约定的违约金低于造成的损失的，当事人可以请求人民法院或者仲裁机构予以增加；约定的违约金过分高于造成的损失的，当事人可以请求人民法院或者仲裁机构予以适当减少。”“当事人就迟延履行约定违约金的，违约方支付违约金后，还应当履行债务。”（5）定金责任。《中华人民共和国合同法》第一百一十五条规定：“当事人可以依照《中华人民共和国担保法》约定一方向对方给付定金作为债权的担保。债务人履行债务后，定金应当抵作价款或者收回。给付定金的一方不履行约定的债务的，无权要求返还定金；收受定金的一方不履行约定的债务的，应当双倍返还定金。”第一百一十六条规定：“当事人既约定违约金，又约定定金的，一方违约时，对方可以选择适用违约金或者定金条款。”（6）退回预付款及利息。《中华人民共和国消费者权益保护法》第五十三条规定：“经营者以预收款方式提供商品或者服务的，应当按照约定提供。未按照约定提供的，应当按照消费者的要求履行约定或者退回预付款；并应当承担预付款的利息、消费者必须支付的合理费用。”

二、侵权责任

侵权责任造成的损害包括消费者人身损害和财产损害。《中华人民共和国侵权责任法》第十五条规定，承担侵权责任的方式包括停止侵害、排除妨碍、消除危险、返还财产、恢复原状、赔偿损失、赔礼道歉、消除影响、恢复名誉。以上承担侵权责任的方式，可以单独适用，也可以合并适用。

1. 侵害人身权的法律责任。《中华人民共和国侵权责任法》第十六条规定：“侵害他人造成人身损害的，应当赔偿医疗费、护理费、交通费等为治疗和康复支出的合理费用，以及因误工减少的收入。造成残疾的，还应当赔偿残疾生活辅助具费和残疾赔偿金。造成死亡的，还应当赔偿丧葬费和死亡赔偿金。”《中华人民共和国消费者权益保护法》第四十九条规定：“经营者提供商品或者服务，造成消费者或者其他受害人人身伤害的，应当赔偿医疗费、护理费、交通费等为治疗和康复支出的合理费用，以及因误工减少的收入。造成残疾的，还应当赔偿残疾生活辅助具费和残疾赔偿金。造成死亡的，还应当赔偿丧葬费和死亡赔偿金。”第五十条规定：“经营者侵害消费者的人格尊严、侵犯消费者人身自由或者侵害消费者个人信息依法得到保护的权利的，应当停止侵害、恢复名誉、消除影响、赔礼道歉，并赔偿损失。”第五十一条规定：“经营者有侮辱诽谤、搜查身体、侵犯人身自由等侵害消费者或者其他受害人人身权益的行为，造成严重精神损害的，受害人可以要求精神损害赔偿。”第五十五条第二款规定：“经营者明知商品或者服务存在缺陷，仍然向消费者提供，造成消费者或者其他受害人死亡或者健康严重损害的，受害人有权要求经营者依照本法第四十九条、第五十一条等法律规定赔偿损失，并有权要求所受损失二倍以下的惩罚性赔偿。”

2. 侵害财产权时的法律责任。《中华人民共和国侵权责任法》第十九条规定：“侵害他人财产的，财产损失按照损失发生时的市场价格或者其他方式计算。”《中华人民共和国产品质量法》第四十一条规定，因产品存在缺陷造成人身、缺陷产品以外的其他财产损害的，生产者应当承担赔偿责任。《中华人民共和国消费者权益保护法》第五十二条规定："经营者提供商品或者服务，造成消费者财产损害的，应当依照法律规定或者当事人约定承担修理、重作、更换、退货、补足商品数量、退还货款和服务费用或者赔偿损失等民事责任。"

《中华人民共和国合同法》第一百二十二条规定："因当事人一方的违约行为，侵害对方人身、财产权益的，受损害方有权选择依照本法要求其承担违约责任或者依照其他法律要求其承担侵权责任。"

三、免责事由

电子商务经营者常见的免责事由主要有以下情形：(1) 不可抗力作为违约责任免责事由。《中华人民共和国合同法》第一百一十七条规定，因不可抗力不能履行合同的，根据不可抗力的影响，部分或者全部免除责任，但法律另有规定的除外。当事人迟延履行后发生不可抗力的，不能免除责任。(2) 侵权责任免责事由。《中华人民共和国侵权责任法》规定了侵权人不承担责任和减轻责任的情形，不承担责任的情形包括受害人故意、不可抗力、正当防卫、紧急避险。被侵权人对损害的发生也有过错的，可以减轻侵权人的责任。电子商务领域侵权常见免责事由包括受害人故意、不可抗力等。《中华人民共和国产品质量法》第四十一条规定："因产品存在缺陷造成人身、缺陷产品以外的其他财产损害的，生产者应当承担赔偿责任。""生产者能够证明有下列情形之一的，不承担赔偿责任：(一) 未将产品投入流通的；(二) 产品投入流通时，引起损害的缺陷尚不存在的；(三) 将产品投入流通时的科学技术水平尚不能发现缺陷的存在的。"

第七十五条　电子商务经营者违反本法第十二条、第十三条规定，未取得相关行政许可从事经营活动，或者销售、提供法律、行政法规禁止交易的商品、服务，或者不履行本法第二十五条规定的信息提供义务，电子商务平台经营者违反本法第四十六条规定，采取集中交易方式进行交易，或者进行标准化合约交易的，依照有关法律、行政法规的规定处罚。

【本条主旨】

本条是关于未取得相关行政许可从事经营活动，或销售提供法律行政法规禁止交易的商品、服务，或不履行信息提供义务，或采取集中交易方式进行交易，或进行标准化合约交易的法律责任。

【条文精释】

一、未取得相关行政许可从事经营活动的法律责任

本法第十二条规定："电子商务经营者从事经营活动，依法需要取得相关行政许可的，应当依法取得行政许可。"对于需要取得行政许可方可经营的，如药品、增值电信、金融业务等，需要经营者依法取得许可，加强管理。对于未取得行政许可即开展经营活动的，应按照相关法律法规的规定承担法律责任。常见的责任形式包括：罚款、责令停业整顿、停网整顿、吊销营业执照等。对于应当取得行政许可而未经许可从事电子商务活动的经营者进行处罚，有利于对电子商务经营者实行有效的监督管理。

《无证无照经营查处办法》是对未取得行政许可从事经营活动的一般性规定。其中第五条规定："经营者未依法取得许可从事经营活动的，由法律、法规、国务院决定规定的部门予以查处；法律、法规、国务院决定没有规定或者规定不明确的，由省、自治区、直辖市确定的部门予以查处。"由此可见，对未取得许可从事经营活动行为的法律责任及相关查处均是由设立该许可的相关法律、法规、国务院决定规定的部门或其他部门进行的，比较典型的包括以下几类：

《中华人民共和国药品管理法》第七十二条规定："未取得《药品生产许可证》、《药品经营许可证》或者《医疗机构制剂许可证》生产药品、经营药品的，依法予以取缔，没收违法生产、销售的药品和违法所得，并处违法生产、销售的药品（包括已售出的和未售出的药品，下同）货值金额二倍以上五倍以下的罚款；构成犯罪的，依法追究刑事责任。"

《中华人民共和国食品安全法》第一百二十二条规定："违反本法规定，未取得食品生产经营许可从事食品生产经营活动，或者未取得食品添加剂生产许可从事食品添加剂生产活动的，由县级以上人民政府食品药品

监督管理部门没收违法所得和违法生产经营的食品、食品添加剂以及用于违法生产经营的工具、设备、原料等物品；违法生产经营的食品、食品添加剂货值金额不足一万元的，并处五万元以上十万元以下罚款；货值金额一万元以上的，并处货值金额十倍以上二十倍以下罚款。”“明知从事前款规定的违法行为，仍为其提供生产经营场所或者其他条件的，由县级以上人民政府食品药品监督管理部门责令停止违法行为，没收违法所得，并处五万元以上十万元以下罚款；使消费者的合法权益受到损害的，应当与食品、食品添加剂生产经营者承担连带责任。”

《中华人民共和国邮政法》第七十二条第一款规定：“未取得快递业务经营许可经营快递业务，或者邮政企业以外的单位或者个人经营由邮政企业专营的信件寄递业务或者寄递国家机关公文的，由邮政管理部门或者工商行政管理部门责令改正，没收违法所得，并处五万元以上十万元以下的罚款；情节严重的，并处十万元以上二十万元以下的罚款；对快递企业，还可以责令停业整顿直至吊销其快递业务经营许可证。”

二、销售提供法律行政法规禁止交易的商品、服务的法律责任

本法第十三条规定：“电子商务经营者销售的商品或者提供的服务应当符合保障人身、财产安全的要求和环境保护要求，不得销售或者提供法律、行政法规禁止交易的商品或者服务。”销售提供法律行政法规禁止交易的商品、服务可能会对交易相对人、不特定社会公众造成损害，也会危害社会秩序，损害公共利益。对于这一行为，常见的法律责任为行政责任和民事责任。其中，行政责任包括罚款、责令停业、吊销营业执照等；民事责任包括违约责任和对消费者的人身、财产损失进行赔偿的侵权责任。对于行为严重、构成犯罪的，还要承担刑事责任。比如，《中华人民共和国刑法》第三百四十七条规定，走私、贩卖、运输、制造毒品，无论数量多少，都应当追究刑事责任，予以刑事处罚。

三、不履行信息提供义务的法律责任

本法第二十五条规定：“有关主管部门依照法律、行政法规的规定要求电子商务经营者提供有关电子商务数据信息的，电子商务经营者应当提供。有关主管部门应当采取必要措施保护电子商务经营者提供的数据信息的安全，并对其中的个人信息、隐私和商业秘密严格保密，不得泄露、出

售或者非法向他人提供。”

《网络交易管理办法》第四十三条规定：“县级以上工商行政管理部门对涉嫌违法的网络商品交易及有关服务行为进行查处时，可以行使下列职权：……（二）查阅、复制当事人的交易数据、合同、票据、账簿以及其他相关数据资料；……工商行政管理部门依法行使前款规定的职权时，当事人应当予以协助、配合，不得拒绝、阻挠。”

对于经营者违反信息提供义务因而阻碍有关部门监督检查的，《中华人民共和国网络安全法》第六十九条规定：“网络运营者违反本法规定，有下列行为之一的，由有关主管部门责令改正；拒不改正或者情节严重的，处五万元以上五十万元以下罚款，对直接负责的主管人员和其他直接责任人员，处一万元以上十万元以下罚款：……（二）拒绝、阻碍有关部门依法实施的监督检查的；……”对于其他情形下不履行信息提供义务的法律责任，还要结合法律法规规定具体判断。

四、采取集中交易方式进行交易或进行标准化合约交易的法律责任

本法第四十六条规定：“除本法第九条第二款规定的服务外，电子商务平台经营者可以按照平台服务协议和交易规则，为经营者之间的电子商务提供仓储、物流、支付结算、交收等服务。电子商务平台经营者为经营者之间的电子商务提供服务，应当遵守法律、行政法规和国家有关规定，不得采取集中竞价、做市商等集中交易方式进行交易，不得进行标准化合约交易。”

对于经营者以电子商务名义进行集中交易、标准化合约交易的，《证监会、发展改革委、工业和信息化部等关于禁止以电子商务名义开展标准化合约交易活动的通知》中指出：“各省级人民政府要按照国发〔2011〕38号、国办发〔2012〕37号文件要求，根据属地管理原则，对本地区从事电子商务的公司进行集中检查，对直接或以会员、代理等方式开展标准化合约交易活动的，应责令停止交易、限期整改；对拒不整改、无正当理由逾期未完成整改的，或继续从事违法违规交易的，要依法依规坚决予以取缔或关闭。”

此外，部分经营者的行为涉及《期货交易管理条例》第七十四条规定的“非法组织期货交易活动”或“擅自从事期货业务”的，还要承担相应责任。第七十四条规定:“非法设立期货交易场所或者以其他形式组织期货交易活动的，由所在地县级以上地方人民政府予以取缔，没收违法所得，并处违法所得1倍以上5倍以下的罚款；没有违法所得或者违法所得不满20万元的，处20万元以上100万元以下的罚款。对单位直接负责的主管人员和其他直接责任人员给予警告，并处1万元以上10万元以下的罚款。”“非法设立期货公司及其他期货经营机构，或者擅自从事期货业务的，予以取缔，没收违法所得，并处违法所得1倍以上5倍以下的罚款；没有违法所得或者违法所得不满20万元的，处20万元以上100万元以下的罚款。对单位直接负责的主管人员和其他直接责任人员给予警告，并处1万元以上10万元以下的罚款。”

第七十六条　电子商务经营者违反本法规定，有下列行为之一的，由市场监督管理部门责令限期改正，可以处一万元以下的罚款，对其中的电子商务平台经营者，依照本法第八十一条第一款的规定处罚:

（一）未在首页显著位置公示营业执照信息、行政许可信息、属于不需要办理市场主体登记情形等信息，或者上述信息的链接标识的;

（二）未在首页显著位置持续公示终止电子商务的有关信息的;

（三）未明示用户信息查询、更正、删除以及用户注销的方式、程序，或者对用户信息查询、更正、删除以及用户注销设置不合理条件的。

电子商务平台经营者对违反前款规定的平台内经营者未采取必要措施的，由市场监督管理部门责令限期改正，可以处二万元以上十万元以下的罚款。

【本条主旨】

本条是关于电子商务经营者违反公示义务的法律责任。

【条文精释】

本法第十五条规定:“电子商务经营者应当在其首页显著位置，持续公示营业执照信息、与其经营业务有关的行政许可信息、属于依照本法

第十条规定的不需要办理市场主体登记情形等信息，或者上述信息的链接标识。”“前款规定的信息发生变更的，电子商务经营者应当及时更新公示信息。”第十六条规定：“电子商务经营者自行终止从事电子商务的，应当提前三十日在首页显著位置持续公示有关信息。”第二十四条第一款规定：“电子商务经营者应当明示用户信息查询、更正、删除以及用户注销的方式、程序，不得对用户信息查询、更正、删除以及用户注销设置不合理条件。”

违反上述规定，承担责任的形式包括：

第一，由市场监督管理部门责令限期改正。责令限期改正主要是指电子商务经营者应当通过修改系统设置，使得其公示经营信息的方式符合本法要求。

第二，在责令限期改正的前提下，还可以处一万元以下的罚款。是否处以罚款，由执法部门具体裁量。主要是结合电子商务经营者违法情节程度确定，如果责令限期改正足以达到处罚效果，则无并处罚款的必要。

值得注意的是，电子商务平台经营者如果违反本条第一款规定的信息披露义务，应按照本法第八十一条第一款的规定承担法律责任。本法第八十一条第一款规定：“电子商务平台经营者违反本法规定，有下列行为之一的，由市场监督管理部门责令限期改正，可以处二万元以上十万元以下的罚款；情节严重的，处十万元以上五十万元以下的罚款。”以上规定属于对电子商务平台经营者的加重处罚，对于该法律责任的分析，请参照本书对第八十一条的释义。

依本条第二款，电子商务平台经营者如果对违反信息披露义务的平台内经营者未采取必要措施的，也要承担法律责任。具体形式包括：第一，由市场监督管理部门责令限期改正。责令限期改正主要是指平台经营者按照本法和其他法律法规的规定以及平台服务协议、规则等的约定，采取必要措施督促平台内经营者履行信息披露义务。第二，在责令限期改正的前提下，可以处二万元以上十万元以下的罚款。是否处以罚款，由执法部门具体把握。若违法程度不严重，则没有必要并处罚款，否则，则应并处罚款。

第七十七条　电子商务经营者违反本法第十八条第一款规定提供搜索结果，或者违反本法第十九条规定搭售商品、服务的，由市场监督管理部门责令限期改正，没收违法所得，可以并处五万元以上二十万元以下的罚款；情节严重的，并处二十万元以上五十万元以下的罚款。

【本条主旨】

本条是关于违反规定提供搜索结果或者搭售商品、服务的法律责任。

【条文精释】

本法第十八条第一款规定："电子商务经营者根据消费者的兴趣爱好、消费习惯等特征向其提供商品或者服务的搜索结果的，应当同时向该消费者提供不针对其个人特征的选项，尊重和平等保护消费者合法权益。"第十九条规定："电子商务经营者搭售商品或者服务，应当以显著方式提请消费者注意，不得将搭售商品或者服务作为默认同意的选项。"

违反上述规定，承担的责任包括：第一，由市场监督管理部门责令限期改正，没收违法所得。责令限期改正主要是电子商务经营者应当采取必要的技术手段或者其他措施使其提供搜索结果以及搭售商品、服务的行为符合本法要求。没收违法所得，是指对电子商务经营者通过实施上述违法行为的违法所得进行没收。实践中比较难以判断违法行为与电子商务经营者相关收入的因果关系。例如，向消费者提供搜索结果，消费者的消费行为是不是因为这种搜索结果的提供才发生？将搭售商品或者服务作为默认同意的选项与消费者最终的消费行为是否有因果关系？在具体执法行为中都需要更科学的执法手段进行研判。

第二，在责令限期改正、没收违法所得的前提下，还可以并处五万元以上二十万元以下的罚款。是否处以罚款，由执法部门具体把握。主要是结合电子商务经营者违法情节程度确定，如果责令限期改正、没收违法所得足以达到处罚效果，就没有必要并处罚款。否则，可以并处罚款。

第三，在责令限期改正、没收违法所得的前提下，如果电子商务经营者违法情节严重，则由执法部门并处二十万元以上五十万元以下的罚款。

此时的罚款是必须进行的。前提是如何认定情节严重，需要具体的执法细则。在情节严重的认定中，一般考虑的因素包括：违法行为时间长短、次数，之前是否因类似行为受过市场监督管理部门的处罚，因违法行为销售的商品或提供服务的数量、金额等。

另外，对搭售行为的处罚还有其他规定。例如，《中华人民共和国反垄断法》第十七条规定，具有市场支配地位的经营者没有正当理由搭售商品，或者在交易时附加其他不合理的交易条件，属于滥用市场支配地位的行为。第四十七条规定："经营者违反本法规定，滥用市场支配地位的，由反垄断执法机构责令停止违法行为，没收违法所得，并处上一年度销售额百分之一以上百分之十以下的罚款。"商务部等五部门颁布的《零售商供应商公平交易管理办法》（商务部、国家发展和改革委员会、公安部、国家税务总局、国家工商行政管理总局 2006 年第 17 号令）第十八条规定，供应商供货时，不得强行搭售零售商未订购的商品。第二十三条规定："零售商或者供应商违反本办法规定的，法律法规有规定的，从其规定；没有规定的，责令改正；有违法所得的，可处违法所得三倍以下罚款，但最高不超过三万元；没有违法所得的，可处一万元以下罚款；并可向社会公告。"这些对搭售行为的处罚与电子商务法本条规定的处罚在构成要件、处罚内容等方面存在差异，在适用时比较容易判断。但也可能存在同一搭售行为同时符合多个法律规定条件的情况，要注意根据立法法确定的法律适用规则进行判断。

第七十八条　电子商务经营者违反本法第二十一条规定，未向消费者明示押金退还的方式、程序，对押金退还设置不合理条件，或者不及时退还押金的，由有关主管部门责令限期改正，可以处五万元以上二十万元以下的罚款；情节严重的，处二十万元以上五十万元以下的罚款。

【本条主旨】

本条是关于电子商务经营者违反押金退还义务的法律责任。

【条文精释】

本法第二十一条规定:“电子商务经营者按照约定向消费者收取押金的，应当明示押金退还的方式、程序，不得对押金退还设置不合理条件。消费者申请退还押金，符合押金退还条件的，电子商务经营者应当及时退还。”

违反上述规定，承担的责任包括:

第一，由有关主管部门责令限期改正。责令限期改正主要是电子商务经营者应当通过修改系统设置，明示押金退还的方式、程序，保证消费者在符合押金退还条件的情况下能够及时收到押金。对于押金退还条件设置不合理的经营者，要重新设置合理的退还条件。此外，对于不及时退还押金的经营者，还要将押金及时退还消费者。

第二，在责令限期改正的前提下，还可以并处五万元以上二十万元以下的罚款。是否处以罚款，由执法部门具体把握。主要是结合电子商务经营者违法情节程度确定，如果责令限期改正足以达到处罚效果，就没有必要并处罚款。否则，可以并处罚款。

第三，在责令限期改正的前提下，如果电子商务经营者违法情节严重，则由执法部门并处二十万元以上五十万元以下的罚款。此时的罚款是必须进行的。前提是如何认定情节严重，需要具体的执法细则。可以考虑违法行为时间长短、次数多少，之前是否因此受过处罚，违法行为给消费者造成的损失等因素。

第七十九条　电子商务经营者违反法律、行政法规有关个人信息保护的规定，或者不履行本法第三十条和有关法律、行政法规规定的网络安全保障义务的，依照《中华人民共和国网络安全法》等法律、行政法规的规定处罚。

【本条主旨】

本条是关于电子商务经营者违反个人信息保护规定以及网络安全保障义务的法律责任。

【条文精释】

一、违反个人信息保护规定的法律责任

关于个人信息保护的规定主要有《全国人民代表大会常务委员会关于加强网络信息保护的决定》《中华人民共和国网络安全法》《中华人民共和国消费者权益保护法》《中华人民共和国刑法》。

《全国人民代表大会常务委员会关于加强网络信息保护的决定》对法律责任作了概括性规定："十一、对有违反本决定行为的，依法给予警告、罚款、没收违法所得、吊销许可证或者取消备案、关闭网站、禁止有关责任人员从事网络服务业务等处罚，记入社会信用档案并予以公布；构成违反治安管理行为的，依法给予治安管理处罚。构成犯罪的，依法追究刑事责任。侵害他人民事权益的，依法承担民事责任。"该规定主要是与其他法律的衔接性规定。

《中华人民共和国网络安全法》第六十四条规定，网络运营者、网络产品或者服务的提供者违反本法第二十二条第三款、第四十一条至第四十三条规定，侵害个人信息依法得到保护的权利的，由有关主管部门责令改正，可以根据情节单处或者并处警告、没收违法所得、处违法所得一倍以上十倍以下罚款，没有违法所得的，处一百万元以下罚款，对直接负责的主管人员和其他直接责任人员处一万元以上十万元以下罚款；情节严重的，并可以责令暂停相关业务、停业整顿、关闭网站、吊销相关业务许可证或者吊销营业执照。窃取或者以其他非法方式获取、非法出售或者非法向他人提供个人信息，尚不构成犯罪的，由公安机关没收违法所得，并处违法所得一倍以上十倍以下罚款，没有违法所得的，处一百万元以下罚款。

《中华人民共和国消费者权益保护法》第五十条规定，经营者侵害消费者个人信息依法得到保护的权利的，应当停止侵害、恢复名誉、消除影响、赔礼道歉，并赔偿损失。第五十六条规定，经营者侵害消费者人格尊严、侵犯消费者人身自由或者侵害消费者个人信息依法得到保护的权利，除承担相应的民事责任外，其他有关法律、法规对处罚机关和处罚方式有规定的，依照法律、法规的规定执行；法律、法规未作规定的，由工商行政管理部门或者其他有关行政部门责令改正，可以根据情节单处或者并处警告、没收违法所得、处以违法所得一倍以上十倍以下的罚款，没有违法所得的，处以五十

万元以下的罚款；情节严重的，责令停业整顿、吊销营业执照。

《中华人民共和国刑法》第二百五十三条之一规定了侵犯公民个人信息罪："违反国家有关规定，向他人出售或者提供公民个人信息，情节严重的，处三年以下有期徒刑或者拘役，并处或者单处罚金；情节特别严重的，处三年以上七年以下有期徒刑，并处罚金。""违反国家有关规定，将在履行职责或者提供服务过程中获得的公民个人信息，出售或者提供给他人的，依照前款的规定从重处罚。""窃取或者以其他方法非法获取公民个人信息的，依照第一款的规定处罚。""单位犯前三款罪的，对单位判处罚金，并对其直接负责的主管人员和其他直接责任人员，依照各该款的规定处罚。"

2017 年《最高人民法院、最高人民检察院关于办理侵犯公民个人信息刑事案件适用法律若干问题的解释》第五条规定："非法获取、出售或者提供公民个人信息，具有下列情形之一的，应当认定为刑法第二百五十三条之一规定的'情节严重'：（一）出售或者提供行踪轨迹信息，被他人用于犯罪的；（二）知道或者应当知道他人利用公民个人信息实施犯罪，向其出售或者提供的；（三）非法获取、出售或者提供行踪轨迹信息、通信内容、征信信息、财产信息五十条以上的；（四）非法获取、出售或者提供住宿信息、通信记录、健康生理信息、交易信息等其他可能影响人身、财产安全的公民个人信息五百条以上的；（五）非法获取、出售或者提供第三项、第四项规定以外的公民个人信息五千条以上的；（六）数量未达到第三项至第五项规定标准，但是按相应比例合计达到有关数量标准的；（七）违法所得五千元以上的；（八）将在履行职责或者提供服务过程中获得的公民个人信息出售或者提供给他人，数量或者数额达到第三项至第七项规定标准一半以上的；（九）曾因侵犯公民个人信息受过刑事处罚或者二年内受过行政处罚，又非法获取、出售或者提供公民个人信息的；（十）其他情节严重的情形。""实施前款规定的行为，具有下列情形之一的，应当认定为刑法第二百五十三条之一第一款规定的'情节特别严重'：（一）造成被害人死亡、重伤、精神失常或者被绑架等严重后果的；（二）造成重大经济损失或者恶劣社会影响的；（三）数量或者数额达到前款第三项至第八项规定标准十倍以上的；（四）其他情节特别严重的情形。"第六条规定："为合法经营活动而非法购买、收受本解释第五条第一款第三项、第四项规定以外的公民个人信息，具有下列情形之一的，应当认定为刑法第二百五十三条之一规定的‘情节严重’：（一）利用非法购买、收受的公民个人信息获利五万元以上的；（二）曾因侵犯公民个人信息受过刑事处罚或者二年内受过行政处罚，又非法购买、收受公民个人信息的；（三）其他情节严重的情形。”“实施前款规定的行为，将购买、收受的公民个人信息非法出售或者提供的，定罪量刑标准适用本解释第五条的规定。”第七条规定：“单位犯刑法第二百五十三条之一规定之罪的，依照本解释规定的相应自然人犯罪的定罪量刑标准，对直接负责的主管人员和其他直接责任人员定罪处罚，并对单位判处罚金。”

二、违反网络安全保障义务规定的法律责任

电子商务法第三十条规定：“电子商务平台经营者应当采取技术措施和其他必要措施保证其网络安全、稳定运行，防范网络违法犯罪活动，有效应对网络安全事件，保障电子商务交易安全。”“电子商务平台经营者应当制定网络安全事件应急预案，发生网络安全事件时，应当立即启动应急预案，采取相应的补救措施，并向有关主管部门报告。”该规定主要沿袭了《中华人民共和国网络安全法》的相关规定。

《中华人民共和国网络安全法》第三章“网络运行安全”规定了网络运营者的安全保护义务，主要包括：第一，第二十一条规定网络运营者应当按照网络安全等级保护制度的要求，履行相关安全保护义务，包括制定内部安全管理制度和操作规程，采取防范计算机病毒和网络攻击、网络侵入等危害网络安全行为的技术措施，采取监测、记录网络运行状态、网络安全事件的技术措施，采取数据分类、重要数据备份和加密措施等。第二，第二十二条规定网络产品、服务应当符合相关国家标准的强制性要求。第三，第二十三条规定网络关键设备和网络安全专用产品应当按照相关国家标准的强制性要求。第四，第二十四条规定网络运营者应当要求用户提供真实身份信息。第五，第二十五条规定网络运营者应当制定网络安全事件应急预案，及时处置系统漏洞、计算机病毒、网络攻击、网络侵入等安全风险。第六，对关键信息基础设施运营者规定了特别的安全保护义务。《中华人民共和国网络安全法》在“法律责任”一章详细规定了违反网络安全保护义务的法律责任。

第八十条　电子商务平台经营者有下列行为之一的，由有关主管部门责令限期改正；逾期不改正的，处二万元以上十万元以下的罚款；情节严重的，责令停业整顿，并处十万元以上五十万元以下的罚款：

（一）不履行本法第二十七条规定的核验、登记义务的；

（二）不按照本法第二十八条规定向市场监督管理部门、税务部门报送有关信息的；

（三）不按照本法第二十九条规定对违法情形采取必要的处置措施，或者未向有关主管部门报告的；

（四）不履行本法第三十一条规定的商品和服务信息、交易信息保存义务的。

法律、行政法规对前款规定的违法行为的处罚另有规定的，依照其规定。

【本条主旨】

本条是关于电子商务平台经营者不履行电子商务法规定义务的法律责任的规定。

【条文精释】

电子商务法在第二章第二节专门规定了电子商务平台经营者应当承担的义务，主要包括：（1）第二十七条规定，电子商务平台经营者对进入平台销售商品或者提供服务的经营者的身份等信息进行核验、登记、定期核验更新。（2）第二十八条规定，电子商务平台经营者应当按照规定向市场监督管理部门报送平台内经营者的身份信息，同时应当依照税收征收管理法律、行政法规的规定向税务部门报送平台内经营者的身份信息和与纳税有关的信息。（3）第二十九条规定，电子商务平台经营者发现平台内的商品或者服务信息存在违反本法第十二条、第十三条规定情形的，应当依法采取必要的处置措施，并向有关主管部门报告。（4）第三十一条规定，电子商务平台经营者应当记录、保存平台上发布的商品和服务信息、交易信息。电子商务平台经营者不履行上述义务，承担下列责任：一是有关主管部门应当首先责令限期改正。二是逾期不改正的，处二万元以上十万元以下的罚款。三是情节严重的，责令停业整顿，并处十万元以上五十万元以下的罚款。

法律、行政法规对前款规定的违法行为的处罚另有规定的，依照其规定。例如，《中华人民共和国食品安全法》第六十二条规定："网络食品交易第三方平台提供者应当对入网食品经营者进行实名登记，明确其食品安全管理责任；依法应当取得许可证的，还应当审查其许可证。""网络食品交易第三方平台提供者发现入网食品经营者有违反本法规定行为的，应当及时制止并立即报告所在地县级人民政府食品药品监督管理部门；发现严重违法行为的，应当立即停止提供网络交易平台服务。"第一百三十一条第一款规定："违反本法规定，网络食品交易第三方平台提供者未对入网食品经营者进行实名登记、审查许可证，或者未履行报告、停止提供网络交易平台服务等义务的，由县级以上人民政府食品药品监督管理部门责令改正，没收违法所得，并处五万元以上二十万元以下罚款；造成严重后果的，责令停业，直至由原发证部门吊销许可证；使消费者的合法权益受到损害的，应当与食品经营者承担连带责任。"需要说明的是，关于本部分的法律责任，并非只要有其他法律、行政法规的规定，就不适用电子商务法本条的规定。具体如何适用，需要根据立法法的规定来确定。

第八十一条　电子商务平台经营者违反本法规定，有下列行为之一的，由市场监督管理部门责令限期改正，可以处二万元以上十万元以下的罚款；情节严重的，处十万元以上五十万元以下的罚款：

（一）未在首页显著位置持续公示平台服务协议、交易规则信息或者上述信息的链接标识的；

（二）修改交易规则未在首页显著位置公开征求意见，未按照规定的时间提前公示修改内容，或者阻止平台内经营者退出的；

（三）未以显著方式区分标记自营业务和平台内经营者开展的业务的；

（四）未为消费者提供对平台内销售的商品或者提供的服务进行评价的途径，或者擅自删除消费者的评价的。

电子商务平台经营者违反本法第四十条规定，对竞价排名的商品或者服务未显著标明"广告"的，依照《中华人民共和国广告法》的规定处罚。

【本条主旨】

本条是关于电子商务平台经营者不履行其对平台内经营者和消费者相关义务的法律责任。

【条文精释】

《中华人民共和国电子商务法》规定了平台经营者对平台内经营者和消费者的义务，主要包括：（1）对服务协议、交易规则的公示义务。本法第三十三条规定，电子商务平台经营者应当在其首页显著位置持续公示平台服务协议和交易规则信息或者上述信息的链接标识，并保证经营者和消费者能够便利、完整地阅览和下载。第三十四条第一款规定，电子商务平台经营者修改平台服务协议和交易规则，应当在其首页显著位置公开征求意见，采取合理措施确保有关各方能够及时充分表达意见。修改内容应当至少在实施前七日予以公示。（2）以显著方式区别自营业务与平台内经营者业务的义务。本法第三十七条规定，电子商务平台经营者在其平台上开展自营业务的，应当以显著方式区分标记自营业务和平台内经营者开展的业务，不得误导消费者。（3）向消费者提供评价途径，健全信用评价制度。本法第三十九条规定，电子商务平台经营者应当建立健全信用评价制度，公示信用评价规则，为消费者提供对平台内销售的商品或者提供的服务进行评价的途径。（4）搜索结果竞价排名的标明义务。本法第四十条规定，电子商务平台经营者应当根据商品或者服务的价格、销量、信用等以多种方式向消费者显示商品或者服务的搜索结果；对于竞价排名的商品或者服务，应当显著标明"广告"。

电子商务平台经营者不履行上述（1）至（3）项义务，承担下列责任：第一，由市场监督管理部门责令限期改正。责令限期改正主要是指通过修改系统设置，使得对平台服务协议、交易规则等的公示符合法律要求；显著区分自营业务和平台内经营者的业务，防止消费者混淆；建立和完善信用评价制度。第二，在责令限期改正的前提下，还可以并处五万元以上十万元以下的罚款。是否处以罚款，由执法部门具体把握。主要是结合平台经营者违法情节程度确定，如果责令限期改正足以达到处罚效果，就没有必要并处罚款。否则，可以并处罚款。第三，在责令限期改正的前提下，如果平台经营者违法情节严重，则由执法部门并处十万元以上五十万元以下的罚款。此时的罚款是必须进行的。前提是如何认定情节严重，需要具体的执法细则。可以考虑违法行为时间长短、次数多少，之前是否因此受过处罚，违法行为给消费者、平台内经营者造成的损失等因素。

电子商务平台经营者不履行第（4）项义务的，按照《中华人民共和国广告法》的规定承担责任。《中华人民共和国广告法》第十四条第一款和第二款规定："广告应当具有可识别性，能够使消费者辨明其为广告。""大众传播媒介不得以新闻报道形式变相发布广告。通过大众传播媒介发布的广告应当显著标明'广告'，与其他非广告信息相区别，不得使消费者产生误解。"第五十九条第三款规定："广告违反本法第十四条规定，不具有可识别性的……由工商行政管理部门责令改正，对广告发布者处十万元以下的罚款。"因此，电子商务平台经营者对竞价排名的搜索结果未标明"广告"的，应由工商行政管理部门责令其改正，同时对广告发布者处十万元以下的罚款。

第八十二条　电子商务平台经营者违反本法第三十五条规定，对平台内经营者在平台内的交易、交易价格或者与其他经营者的交易等进行不合理限制或者附加不合理条件，或者向平台内经营者收取不合理费用的，由市场监督管理部门责令限期改正，可以处五万元以上五十万元以下的罚款；情节严重的，处五十万元以上二百万元以下的罚款。

【本条主旨】

本条是关于电子商务平台经营者不合理限制平台内经营者经营活动或向平台内经营者收取不合理费用的法律责任。

【条文精释】

本法第三十五条规定："电子商务平台经营者不得利用服务协议、交易规则以及技术等手段，对平台内经营者在平台内的交易、交易价格以及与其他经营者的交易等进行不合理限制或者附加不合理条件，或者向平台内经营者收取不合理费用。”

违反上述规定的，承担的责任内容有：第一，由市场监督管理部门责令限期改正。责令限期改正主要是指通过修改平台服务协议、交易规则或系统设置，保证平台内经营者的自主经营权。平台内经营者可以自主决定交易对象、价格，平台经营者不对其经营活动进行不合理限制和干预，也不以平台内交易规则、协议和技术等为手段要求平台内经营者给予其不合理的费用。第二，在责令限期改正的前提下，还可以并处五万元以上五十万元以下的罚款。是否处以罚款，由执法部门具体把握。主要是结合平台经营者违法情节程度确定，如果责令限期改正足以达到处罚效果，就没有必要并处罚款。否则，可以并处罚款。第三，在责令限期改正的前提下，如果平台经营者违法情节严重，则由执法部门并处五十万元以上两百万元以下的罚款。此时的罚款是必须进行的。前提是如何认定情节严重，需要具体的执法细则。可以考虑违法行为时间长短、次数多少，之前是否因此受过处罚，违法行为给平台内经营者造成的损失等因素。

电子商务平台经营者利用服务协议、交易规则或技术干预平台内经营者的经营活动，或借此收取不合理费用，还可能涉及不正当竞争行为，此时应按照《中华人民共和国反不正当竞争法》及有关规定承担相应的法律责任。

第八十三条　电子商务平台经营者违反本法第三十八条规定，对平台内经营者侵害消费者合法权益行为未采取必要措施，或者对平台内经营者未尽到资质资格审核义务，或者对消费者未尽到安全保障义务的，由市场监督管理部门责令限期改正，可以处五万元以上五十万元以下的罚款；情节严重的，责令停业整顿，并处五十万元以上二百万元以下的罚款。

【本条主旨】

本条是关于电子商务平台经营者不履行保护消费者合法权益相关义务的法律责任。

【条文精释】

本法第三十八条规定："电子商务平台经营者知道或者应当知道平台内经营者销售的商品或者提供的服务不符合保障人身、财产安全的要求，或者有其他侵害消费者合法权益行为，未采取必要措施的，依法与该平台内经营者承担连带责任。""对关系消费者生命健康的商品或者服务，电子商务平台经营者对平台内经营者的资质资格未尽到审核义务，或者对消费者未尽到安全保障义务，造成消费者损害的，依法承担相应的责任。"

违反上述规定的，承担的责任内容有：第一，由市场监督管理部门责令限期改正。责令限期改正主要是指按照本法第三十八条的规定，采取必要措施，制止平台内经营者侵害消费者权益的行为。商品或者服务关系消费者生命健康的，对平台内经营者的资格资质进行审核。

第二，在责令限期改正的前提下，还可以并处五万元以上五十万元以下的罚款。是否处以罚款，由执法部门具体把握。主要是结合平台经营者违法情节程度确定，如果责令限期改正足以达到处罚效果，就没有必要并处罚款。否则，可以并处罚款。

第三，在责令限期改正的前提下，如果平台经营者违法情节严重，则由执法部门并处五十万元以上两百万元以下的罚款。此时的罚款是必须进行的。前提是如何认定情节严重，需要具体的执法细则。可以考虑违法行为时间长短、次数多少，之前是否因此受过处罚，违法行为给消费者造成的损失等因素。

与本法的二审稿和三审稿相比，正式通过的《中华人民共和国电子商务法》将罚款数额上限从五十万元提高到两百万元，对平台经营者施加了更大的压力，体现了立法对电子商务环境中消费者权益保护的重视，也是对近年来侵害消费者权益事件的回应。平台经营者应积极履行本法及《中华人民共和国消费者权益保护法》等法律法规所确定的义务，保护消费者合法权益。

需要注意的是，本条对不履行保障消费者权益的责任规定，不影响消费者按照本法第三十八条以及《中华人民共和国消费者权益保护法》等法律法规的相关规定要求平台经营者承担民事法律责任。

第八十四条　电子商务平台经营者违反本法第四十二条、第四十五条规定，对平台内经营者实施侵犯知识产权行为未依法采取必要措施的，由有关知识产权行政部门责令限期改正；逾期不改正的，处五万元以上五十万元以下的罚款；情节严重的，处五十万元以上二百万元以下的罚款。

【本条主旨】

本条是关于电子商务平台经营者对平台内经营者实施侵犯知识产权行为未依法采取必要措施应承担的法律责任的规定。

【条文精释】

本法第四十二条规定，知识产权权利人认为其知识产权受到侵害的，有权通知电子商务平台经营者采取删除、屏蔽、断开链接、终止交易和服务等必要措施。电子商务平台经营者接到通知后，应当及时采取必要措施，并将该通知转送平台内经营者。第四十五条规定，电子商务平台经营者知道或者应当知道平台内经营者侵犯知识产权的，应当采取删除、屏蔽、断开链接、终止交易和服务等必要措施。

违反上述规定，需承担的责任：一是由有关知识产权行政部门责令限期改正。本条明确处罚部门为知识产权行政部门，避免了执法主体不清楚的问题。二是逾期不改正的，处五万元以上五十万元以下的罚款。三是情节严重的，处五十万元以上二百万元以下的罚款。

关于涉及侵犯知识产权的法律责任，电子商务法草案一审稿的安排有两个特点：一是对电子商务第三方平台接到知识产权权利人发出的平台内经营者实施知识产权侵权行为通知后不及时依法处理的行为未规定法律责任。对明知平台内经营者实施侵犯知识产权行为未采取必要措施规定了法律责任。二是规定电子商务第三方平台明知平台内经营者实施侵犯知识产权行为未采取必要措施的，由各级人民政府有关部门责令限期改正；逾期不改正的，责令停业整顿，并处以三万元以上十万元以下的罚款；情节严重的，吊销营业执照，并处以十万元以上五十万元以下的罚款。

电子商务法草案二审稿对一审稿作了完善：一是增加规定了电子商务平台接到知识产权权利人发出的平台内经营者实施知识产权侵权行为通知后不及时依法处理的法律责任。二是提高罚款数额。逾期不改正的，责令停业整顿，并处以五万元以上二十万元以下的罚款；情节严重的，并处二十万元以上五十万元以下的罚款。最终通过的电子商务法再次提高了罚款数额，最高达到二百万元，体现了对知识产权权利人权利的尊重和中国政府在电子商务环境中保障权利人合法权益的决心。

第八十五条　电子商务经营者违反本法规定，销售的商品或者提供的服务不符合保障人身、财产安全的要求，实施虚假或者引人误解的商业宣传等不正当竞争行为，滥用市场支配地位，或者实施侵犯知识产权、侵害消费者权益等行为的，依照有关法律的规定处罚。

【本条主旨】

本条是关于电子商务经营者违反本法规定所承担的法律责任适用其他法律的规定。

【条文精释】

一、销售的商品或者提供的服务不符合保障人身、财产安全要求

《中华人民共和国消费者权益保护法》第七条第二款规定，消费者有权要求经营者提供的商品和服务，符合保障人身、财产安全的要求。第五十六条规定，经营者提供的商品或者服务不符合保障人身、财产安全要求的，除承担相应的民事责任外，其他有关法律、法规对处罚机关和处罚方式有规定的，依照法律、法规的规定执行；法律、法规未作规定的，由工商行政管理部门或者其他有关行政部门责令改正，可以根据情节单处或者并处警告、没收违法所得、处以违法所得一倍以上十倍以下的罚款，没有违法所得的，处以五十万元以下的罚款；情节严重的，责令停业整顿、吊销营业执照。

《中华人民共和国产品质量法》第十三条第一款规定：“可能危及人体

健康和人身、财产安全的工业产品，必须符合保障人体健康和人身、财产安全的国家标准、行业标准；未制定国家标准、行业标准的，必须符合保障人体健康和人身、财产安全的要求。”第十八条规定，县级以上产品质量监督部门对有根据认为不符合保障人体健康和人身、财产安全的国家标准、行业标准的产品或者有其他严重质量问题的产品，以及直接用于生产、销售该项产品的原辅材料、包装物、生产工具，予以查封或者扣押。第二十六条规定，产品质量应当不存在危及人身、财产安全的不合理的危险，有保障人体健康和人身、财产安全的国家标准、行业标准的，应当符合该标准。第四十九条规定，生产、销售不符合保障人体健康和人身、财产安全的国家标准、行业标准的产品的，责令停止生产、销售，没收违法生产、销售的产品，并处违法生产、销售产品（包括已售出和未售出的产品）货值金额等值以上三倍以下的罚款；有违法所得的，并处没收违法所得；情节严重的，吊销营业执照；构成犯罪的，依法追究刑事责任。

二、实施虚假或者引人误解的商业宣传等不正当竞争行为

《中华人民共和国消费者权益保护法》第五十六条规定，经营者对商品或者服务作虚假或者引人误解的宣传，除承担相应的民事责任外，其他有关法律、法规对处罚机关和处罚方式有规定的，依照法律、法规的规定执行；法律、法规未作规定的，由工商行政管理部门或者其他有关行政部门责令改正，可以根据情节单处或者并处警告、没收违法所得、处以违法所得一倍以上十倍以下的罚款，没有违法所得的，处以五十万元以下的罚款；情节严重的，责令停业整顿、吊销营业执照。

《中华人民共和国反不正当竞争法》第八条规定：“经营者不得对其商品的性能、功能、质量、销售状况、用户评价、曾获荣誉等作虚假或者引人误解的商业宣传，欺骗、误导消费者。”“经营者不得通过组织虚假交易等方式，帮助其他经营者进行虚假或者引人误解的商业宣传。”第二十条规定：“经营者违反本法第八条规定对其商品作虚假或者引人误解的商业宣传，或者通过组织虚假交易等方式帮助其他经营者进行虚假或者引人误解的商业宣传的，由监督检查部门责令停止违法行为，处二十万元以上一百万元以下的罚款；情节严重的，处一百万元以上二百万元以下的罚款，可以吊销营业执照。”“经营者违反本法第八条规定，属于发布虚假广告的，依照《中华人民共和国广告法》的规定处罚。"

《中华人民共和国广告法》第四条第一款规定，广告不得含有虚假或者引人误解的内容，不得欺骗、误导消费者。第五十五条第一款规定："违反本法规定，发布虚假广告的，由工商行政管理部门责令停止发布广告，责令广告主在相应范围内消除影响，处广告费用三倍以上五倍以下的罚款，广告费用无法计算或者明显偏低的，处二十万元以上一百万元以下的罚款；两年内有三次以上违法行为或者有其他严重情节的，处广告费用五倍以上十倍以下的罚款，广告费用无法计算或者明显偏低的，处一百万元以上二百万元以下的罚款，可以吊销营业执照，并由广告审查机关撤销广告审查批准文件、一年内不受理其广告审查申请。"

三、滥用市场支配地位

《中华人民共和国反垄断法》规定，经营者滥用市场支配地位属于垄断行为。第十七条规定："禁止具有市场支配地位的经营者从事下列滥用市场支配地位的行为：(一) 以不公平的高价销售商品或者以不公平的低价购买商品；(二) 没有正当理由，以低于成本的价格销售商品；(三) 没有正当理由，拒绝与交易相对人进行交易；(四) 没有正当理由，限定交易相对人只能与其进行交易或者只能与其指定的经营者进行交易；(五) 没有正当理由搭售商品，或者在交易时附加其他不合理的交易条件；(六) 没有正当理由，对条件相同的交易相对人在交易价格等交易条件上实行差别待遇；(七) 国务院反垄断执法机构认定的其他滥用市场支配地位的行为。""本法所称市场支配地位，是指经营者在相关市场内具有能够控制商品价格、数量或者其他交易条件，或者能够阻碍、影响其他经营者进入相关市场能力的市场地位。"第四十七条规定："经营者违反本法规定，滥用市场支配地位的，由反垄断执法机构责令停止违法行为，没收违法所得，并处上一年度销售额百分之一以上百分之十以下的罚款。"

四、实施侵犯知识产权行为

《中华人民共和国商标法》第六十条规定，工商行政管理部门认定侵权行为成立的，责令立即停止侵权行为，没收、销毁侵权商品和主要用于制造侵权商品、伪造注册商标标识的工具，违法经营额五万元以上的，可以处违法经营额五倍以下的罚款，没有违法经营额或者违法经营额不足五万元的，可以处二十五万元以下的罚款。对五年内实施两次以上商标侵权行为或者有其他严重情节的，应当从重处罚。销售不知道是侵犯注册商标专用权的商品，能证明该商品是自己合法取得并说明提供者的，责令停止销售。

《中华人民共和国专利法》第六十三条规定："假冒专利的，除依法承担民事责任外，由管理专利工作的部门责令改正并予公告，没收违法所得，可以并处违法所得四倍以下的罚款；没有违法所得的，可以处二十万元以下的罚款；构成犯罪的，依法追究刑事责任。"

《中华人民共和国著作权法》第四十七条规定："有下列侵权行为的，应当根据情况，承担停止侵害、消除影响、赔礼道歉、赔偿损失等民事责任：（一）未经著作权人许可，发表其作品的；（二）未经合作作者许可，将与他人合作创作的作品当作自己单独创作的作品发表的；（三）没有参加创作，为谋取个人名利，在他人作品上署名的；（四）歪曲、篡改他人作品的；（五）剽窃他人作品的；（六）未经著作权人许可，以展览、摄制电影和以类似摄制电影的方法使用作品，或者以改编、翻译、注释等方式使用作品的，本法另有规定的除外；（七）使用他人作品，应当支付报酬而未支付的；（八）未经电影作品和以类似摄制电影的方法创作的作品、计算机软件、录音录像制品的著作权人或者与著作权有关的权利人许可，出租其作品或者录音录像制品的，本法另有规定的除外；（九）未经出版者许可，使用其出版的图书、期刊的版式设计的；（十）未经表演者许可，从现场直播或者公开传送其现场表演，或者录制其表演的；（十一）其他侵犯著作权以及与著作权有关的权益的行为。"第四十八条规定："有下列侵权行为的，应当根据情况，承担停止侵害、消除影响、赔礼道歉、赔偿损失等民事责任；同时损害公共利益的，可以由著作权行政管理部门责令停止侵权行为，没收违法所得，没收、销毁侵权复制品，并可处以罚款；情节严重的，著作权行政管理部门还可以没收主要用于制作侵权复制品的材料、工具、设备等；构成犯罪的，依法追究刑事责任：（一）未经著作权人许可，复制、发行、表演、放映、广播、汇编、通过信息网络向公众传播其作品的，本法另有规定的除外；（二）出版他人享有专有出版权的图书的；（三）未经表演者许可，复制、发行录有其表演的录音录像制品，或者通过信息网络向公众传播其表演的，本法另有规定的除外；（四）未经录音录像制作者许可，复制、发行、通过信息网络向公众传播其制作的录音录像制品的，本法另有规定的除外；（五）未经许可，播放或者复制广播、电视的，本法另有规定的除外；（六）未经著作权人或者与著作权有关的权利人许可，故意避开或者破坏权利人为其作品、录音录像制品等采取的保护著作权或者与著作权有关的权利的技术措施的，法律、行政法规另有规定的除外；（七）未经著作权人或者与著作权有关的权利人许可，故意删除或者改变作品、录音录像制品等的权利管理电子信息的，法律、行政法规另有规定的除外；（八）制作、出售假冒他人署名的作品的。”《中华人民共和国著作权法实施条例》第三十六条规定：“有著作权法第四十八条所列侵权行为，同时损害社会公共利益，非法经营额5万元以上的，著作权行政管理部门可处非法经营额1倍以上5倍以下的罚款；没有非法经营额或者非法经营额5万元以下的，著作权行政管理部门根据情节轻重，可处25万元以下的罚款。”

另外，《中华人民共和国消费者权益保护法》全面规定了侵害消费者合法权益应当承担的法律责任，在前述相关法条的释义中作了介绍，此不赘述。

第八十六条　电子商务经营者有本法规定的违法行为的，依照有关法律、行政法规的规定记入信用档案，并予以公示。

【本条主旨】

本条是关于电子商务经营者违法行为记入信用档案的规定。

【条文精释】

市场经济是信用经济。基于电子商务的虚拟性、开放性、跨地域性等特征，信用是决定电子商务市场健康发展的核心要素。因此，加快电子商务市场信用体系建设，建设可信交易环境，建立健全电子商务经营者信用评价体系，既是打造诚实守信、公平竞争的交易秩序的关键，也是促进电子商务健康发展的必然选择。对于违法犯罪的电子商务经营者，国家将其违法犯罪行为记入信用档案，从而为消费者以及其他经营者提供信用参考，保护其合法权益。

要求将违法行为记入信用档案的法律法规不在少数，本条对此作出统一规定，电子商务经营者违反《中华人民共和国电子商务法》的规定，除了承担相应法律责任之外，其违法行为还应按照有关法律、行政法规的规定记入信用档案，供社会公众查阅。

《中华人民共和国网络安全法》第七十一条规定："有本法规定的违法行为的，依照有关法律、行政法规的规定记入信用档案，并予以公示。"《中华人民共和国广告法》第六十七条规定："有本法规定的违法行为的，由工商行政管理部门记入信用档案，并依照有关法律、行政法规规定予以公示。"《中华人民共和国消费者权益保护法》第五十六条第二款规定："经营者有前款规定情形的，除依照法律、法规规定予以处罚外，处罚机关应当记入信用档案，向社会公布。"该条第一款列举了十项侵害消费者权益的行为，包括"（一）提供的商品或者服务不符合保障人身、财产安全要求的；（二）在商品中掺杂、掺假，以假充真，以次充好，或者以不合格商品冒充合格商品的；（三）生产国家明令淘汰的商品或者销售失效、变质的商品的；（四）伪造商品的产地，伪造或者冒用他人的厂名、厂址，篡改生产日期，伪造或者冒用认证标志等质量标志的；（五）销售的商品应当检验、检疫而未检验、检疫或者伪造检验、检疫结果的；（六）对商品或者服务作虚假或者引人误解的宣传的；（七）拒绝或者拖延有关行政部门责令对缺陷商品或者服务采取停止销售、警示、召回、无害化处理、销毁、停止生产或者服务等措施的；（八）对消费者提出的修理、重作、更换、退货、补足商品数量、退还货款和服务费用或者赔偿损失的要求，故意拖延或者无理拒绝的；（九）侵害消费者人格尊严、侵犯消费者人身自由或者侵害消费者个人信息依法得到保护的权利的；（十）法律、法规规定的对损害消费者权益应当予以处罚的其他情形。"经营者具有这十项行为的，其违法行为将被记入信用档案。《中华人民共和国食品安全法》第一百一十三条规定："县级以上人民政府食品药品监督管理部门应当建立食品生产经营者食品安全信用档案，记录许可颁发、日常监督检查结果、违法行为查处等情况，依法向社会公布并实时更新；对有不良信用记录的食品生产经营者增加监督检查频次，对违法行为情节严重的食品生产经营者，可以通报投资主管部门、证券监督管理机构和有关的金融机构。”《中华人民共和国旅游法》第一百零八条规定：“对违反本法规定的旅游经营者及其从业人员，旅游主管部门和有关部门应当记入信用档案，向社会公布。”

信用档案是对经营者信用的评判依据，电子商务经营者应遵守法律规定，加强信用建设，杜绝不良记录，通过信用积累实现自身的长远发展。

第八十七条　依法负有电子商务监督管理职责的部门的工作人员，玩忽职守、滥用职权、徇私舞弊，或者泄露、出售或者非法向他人提供在履行职责中所知悉的个人信息、隐私和商业秘密的，依法追究法律责任。

【本条主旨】

本条是关于电子商务监管部门工作人员的法律责任的规定。

【条文精释】

一、玩忽职守、滥用职权、徇私舞弊行为的法律责任

一是行政责任，主要是行政处分。许多法律对此有规定。例如，《中华人民共和国反不正当竞争法》第三十条规定：“监督检查部门的工作人员滥用职权、玩忽职守、徇私舞弊或者泄露调查过程中知悉的商业秘密的，依法给予处分。”《中华人民共和国消费者权益保护法》第六十一条规定，国家机关工作人员玩忽职守或者包庇经营者侵害消费者合法权益的行为的，由其所在单位或者上级机关给予行政处分。《中华人民共和国食品安全法》第一百四十五条规定，县级以上人民政府食品药品监督管理、卫生行政、质量监督、农业行政等部门不履行法定职责，对查处食品安全违法行为不配合，或者滥用职权、玩忽职守、徇私舞弊，造成不良后果的，对直接负责的主管人员和其他直接责任人员给予警告、记过或者记大过处分；情节较重的，给予降级或者撤职处分；情节严重的，给予开除处分。《中华人民共和国网络安全法》第七十三条第二款规定："网信部门和有关部门的工作人员玩忽职守、滥用职权、徇私舞弊，尚不构成犯罪的，依法给予处分。"

二是刑事责任。刑法第三百九十七条规定："国家机关工作人员滥用职权或者玩忽职守，致使公共财产、国家和人民利益遭受重大损失的，处三年以下有期徒刑或者拘役；情节特别严重的，处三年以上七年以下有期徒刑。本法另有规定的，依照规定。""国家机关工作人员徇私舞弊，犯前款罪的，处五年以下有期徒刑或者拘役；情节特别严重的，处五年以上十年以下有期徒刑。本法另有规定的，依照规定。"该规定属于渎职罪范围，《全国人民代表大会常务委员会关于〈中华人民共和国刑法〉第九章渎职罪主体适用问题的解释》对适用主体作了规定："在依照法律、法规规定行使国家行政管理职权的组织中从事公务的人员，或者在受国家机关委托代表国家机关行使职权的组织中从事公务的人员，或者虽未列入国家机关人员编制但在国家机关中从事公务的人员，在代表国家机关行使职权时，有渎职行为，构成犯罪的，依照刑法关于渎职罪的规定追究刑事责任。"

二、泄露、出售或者非法向他人提供在履行职责中所知悉的个人信息、隐私和商业秘密的行为的法律责任

一是行政责任。例如，《中华人民共和国网络安全法》第三十条规定："网信部门和有关部门在履行网络安全保护职责中获取的信息，只能用于维护网络安全的需要，不得用于其他用途。"第七十三条第一款规定："网信部门和有关部门违反本法第三十条规定，将在履行网络安全保护职责中获取的信息用于其他用途的，对直接负责的主管人员和其他直接责任人员依法给予处分。"《中华人民共和国反不正当竞争法》第十五条规定："监督检查部门及其工作人员对调查过程中知悉的商业秘密负有保密义务。"第三十条规定："监督检查部门的工作人员滥用职权、玩忽职守、徇私舞弊或者泄露调查过程中知悉的商业秘密的，依法给予处分。"《中华人民共和国反垄断法》第四十一条规定："反垄断执法机构及其工作人员对执法过程中知悉的商业秘密负有保密义务。"第五十四条规定："反垄断执法机构工作人员滥用职权、玩忽职守、徇私舞弊或者泄露执法过程中知悉的商业秘密，构成犯罪的，依法追究刑事责任；尚不构成犯罪的，依法给予处分。”

二是刑事责任。《中华人民共和国刑法》第二百五十三条之一规定：“违反国家有关规定，向他人出售或者提供公民个人信息，情节严重的，处三年以下有期徒刑或者拘役，并处或者单处罚金；情节特别严重的，处三年以上七年以下有期徒刑，并处罚金。”“违反国家有关规定，将在履行职责或者提供服务过程中获得的公民个人信息，出售或者提供给他人的，依照前款的规定从重处罚。”“窃取或者以其他方法非法获取公民个人信息的，依照第一款的规定处罚。”“单位犯前三款罪的，对单位判处罚金，并对其直接负责的主管人员和其他直接责任人员，依照各该款的规定处罚。”该规定是2015年第十二届全国人民代表大会常务委员会第十六次会议通过的《中华人民共和国刑法修正案（九）》修改的内容。

2009年第十一届全国人民代表大会常务委员会第七次会议通过的《中华人民共和国刑法修正案（七）》最早规定了该问题，当时在刑法第二百五十三条后增加一条，作为第二百五十三条之一：“国家机关或者金融、电信、交通、教育、医疗等单位的工作人员，违反国家规定，将本单位在履行职责或者提供服务过程中获得的公民个人信息，出售或者非法提供给他人，情节严重的，处三年以下有期徒刑或者拘役，并处或者单处罚金。”“窃取或者以其他方法非法获取上述信息，情节严重的，依照前款的规定处罚。”“单位犯前两款罪的，对单位判处罚金，并对其直接负责的主管人员和其他直接责任人员，依照各该款的规定处罚。”《中华人民共和国刑法修正案（九）》对该规定作了修改，扩大了犯罪主体范围，提高了法定刑。

第八十八条　违反本法规定，构成违反治安管理行为的，依法给予治安管理处罚；构成犯罪的，依法追究刑事责任。

【本条主旨】

本条是关于治安管理处罚和刑事责任的规定。

【条文精释】

治安管理处罚是针对扰乱公共秩序，妨害公共安全，侵犯人身权利、财产权利，妨害社会管理，具有社会危害性，但尚不够刑事处罚的行为，由公安机关给予处罚。治安管理处罚的种类包括警告、罚款、行政拘留、吊销公安机关发放的许可证，对违反治安管理的外国人可以附加适用限期出境或者驱逐出境。《中华人民共和国治安管理处罚法》规定了对四类违法行为的处罚，包括扰乱公共秩序的行为和处罚，妨害公共安全的行为和处罚，侵犯人身权利、财产权利的行为和处罚以及妨害社会管理的行为和处罚，许多与电子商务活动紧密相关。例如，第四十六条规定："强买强卖商品，强迫他人提供服务或者强迫他人接受服务的，处五日以上十日以下拘留，并处二百元以上五百元以下罚款；情节较轻的，处五日以下拘留或者五百元以下罚款。"第四十七条规定："煽动民族仇恨、民族歧视，或者在出版物、计算机信息网络中刊载民族歧视、侮辱内容的，处十日以上十五日以下拘留，可以并处一千元以下罚款。"第六十八条规定："制作、运输、复制、出售、出租淫秽的书刊、图片、影片、音像制品等淫秽物品或者利用计算机信息网络、电话以及其他通讯工具传播淫秽信息的，处十日以上十五日以下拘留，可以并处三千元以下罚款；情节较轻的，处五日以下拘留或者五百元以下罚款。"

刑法同样规范电子商务活动，包括经营活动和其他相关活动，典型的包括纳税问题、知识产权保护问题、个人信息保护问题、产品质量问题、网络空间不良信息传播问题等。电子商务活动中构成犯罪的，适用刑法相关规定处理，但不影响依法追究责任主体的民事责任、行政责任等。

电子商务活动涉及社会生活各方面，大多数线下违法行为同样可能出现在线上。电子商务经营者尤其是电子商务平台经营者要注意规范自身行为、积极参与网络空间治理，营造健康的电子商务环境。

第七章　附　则

第八十九条　本法自 2019 年 1 月 1 日起施行。

【本条主旨】

本条是关于本法施行时间的规定。

【条文精释】

法律施行时间，即法律的生效日期，是指法律何时开始生效，是一部法律的重要组成部分，也是法律实施不可或缺的条件。包含以下法律关系和形式：

1. 产生法律效力的起点。一部法律何时开始生效，主要是根据该部法律的性质和实际需要来确定，包括国家和社会需要的紧迫性，是否具备马上实施的条件，是否需要调整现行的运作机制、方式，以便为实施创造条件，是否具有溯及力，等等。一般情况下，法律没有溯及力，即本部法律对生效以前的事件或者行为不发生法律效力。通俗地讲，就是不能用今天的规范去约束昨天的行为，不能去追究。“法不溯及既往”是一项基本的法治原则，也是各国立法的通例。本法也适用这一原则。本法自 2019 年 1 月 1 日（包括本日）开始产生法律效力，任何组织和个人不能以本法作为依据，对 2019 年 1 月 1 日以前发生的涉及电子商务的事件或者行为依照本法进行追责。当然，也不排除个别法律有溯及既往的例外规定，但不适用本法。

2. 实施的时间方式。在我国立法实践中，对于施行时间的规定主要有三种方式：一是法律条文中明确规定自公布之日起施行，这种方式在我国立法中运用较多，主要适用于法律的修订或者法律较少涉及公民权利义务的情形。二是法律中明确规定施行日期，法律公布后并不立即生效实施，而是经过一定时间准备，期限届至后才开始施行。这也是近年来我国在制定新法时采取的主要方式，本法亦不例外。本法 2018 年 8 月 31 日由十三届全国人大常委会第五次会议通过，于 2019 年 1 月 1 日起生效施行，中间有 4 个月的时间。这 4 个月实际上是为法律实施进行准备的阶段。考虑到本法的实施，需要一定的时间进行普及宣传，各权利义务主体需要熟悉法律的规定，进行相应的思想、组织、管理、技术等各方面的准备，确保法律进入实施状态后，能得到执行、适用和遵守，切实得到贯彻落实。这是一个重要的阶段，是实施的前奏，各权利义务主体要抓紧做好各项工作。三是法律生效的条件，如规定法律公布后先予以试行或者暂行，而后由立法部门加以补充完善，再通过为正式法律，但在试行期间，该法律也具有约束力。

3. 修改后法律的生效时间。虽然目前本法不涉及此问题，但其也是属于法律实施生效时间中的一个问题，如果将来本法进行修改就会遇到这类问题，在此作一简要介绍。修改后的法律的生效时间一般由修改法律的形式决定。目前我国立法实践中修改法律的形式主要有两种：一种是以修订方式对法律条文进行全面修改，重新公布法律文本以替代原法律文本。采取修订形式的法律，由于修改的内容较多，涉及法律原则、制度的修改，一般是重新规定法律施行日期。另一种是以修正的方式对法律的部分条文予以修改，并以修改决定的形式公布。具体形式是在修改决定之后附修正本，将原法律根据这一决定作相应的修改并重新公布，这是目前我国法律修改最重要的形式。以修正形式修改的法律，只规定修改决定的施行日期，该施行日期对修改部分的条文适用；对没有修改部分的条文不适用，未修改的部分仍然适用未修改前的法律规定的生效日期。

4. 法律施行时间的公布。法律施行时间是一部法律的重要组成部分，其公布也就是法律文本的公布，是立法的最后一道程序。我国宪法、立法法规定，中华人民共和国主席根据全国人大和全国人大常委会的决定，公布法律。签署公布法律的主席令载明该法律的制定机关、通过和施行日期。即公布法律的权力属于国家主席，标志是签署国家主席令；主席令的内容需载明该部法律的制定机关、通过和施行日期。法律签署公布后，应及时在全国人民代表大会常务委员会公报和中国人大网以及在全国范围内发行的报纸上刊载。在全国人大常务委员会公报上刊登的法律文本为标准文本。为什么立法法要规定法律的标准文本？这是针对目前我国各种形式的法律汇编、全书、网上刊载的法律文本，有不少错漏之处，给严肃执法造成困难。标准文本就是在各种版本的法律文本之间出现不一致时，要以全国人大常委会公报上刊载的法律文本为标准。常委会公报是全国人大常委会刊登法律文件的法定刊物，其所刊载的文件，都经过了严格的校对审核，因此将其作为标准文本是可行的。这对于维护法制的统一，保证法律的贯彻实施，具有重要的意义。

第二部分

立法文件

关于《中华人民共和国电子商务法（草案）》的说明

——2016年12月19日在第十二届全国人民代表大会常务委员会第二十五次会议上

全国人大财政经济委员会副主任委员　吕祖善

委员长、各位副委员长、秘书长、各位委员：

电子商务法列入了十二届全国人大常委会立法规划，由全国人大财政经济委员会牵头组织起草，并列入2016年立法工作计划预备项目。全国人大财政经济委员会积极推进立法进程，经过近三年全面深入的调研论证，在广泛征求国务院有关部门和地方人大、地方政府、人大代表、电商企业及专家学者等各方面意见的基础上，拟定了《中华人民共和国电子商务法（草案）》（以下简称草案）。受全国人大财政经济委员会委托，我就草案作以下说明。

一、关于制定本法的必要性和起草经过

近年来，我国电子商务迅速发展，在转方式、调结构、稳增长、促就业、惠民生等方面发挥了重要作用。“十二五”期间，电子商务年均增长速度超过30%。2015年，我国电子商务交易额超过20万亿元；网络零售额3.88万亿元，其中实物商品网上零售额3.23万亿元，占社会消费品零售总额的比重达到10.8%；电子商务交易市场规模跃居全球第一；电子商务就业人员达2690万人；互联网对中国经济增长的贡献率达到7%。近年来，许多全国人大代表也提出议案和建议，希望加快电子商务立法。

2013年12月，全国人大财政经济委员会牵头开展电子商务立法工作，组织成立由国务院十二个部门参加的电子商务法起草组。在起草过程中，认真落实科学立法、民主立法要求，注重提高立法质量，广泛吸纳地方人大、院校专家、部分电商企业和行业协会，共同参与起草工作。

起草组成立后，对电子商务现有法律法规进行了梳理，选定电子商务立法十六方面重点课题进行研究，形成三十多份有份量、有深度的研究报告。在课题研究基础上，电子商务相关部门、地方人大、高校、电商企业、行业协会等密切合作，形成四份电子商务法立法大纲和两个版本的草案建议稿。起草组把广泛听取意见贯穿于起草的全过程，通过专题调研、座谈会、研讨会等多种形式，充分听取各方面意见。认真研究梳理、充分借鉴国际组织和主要国家的经验做法，先后召开两次国际研讨会，邀请联合国贸易法委员会和美国、欧盟、日本、新加坡等国专家，结合我国电子商务立法工作进行了专题研讨。

草案建议稿整合形成草案初稿后，经征求国务院有关部门的意见，反复研究修改，形成草案讨论稿。2016 年 4 月 29 日，电子商务法起草领导小组会议讨论并原则同意草案。此后，将草案发到各省区市人大财经委，广泛听取当地有关部门、企业、专家特别是全国人大代表、地方人大代表的意见，根据各地意见对草案进行了修改完善。2016 年 7 月 19 日，全国人大财政经济委员会召开第 49 次全体会议，审议并原则通过草案，之后根据委员们意见进行了修改。此后，全国人大常委会办公厅发函国务院办公厅征求了国务院各部门的意见，财政经济委员会根据 61 个部门反馈的 188 条意见进行修改完善，采纳 139 条，并按照全国人大常委会法工委审核意见对重点问题进行了协调和修改，形成目前的草案。

二、立法指导思想和起草工作原则

电子商务立法的指导思想是：全面贯彻党的十八大和十八届三中、四中、五中、六中全会精神，牢固树立和贯彻落实创新、协调、绿色、开放、共享发展理念，按照完善社会主义市场经济体制、依法治国、依法行政的总体目标和要求，坚持促进发展、规范秩序、保障权益，充分发挥立法的引领和推动作用，加强顶层设计，夯实制度基础，激发电子商务发展创新的新动力新动能，解决电子商务发展中的突出矛盾和问题，建立开放、共享、诚信、安全的电子商务发展环境，推动经济结构调整，实现经济提质增效转型升级，切实维护国家利益。

在立法过程中注重把握：第一，坚持促进发展。立法始终把促进电子商务健康可持续发展摆在首位。一是保障电子商务各方主体权益，明确义务和责任。二是鼓励创新，充分发挥市场在资源配置中的决定性作用，鼓励形成企业自治、行业自律、社会监督、政府监管的社会共治模式，同时通过创新监管更好发挥政府作用。三是在发展中逐步规范，在规范中持续发展。草案从我国国情实际出发，通过具体制度设计解决电子商务经营主体、行为及其市场规范问题。

第二，坚持问题导向。当前，电子商务发展也面临一些突出矛盾和问题。一是法律体系和商业规则有待完善。二是市场秩序有待规范，交易环境需要健全完善。三是管理体制有待理顺，交易安全保障亟待加强。草案着力解决电子商务发展中的突出问题，将近年来一些成熟的经验做法上升到法律作为制度确定下来，同时注重与相关法律法规相衔接。

第三，规范与保障并重。规范电子商务经营主体的经营行为，明确其资质条件、公示和审验义务、服务安全等，形成良好营商环境。注重加强对电子商务消费者的保护力度，为电子商务良性发展、互动创新奠定制度基础。

三、主要内容和重点问题

草案分总则、电子商务经营主体、电子商务交易与服务、电子商务交易保障、跨境电子商务、监督管理、法律责任和附则，共八个章节九十四条。重点包括：

（一）电子商务法调整对象

电子商务法调整对象和范围的确定，直接关系到促进发展、规范秩序、保障权益的立法目标顺利实现，关系到整个电子商务法总体框架设计，应综合考虑我国电子商务发展实践、中国的现实国情并与国际接轨、与国内其他法律法规的衔接等。综合各方意见，草案将电子商务定义为："通过互联网等信息网络进行商品交易或者服务交易的经营活动"。在此定义中，信息网络包括互联网、移动互联网等；商品交易包括有形产品交易和无形产品交易（如数字产品）；服务交易是指服务产品交易；经营活动是指以营利为目的的商务活动，包括上述商品交易、服务交易和相关辅助经营服务活动。考虑到立法应尽可能涵盖电子商务的实际领域，同时与其他法律法规有效衔接，草案规定：“法律、行政法规对商品交易或者服务交易有特别规定的，适用其规定。涉及金融类产品和服务、利用信息网络播放音视频节目以及网络出版等内容方面的服务，不适用本法。”

（二）电子商务经营主体

草案对电子商务经营主体作出了明确规定，区分了一般的电子商务经营者和电子商务第三方平台。第三方平台对市场的主导作用，构成了我国电子商务发展的重要特点。草案着重对第三方平台作出明确规定：一是要求其对经营者进行审查，提供稳定、安全服务；二是应当公开、透明地制定平台交易规则；三是遵循重要信息公示、交易记录保存等要求；四是退出的要求。起草过程中，对自然人工商登记问题有不同意见，经过反复沟通协调，各方面均认同工商登记是电子商务经营者的法定义务。但考虑到我国国情和电子商务发展实际，为有利于促进就业，可以对部分符合条件的小规模经营者免予登记。因此，草案第十二条第一款规定：“电子商务经营主体应当依法办理工商登记。但是，依法无须取得许可的以个人技能提供劳务、家庭手工业、农产品自产自销以及依照法律法规不需要进行工商登记的除外。具体办法由国务院规定。”

（三）电子商务交易与服务

围绕电子商务的交易与服务主要有电子合同、电子支付和快递物流。关于电子合同，草案根据电子商务发展的特点，在现有法律规定的基础上规定了电子商务当事人行为能力推定规则、电子合同的订立、自动交易信息系统，以及电子错误等内容。关于电子支付，草案规定了电子支付服务提供者和接受者的法定权利义务，对于支付确认、错误支付、非授权支付、备付金等作出规定。关于快递物流，草案明确了快递物流依法为电子商务提供服务，规范了电子商务寄递过程中的安全和服务问题。

（四）电子商务交易保障

草案主要规定四方面内容：一是电子商务数据信息的开发、利用和保护。明确规定鼓励数据信息交换共享，保障数据信息的依法有序流动和合理利用，强调电子商务经营者对用户个人信息应采取相应保障措施，并对电子商务数据信息的收集利用及其安全保障作出明确要求。二是市场秩序与公平竞争，规定电子商务经营主体知识产权保护、平台责任、不正当竞争行为的禁止、信用评价规则。三是消费者权益保护，包括商品或者服务信息真实、商品或者服务质量保证、交易规则和格式条款制定，并规定了设立消费者权益保证金，电子商务第三方平台有协助消费者维权的义务。四是争议解决，在适用传统方式的基础上，根据电子商务发展特点，积极构建在线纠纷解决机制。

（五）跨境电子商务

近年来，我国跨境电子商务快速发展，已经形成了一定的产业集群和交易规模。发展跨境电子商务，有利于完善我国对外开放战略布局和对外贸易优化升级，有利于推进“一带一路”建设和实施自由贸易区战略，形成对外开放新体制。为支持、促进和保障跨境电子商务发展，电子商务立法对此作了专门规定。一是国家鼓励促进跨境电子商务的发展。二是国家推动建立适应跨境电子商务活动需要的监督管理体系，提高通关效率，保障贸易安全，促进贸易便利化。三是国家推进跨境电子商务活动通关、税收、检验检疫等环节的电子化。四是推动建立国家之间跨境电子商务交流合作等。

（六）监督管理与社会共治

草案规定了国务院及各级政府对电子商务的监管职能。电子商务治理要充分发挥政府作用，同时还要充分发挥行业自律和社会共治的作用，实现多管齐下、综合治理。即要体现电子商务管理创新，运用互联网思维、互联网管理办法。电子商务行业组织和电子商务经营主体应当加强行业自律，建立健全行业规范和网络规范，引导本行业经营者公平竞争，推动行业诚信建设。国家鼓励、支持和引导电子商务行业组织、电子商务经营主体和消费者共同参与电子商务市场治理。

《中华人民共和国电子商务法（草案）》和以上说明是否妥当，请审议。

全国人民代表大会法律委员会关于《中华人民共和国电子商务法（草案）》修改情况的汇报

全国人民代表大会常务委员会：

常委会第二十五次会议对电子商务法草案进行了初次审议。会后，法制工作委员会将草案印发各省、自治区、直辖市、中央有关部门和部分企业、研究机构征求意见。在中国人大网全文公布草案征求社会公众意见。法律委员会、法制工作委员会还到广东、江苏等地进行调研，听取意见。常委会组成人员和各方面总的认为，为规范并促进电子商务发展，制定本法是必要的；同时提出了一些修改意见。

法律委员会、法制工作委员会认真研究了各方面的意见，同财政经济委员会、国务院法制办公室、中央网络安全和信息化领导小组办公室、商务部、国家工商行政管理总局等部门交换意见，共同研究，根据电子商务快速发展和新业态不断涌现的实际，针对各方面提出的进一步明确本法定位、突出重点、删繁就简的建议，形成了以下修改思路：一是，遵循规范经营与促进发展并重，保障并支持电子商务创新发展；二是，聚焦于规范电子商务经营者特别是平台经营者，针对电子商务活动的特点和实践中反映的突出问题，对电子商务经营者特别是平台经营者的义务与责任作必要的补充完善，以更好地保证交易安全，保护用户和消费者权益；三是，按照“鼓励创新、包容审慎”原则，对有关方面认识尚不一致、还看不准的问题，仅作原则规定或不作规定；四是，对现行相关法律已有规定的，本法不再作重复规定，同时保留或增加与相关法律的衔接性规定。按照上述思路对草案进行修改后，法律委员会、财政经济委员会、法制工作委员会联合召开座谈会，又征求了中央有关部门和一些电商企业、行业组织、专家的意见，各方面总体赞同上述修改思路和主要修改内容。

法律委员会于9月29日召开会议，根据常委会组成人员的审议意见和各方面意见，对草案进行了逐条审议。财政经济委员会、国务院法制办公室、国家工商行政管理总局的有关负责同志和中央网络安全和信息化领导小组办公室的有关同志列席了会议。10月17日，法律委员会召开会议，再次进行审议。现将电子商务法草案主要问题的修改情况汇报如下：

一、草案第十一条将“电子商务经营主体”分为“电子商务第三方平台”和“电子商务经营者”，并分别作了定义。有的常委委员和地方、专家提出，草案对电子商务经营主体的分类和含义规定得不够清晰。法律委员会经研究，建议将草案中的“电子商务经营主体”统一改为“电子商务经营者”；并在草案第十一条中增加规定：“电子商务经营者”包括自建网站经营的电子商务经营者、电子商务平台经营者、平台内电子商务经营者。（草案二次审议稿第十条）

二、草案第十二条第一款规定：电子商务经营者应当依法办理工商登记。但是，依法无须取得许可的以个人技能提供劳务、家庭手工业、农产品自产自销以及依照法律法规不需要进行工商登记的除外。具体办法由国务院规定。对此，有两种意见。一种意见认为，上述免于工商登记的范围过窄，不利于电子商务发展。另一种意见认为，草案与最近国务院发布施行的无证无照经营查处办法的规定总体一致，目前，工商登记、税务登记已合并，实行一照一码，工商登记是税收征管的基础，工商登记应当线上线下统一。法律委员会经研究，建议将草案的上述规定修改为：电子商务经营者应当依法办理工商登记。但是，销售自产农副产品、销售家庭手工业产品、个人利用自己的技能从事依法无须取得许可的便民劳务活动以及依照法律、行政法规不需要进行工商登记的除外。（草案二次审议稿第十一条）

三、草案第十九条第一款规定，电子商务平台应当对申请进入平台的经营者的身份、行政许可等信息进行审查、登记。一些常委委员和地方、部门提出，应当进一步要求电子商务平台配合监管，向工商行政管理等部门提供经营者信息，并为经营者办理工商登记提供便利。法律委员会经研究，建议增加一款规定：电子商务平台经营者应当按照规定向工商行政管理部门、税务部门报送平台内经营者的身份信息和经营信息。电子商务平台经营者应当配合工商行政管理部门，为应当办理工商登记的经营者办理工商登记提供便利。（草案二次审议稿第二十三条第二款）

四、一些常委委员和地方、部门、社会公众建议，进一步强化电子商务经营者特别是平台经营者的义务规范，加强消费者权益保护。法律委员会经研究，建议在草案中增加以下规定：一是，电子商务经营者不得以虚假宣传、虚构交易、编造用户评价等方式侵害消费者的知情权。二是，电子商务经营者应当按照承诺或者与消费者约定的方式、时限向消费者交付商品或者服务，并承担商品运输中的风险和责任。但是，消费者与电子商务经营者约定另行选择快递物流服务提供者的除外。三是，电子商务经营者应当明示用户注销的方式和程序，不得对用户注销设置不合理条件。四是，电子商务平台经营者对其标记为自营业务的商品交易或者服务交易依法承担商品销售者或者服务提供者的责任。五是，电子商务平台经营者应当根据商品或者服务的价格、销量、信用高低等多种方式向消费者显示搜索结果；对于竞价排名的商品或者服务，应当显著标明“广告”。（草案二次审议稿第十八条、第十九条、第二十一条第一款、第三十二条第二款、第三十四条）

五、一些常委委员和企业、专家、社会公众建议，针对电商平台利用不合理的服务协议和交易规则，对平台内经营者实施不公平交易行为的问题完善草案相关规定。法律委员会经研究，建议对草案作以下修改：一是，在草案第二十三条中增加电子商务平台经营者修改平台服务协议应当公开征求意见，并提前公示修改内容的规定。二是，将草案第五十五条第五项修改为，电子商务平台经营者不得利用服务协议和交易规则等手段，对平台内经营者的交易、交易价格等进行不合理限制或者附加不合理交易条件，或者向平台内经营者收取不合理费用。（草案二次审议稿第二十九条第一款、第三十条）

六、草案第五十三条中规定，电子商务平台“明知”平台内经营者侵犯知识产权的，应当依法采取删除等必要措施。一些常委会组成人员和部门、企业、专家建议，进一步强化平台经营者的知识产权保护责任。法律委员会经研究，建议将草案的上述规定修改为：电子商务平台经营者知道或者应当知道平台内经营者侵犯知识产权的，应当采取删除、屏蔽、断开链接、终止交易和服务等必要措施；未采取必要措施的，与侵权人承担连带责任（草案二次审议稿第三十九条）。同时，在草案第五十四条中增加规定：电子商务平台经营者接到平台内经营者侵犯知识产权的通知后，未及时采取必要措施的，应当对损害扩大部分与平台内经营者承担连带责任（草案二次审议稿第三十六条第二款）。

七、一些常委会组成人员和地方、部门、企业、专家建议，完善电子商务合同订立、履行规范，进一步明确合同当事人的权利和义务。法律委员会经研究，建议对草案作以下修改：一是，增加一条规定，电子商务经营者应当清晰、全面、明确地告知用户订立合同的步骤、注意事项、下载方法等事项，保证用户能够便利、完整地阅览和下载；并保证用户在提交订单前可以更正输入错误。二是，增加规定，电子商务当事人可以约定采用快递物流方式交付商品。快递物流服务提供者为电子商务提供快递物流服务，应当遵守法律、行政法规，并应当符合承诺的服务规范和时限；在交付商品时，应当提示收货人当面查验，经当面查验无异议的，收货人应当签收。三是，将草案第三十六条第二款修改为，未经授权的支付造成的损失，由电子支付服务提供者承担；电子支付服务提供者能够证明未授权支付是因用户的过错造成的，不承担责任。（草案二次审议稿第四十三条、第四十五条第一款和第二款、第五十条第三款）

八、一些常委委员和地方、专家、社会公众建议，针对实践中消费者投诉举报难、获取证据难问题，进一步完善电子商务争议处理规范。法律委员会经研究，建议将“电子商务争议解决”单列一章，并增加以下规定：一是，电子商务经营者应当建立便捷、有效的投诉、举报机制，公开投诉、举报方式等信息，及时受理并处理投诉、举报。二是，在电子商务争议处理中，电子商务经营者应当提供原始合同和交易记录。因电子商务经营者丢失、伪造、篡改、销毁、隐匿或者拒绝提供上述资料，致使人民法院、仲裁机构或者有关机关无法查明事实的，电子商务经营者应当承担相应的法律责任。（草案二次审议稿第五十二条、第五十五条）

九、一些常委会组成人员和地方、部门、企业建议，充实促进电子商务发展的政策措施。法律委员会经研究，为进一步体现“互联网+”促进线上线下融合发展、推动农村经济和扶贫攻坚的重要作用，建议将“电子商务促进”单列一章，并对草案作以下修改：一是，增加一条规定，国家推动电子商务在国民经济各个领域的应用，支持电子商务与各产业融合发展。二是，增加一条规定，国家促进农业生产、加工、流通等环节的互联网技术应用，鼓励各类社会资源加强合作，促进农村电子商务发展。三是，将草案第七十六条修改为，国家推动电子商务基础设施和物流网络建设，完善电子商务统计制度，加强电子商务标准体系建设。（草案二次审议稿第五十八条、第五十九条、第六十条）

考虑到草案中关于个人信息保护、电子支付、快递物流等方面的管理性规范，有关法律、行政法规等已作了规定，对此作了必要的删减、整合，并增加了与有关法律、行政法规等相衔接的规定；同时，根据修改后的内容对法律责任一章进行梳理并作了调整。

此外，还对草案作了一些文字修改。

草案二次审议稿已按上述意见作了修改，法律委员会建议提请本次常委会会议继续审议。

草案二次审议稿和以上汇报是否妥当，请审议。

全国人民代表大会法律委员会

2017年10月31日

全国人民代表大会宪法和法律委员会关于《中华人民共和国电子商务法（草案）》修改情况的汇报

全国人民代表大会常务委员会：

近年来，我国电子商务迅猛发展，对推进供给侧结构性改革、激发社会创新创业活力、满足人民日益增长的美好生活需要发挥了重要作用。中国已成为世界领先的电子商务市场，积累了丰富的创新发展经验。为了进一步支持、促进电子商务发展，维护市场秩序，保障电子商务各方主体的合法权益，十二届全国人大财政经济委员会在深入调研、广泛征求意见的基础上组织起草了电子商务法（草案），于2016年12月提请十二届全国人大常委会第二十五次会议进行了初次审议；2017年10月十二届全国人大常委会第三十次会议对草案进行了再次审议。十二届全国人大法律委员会、常委会法制工作委员会通过多种方式广泛征求意见，先后两次将草案印发各省（区、市）人大和中央有关部门征求意见，两次公布草案向社会征求意见，通过召开座谈会、到一些地方调研等方式，听取了国内各类主要电子商务企业的意见；召开专题会议，听取中央有关部门、主要电商平台企业和专家对自然人经营者登记等问题的意见。

在草案起草和审议修改过程中，注重把握以下几点：一是，坚持党中央提出的“创新是引领发展的第一动力”的要求，充分发挥立法的引领和推动作用，保障并支持电子商务创新发展；二是，遵循规范经营与促进发展并重的思路，针对电子商务活动的特点和实践中反映的突出问题，聚焦于规范电子商务经营者特别是平台经营者，对其义务与责任作出规定，以更好地保证交易安全，保护用户和消费者权益，维护市场秩序；三是，按照“鼓励创新、包容审慎”原则，对有关方面认识尚不一致、还看不准的问题，仅作原则规定或不作规定；四是，处理好与有关民事法律和行政管理法律的关系，对现行法律已有明确规定的，不再作重复规定。

根据上述思路，草案二次审议稿规定了如下主要内容：第一，明确本法的适用范围，限于我国境内的电子商务活动；将电子商务经营者分为平台经营者、平台内经营者、自建网站经营者；同时，考虑到一些行业和领域的特殊性，规定涉及金融类产品和服务、利用信息网络播放音视频节目、网络出版以及互联网文化产品等内容方面的服务，不适用本法。第二，针对电子商务的特点，着重规定电子商务经营者特别是平台经营者的义务与责任，如落实实名制、公平交易、保护知识产权、保护个人信息、保障网络安全等。第三，确立电子商务合同的订立和履行规范，对当事人民事行为能力、合同成立、电子商务经营者的告知义务、快递物流的服务规范、电子支付的责任承担等作了规定。第四，针对保护消费者的知情权、选择权和人身财产安全，在侵权责任法和消费者权益保护法的相关规定基础上进一步细化，对电子商务经营者特别是平台经营者的责任作了较为具体的规定。第五，专设电子商务促进一章，从促进线上线下产业融合、农村电子商务、跨境电子商务发展，推进电子商务诚信体系建设等方面，规定了支持促进电子商务发展的政策措施。第六，对电子商务争议的解决方式、原始合同和交易记录的提供、电子商务争议在线解决机制等作了规定。第七，对违反本法规定行为的法律责任作了规定。

本届以来，宪法和法律委员会、法制工作委员会就草案的有关问题进一步征求了有关方面意见、共同研究。宪法和法律委员会于6月5日召开会议，根据常委会组成人员的审议意见和各方面意见，对草案进行了逐条审议。财政经济委员会、中央网络安全和信息化委员会办公室、司法部、国家市场监督管理总局有关负责同志列席了会议。6月12日，宪法和法律委员会召开会议，再次进行了审议。现将电子商务法（草案二次审议稿）

主要问题的修改情况汇报如下：

一、一些意见提出，2018 年是改革开放 40 周年，以习近平同志为核心的党中央提出了一系列改革开放新的重要举措，电子商务作为现代服务业的重要组成部分，应充分发挥其在推动高质量发展和形成全面开放新格局方面的作用。宪法和法律委员会经研究，建议在草案二次审议稿第四条中增加规定：充分发挥电子商务在推动高质量发展、构建开放型经济方面的重要作用。（草案三次审议稿第四条）

二、草案二次审议稿第十条第一款规定，本法所称电子商务经营者，是指通过互联网等信息网络销售商品或者提供服务的自然人、法人和非法人组织，包括自建网站经营的电子商务经营者、电子商务平台经营者、平台内电子商务经营者。一些常委委员和部门、企业、社会公众建议，在电子商务经营者的范围中明确不包括个人转让自用二手物品等非经营活动；一些常委委员和地方、企业、社会公众建议，将通过微信、网络直播等方式销售商品或者提供服务的经营者涵盖在内。宪法和法律委员会经研究，建议将上述规定修改为：本法所称电子商务经营者，是指通过互联网等信息网络从事销售商品或者提供服务的经营活动的自然人、法人和非法人组织，包括电子商务平台经营者、平台内经营者以及通过自建网站、其他网络服务销售商品或者提供服务的电子商务经营者。（草案三次审议稿第十条第一款）

三、草案二次审议稿第十一条规定，电子商务经营者应当依法办理工商登记。但是，个人销售自产农副产品、销售家庭手工业产品，个人利用自己的技能从事依法无须取得许可的便民劳务活动以及依照法律、行政法规不需要进行工商登记的除外。关于这个问题，在草案起草、审议和征求意见中，一直存在两种意见。一种意见认为，应当要求所有个人经营者办理登记；一种意见建议明确，除须取得行政许可的经营活动外，个人经营者免于办理登记。在二审中，一些常委委员建议，对不需要进行登记的电子商务经营者的范围予以研究完善，并对其税务登记问题作出规定。宪法和法律委员会、法制工作委员会对这个问题作了重点研究，认为：从我国的商事登记和税收征管制度上总体考虑，并为体现线上线下公平竞争，在本法中规定电子商务经营者应当依法办理登记，是必要的；同时，实践中有许多个人经营者交易的频次低、金额小，法律已要求平台对其身份进行核验，可不要求其必须办理登记。据此，建议作以下修改：一是，在草案二次审议稿第十一条中增加规定，个人从事“零星小额交易活动”不需要办理市场主体登记（草案三次审议稿第十一条）。二是，增加规定：依照本法规定不需要办理市场主体登记的电子商务经营者在首次纳税义务发生后，应当依照税收征收管理法律、行政法规的规定办理税务登记，并如实申报纳税（草案三次审议稿第十二条第二款）。

四、草案二次审议稿第二十三条第二款中规定，电子商务平台经营者应当按照规定向工商行政管理部门、税务部门报送平台内经营者的身份信息和经营信息。有的常委委员和企业、专家提出，要求电子商务平台向上述部门报送有关信息是必要的；但是，考虑到经营信息范围广，有的还涉及企业商业秘密等，建议对报送信息的情形予以区分，限定报送范围。宪法和法律委员会经研究，建议将上述规定修改为，电子商务平台经营者应当按照规定向市场监督管理部门报送平台内经营者的身份信息，向税务部门报送平台内经营者的身份信息和与纳税有关的信息。（草案三次审议稿第二十七条）

五、一些常委会组成人员和部门、企业、社会公众提出，在目前的实践中，一些电子商务经营者定向推送商品、服务信息存在误导的情况，搭售商品、押金退还、格式合同等存在许多不合理做法，侵害消费者合法权益，应对此作出有针对性的规范。宪法和法律委员会经研究，建议增加以下规定：一是，电子商务经营者根据消费者的兴趣爱好、消费习惯等特征向其推销商品或者服务，应当同时向该消费者提供不针对其个人特征的选项，尊重和平等保护消费者合法权益（草案三次审议稿第十九条第一款）。二是，电子商务经营者搭售商品或者服务，应当以显著方式提请消费者注意，不得将搭售商品或者服务作为默认同意的选项（草案三次审议稿第十九条第二款）。三是，电子商务经营者按照约定向消费者收取押金的，应当明示押金退还的方式、程序，不得对押金退还设置不合理条件。消费者申请退还押金，符合押金退还条件的，电子商务经营者应当及时退还（草案三次审议稿第二十一条）。四是，电子商务经营者不得以格式条款等方式约定消费者支付价款后合同不成立；格式条款等含有该内容的，其内容无效（草案三次审议稿第四十八条第二款）。

六、一些常委会组成人员和地方、部门、社会公众建议，明确禁止电子商务经营者滥用市场支配地位以及电子商务平台经营者限制平台内经营者在其他平台上开展经营活动的行为。宪法和法律委员会经研究，建议作以下修改：一是，增加规定：电子商务经营者因其技术优势、用户数量、对相关行业的控制能力以及其他经营者对该电子商务经营者在交易上的依赖程度等因素而具有市场支配地位的，不得滥用市场支配地位，排除、限制竞争（草案三次审议稿第二十二条）。二是，将第三十条修改为，电子商务平台经营者不得利用服务协议、交易规则以及技术等手段，对平台内经营者在平台内的交易、交易价格以及与其他经营者的交易等进行不合理限制或者附加不合理条件，或者向平台内经营者收取不合理费用（草案三次审议稿第三十四条）。

七、一些常委会组成人员和部门、社会公众建议，与侵权责任法、消费者权益保护法的有关规定相衔接，针对电子商务平台对平台上销售假冒伪劣商品等行为不及时采取措施，以及对消费者未尽到安全保障义务等情形，进一步明确和细化其对消费者的责任。宪法和法律委员会经研究，建议增加规定：电子商务平台经营者知道或者应当知道平台内经营者销售的商品或者提供的服务不符合保障人身、财产安全的要求，或者有其他侵害消费者合法权益行为，未采取必要措施的，依法与该平台内经营者承担连带责任。对关系消费者生命健康的商品或者服务，电子商务平台经营者对平台内经营者的资质资格未尽到审核义务，或者对消费者未尽到安全保障义务，造成消费者损害的，依法与该平台内经营者承担连带责任。（草案三次审议稿第三十七条）

八、有的部门、专家建议，对生产经营者之间通过电子商务平台开展交易活动作出必要规范。宪法和法律委员会经研究，建议增加规定：电子商务平台经营者可以按照平台服务协议和交易规则，为经营者之间的商品交易或者服务交易提供信息发布、交易撮合、仓储、物流、支付结算、交收等服务，同时应当遵守法律、行政法规和国家有关规定，不得采取集中竞价、做市商等集中交易方式进行交易，不得进行标准化合约交易。（草案三次审议稿第四十五条）

此外，还对草案二次审议稿作了一些文字修改。

草案三次审议稿已按上述意见作了修改，宪法和法律委员会建议提请本次常委会会议继续审议。

草案三次审议稿和以上汇报是否妥当，请审议。

全国人民代表大会宪法和法律委员会

2018年6月19日

全国人民代表大会宪法和法律委员会关于《中华人民共和国电子商务法（草案）》审议结果的报告

全国人民代表大会常务委员会：

常委会第三次会议对电子商务法草案进行了第三次审议。会后，法制工作委员会在中国人大网全文公布草案三次审议稿征求社会公众意见，召开座谈会听取部分法院的意见；并就草案的有关问题与有关方面交换意见，共同研究。宪法和法律委员会于7月25日召开会议，根据常委会组成人员的审议意见和各方面意见，对草案进行了逐条审议。财政经济委员会、中央网络安全和信息化委员会办公室、司法部、国家市场监督管理总局的有关负责同志列席了会议。8月20日，宪法和法律委员会召开会议，再次进行审议。宪法和法律委员会认为，为保障电子商务各方主体的合法权益，规范电子商务行为，维护市场秩序，促进电子商务持续健康发展，制定本法是必要的；草案经过常委会三次审议修改，已经比较成熟。同时，提出以下主要修改意见：

一、一些常委会组成人员提出，从事电子商务活动应当贯彻绿色发展理念，履行环保义务，建议在本法中对此作出相应规定。宪法和法律委员会经研究，建议在草案三次审议稿第六条中增加规定，电子商务经营者从事经营活动应当履行“环境保护”义务；在第五章中增加一条规定：国务院和县级以上地方人民政府及其有关部门应当采取措施，支持、推动绿色包装、仓储、运输，促进电子商务绿色发展。（草案四次审议稿第五条、

第六十四条）

二、一些常委会组成人员和法院的同志建议明确规定跨境电子商务适用本法。宪法和法律委员会经研究认为，按照草案相关规定，我国境内的电子商务经营者为消费者从境外采购商品等跨境电子商务活动适用本法；我国的消费者从境外购买商品等电子商务活动，按照我国涉外民事法律关系适用法的规定，也可以适用本法关于消费者保护的相关规定。同时，从事跨境电子商务活动还应当遵守我国进出口监管的法律、行政法规。据此，建议增加一条规定：电子商务经营者从事跨境电子商务，应当遵守有关进出口监督管理的法律、行政法规。（草案四次审议稿第二十五条）

三、一些社会公众、电商平台企业和法院的同志提出，草案三次审议稿第三十七条第二款关于电子商务平台经营者与平台内经营者承担连带责任的规定，给平台经营者施加的责任过重，建议将“承担连带责任”改为“承担相应的补充责任”，与侵权责任法的有关规定相一致。宪法和法律委员会经研究认为，这样修改更为合理，也能够为消费者提供充分保障，建议采纳这一意见。（草案四次审议稿第三十七条第二款）

四、一些常委会组成人员和法院的同志建议，对商品和服务交付的有关规定作进一步研究完善。宪法和法律委员会经研究，建议对草案三次审议稿作以下修改：一是，在第五十条第一款“合同标的为提供服务的，以生成的电子或者实物凭证中所载明的时间为交付时间”后增加规定：前述凭证没有载明时间或者载明时间与实际提供服务时间不一致的，实际提供服务的时间为交付时间；二是，在第五十一条第二款中增加规定：快递物流服务提供者将商品交由他人代收的，应当经收货人同意。（草案四次审议稿第五十条第一款、第五十一条第二款）

五、草案三次审议稿第八十条和第八十一条分别对电子商务平台经营者不合理限制平台内经营者的交易，以及对平台内经营者实施侵犯知识产权行为未依法采取必要措施的处罚作了规定。根据一些常委会组成人员和社会公众的意见，宪法和法律委员会建议，将这两条中的罚款数额由“五万元以上二十万元以下”、“二十万元以上五十万元以下”分别修改为“五万元以上五十万元以下”、“五十万元以上二百万元以下”。（草案四次审议稿第八十一条、第八十二条）

此外，还对草案三次审议稿作了一些文字修改。

还有一个问题需要汇报。一些常委会组成人员建议，对电子商务活动中的个人信息保护作出具体规定。宪法和法律委员会经研究认为，目前，民法总则、网络安全法、刑法等对个人信息的收集、使用、保护规则以及侵害个人信息的处罚已作了规定，下一步还将对个人信息保护进行专项立法，本法对电子商务活动中的个人信息保护作衔接性规定是适宜的。

8 月 16 日，法制工作委员会召开会议，邀请全国人大代表、专家学者、主要电商企业、行业协会、执法部门等方面的代表，就草案中主要制度规范的可行性、法律出台时机、法律实施的社会效果和可能出现的问题等进行评估。总的评价是：电子商务法草案遵循保障权益、规范行为、维护秩序、促进发展的立法宗旨，坚持“鼓励创新、包容审慎”原则，主要制度充分考虑了电子商务发展实际和面临的突出问题，也为将来的发展留有充分的空间，具有较强的针对性、可行性和包容性。草案经过常委会三次审议修改，充分征求并吸收了各方面意见，达成了最大的社会共识，已经比较成熟，建议尽快审议通过。也有的参会人员建议，对草案作进一步完善后再出台，使之成为一部面向未来、促进发展、引领全球数字经济的法律。有的参会人员还对草案提出了一些具体修改意见，宪法和法律委员会进行了认真研究，对有的意见予以采纳。

草案四次审议稿已按上述意见作了修改，宪法和法律委员会建议提请本次常委会会议审议通过。

草案四次审议稿和以上报告是否妥当，请审议。

全国人民代表大会宪法和法律委员会

2018 年 8 月 27 日

全国人民代表大会宪法和法律委员会关于《中华人民共和国电子商务法（草案四次审议稿）》修改意见的报告

全国人民代表大会常务委员会：

常委会第五次会议于8月28日下午对电子商务法（草案四次审议稿）进行了分组审议，普遍认为，草案已经比较成熟，建议进一步修改后，提请本次会议通过。同时，有些常委会组成人员和列席会议的同志还提出了一些修改意见。宪法和法律委员会于8月29日上午召开会议，逐条研究了常委会组成人员的审议意见，对草案进行了审议。全国人大财政经济委员会、中央网络安全和信息化委员会办公室、司法部、国家市场监督管理总局的有关负责同志列席了会议。宪法和法律委员会认为，草案是可行的，同时，提出以下修改意见：

一、一些常委会组成人员建议，进一步强化电子商务经营者的环保义务以及快递物流服务提供者使用绿色包装的义务。宪法和法律委员会经研究，建议在草案四次审议稿第十三条中增加规定，电子商务经营者销售的商品或者提供的服务应当符合“环境保护要求”；在第五十一条中增加一款规定：快递物流服务提供者应当尽量使用环保包装材料，实现包装材料的减量化和再利用。（草案建议表决稿第十三条、第五十二条第三款）

二、草案四次审议稿第十八条第一款对电子商务经营者根据消费者的个人特征向其提供商品或者服务搜索结果的要求作了规定。一些常委会组成人员建议，对电子商务经营者向消费者发送广告的行为作出相应规定。

宪法和法律委员会经研究，建议在本条中增加一款规定：电子商务经营者向消费者发送广告的，应当遵守《中华人民共和国广告法》的有关规定。（草案建议表决稿第十八条第二款）

三、一些常委委员和列席会议的同志提出，实践中，电子商务平台经营者未履行资质资格审核义务和对消费者的安全保障义务的情况比较复杂，可根据实际情形依法认定其应承担的责任。宪法和法律委员会经研究，建议将草案四次审议稿第三十七条第二款中的“依法承担相应的补充责任”，修改为“依法承担相应的责任”。同时，根据有的常委委员的意见，建议增加一条行政处罚规定：电子商务平台经营者违反本法规定，对平台内经营者侵害消费者权益行为未采取必要措施，或者对平台内经营者未尽到资质资格审核义务，或者对消费者未尽到安全保障义务的，由市场监督管理部门责令限期改正，可以处五万元以上五十万元以下的罚款；情节严重的，责令停业整顿，并处五十万元以上二百万元以下的罚款。（草案建议表决稿第三十八条第二款、第八十三条）

四、草案四次审议稿第四十一条第三款规定，知识产权权利人因通知错误造成平台内经营者损害的，依法承担民事责任。有的常委委员建议，针对恶意通知扰乱正常经营活动的行为增加惩罚性赔偿，维护经营者合法权益。宪法和法律委员会经研究，建议在本条中增加规定：恶意发出错误通知，造成平台内经营者损失的，加倍承担赔偿责任。（草案建议表决稿第四十二条第三款）

此外，根据常委会组成人员的审议意见，还对草案四次审议稿作了一些文字修改。

草案建议表决稿已按上述意见作了修改，宪法和法律委员会建议本次常委会会议审议通过。

草案建议表决稿和以上报告是否妥当，请审议。

全国人民代表大会宪法和法律委员会

2018 年 8 月 31 日

附录

《中华人民共和国电子商务法》及历次审议稿对照表

一审稿①	二审稿	三审稿	最终稿
	第一章 总 则	第一章 总 则	第一章 总 则
第一条 为了促进电子商务持续健康发展，规范市场秩序，保障电子商务活动中各方主体的合法权益，制定本法。	**第一条** 为了保障电子商务活动中各方主体的合法权益，规范市场秩序，促进电子商务持续健康发展，制定本法。	**第一条** 为了保障电子商务各方主体的合法权益，规范电子商务行为，维护市场秩序，促进电子商务持续健康发展，制定本法。	**第一条** 为了保障电子商务各方主体的合法权益，规范电子商务行为，维护市场秩序，促进电子商务持续健康发展，制定本法。
第二条 在中华人民共和国境内发生或者有境内电子商务经营主体、消费者参与的电子商务活动，适用本法。	**第二条** 中华人民共和国境内的电子商务活动，适用本法。 法律、行政法规对商品交易	**第二条** 中华人民共和国境内的电子商务活动，适用本法。 法律、行政法规对商品交易	**第二条** 中华人民共和国境内的电子商务活动，适用本法。 本法所称电子商务，是指

① 编者注：《中华人民共和国电子商务法》审议中，二审稿、三审稿和最终稿的章节结构保持一致，但一审稿与二审稿的章节结构变动较大。在对照表的制作过程中，以最终稿的法条为标准选取一审稿的对应条文进行对比，章节及其他无法对应最终稿条文的一审稿条文从略。

续表

第三条 本法所称电子商务，是指通过互联网等信息网络进行商品交易或者服务交易的经营活动。 法律、行政法规对商品交易或者服务交易有特别规定，适用其规定。涉及金融类产品和服务、利用信息网络播放音视频节目以及网络出版等内容方面的服务，不适用本法。	或者服务交易有规定的，适用其规定。涉及金融类产品和服务，利用信息网络播放音视频节目、网络出版以及互联网文化产品等内容方面的服务，不适用本法。 **第三条** 本法所称电子商务，是指通过互联网等信息网络进行商品交易或者服务交易的经营活动。	或者服务交易有规定的，适用其规定。金融类产品和服务，利用信息网络提供新闻信息、音视频节目、出版以及文化产品等内容方面的服务，不适用本法。 **第三条** 本法所称电子商务，是指通过互联网等信息网络进行商品交易或者服务交易的经营活动。	通过互联网等信息网络销售商品或者提供服务的经营活动。 法律、行政法规对销售商品或者提供服务有规定的，适用其规定。金融类产品和服务，利用信息网络提供新闻信息、音视频节目、出版以及文化产品等内容方面的服务，不适用本法。
第四条 国家鼓励发展电子商务新业态，创新商业模式，促进新技术在电子商务中的应用，营造有利于创新发展的市场环境。 **第五条** 第二款 国家鼓励电子商务信用体系建设，鼓励建立健全电子商务信 用记录、信用评价、信用管理制度，完善电子商务信用服务保障制度。	**第四条** 国家鼓励发展电子商务新业态，创新商业模式，促进电子商务技术研发和推广应用，推进电子商务诚信体系建设，营造有利于电子商务创新发展的市场环境。	**第四条** 国家鼓励发展电子商务新业态，创新商业模式，促进电子商务技术研发和推广应用，推进电子商务诚信体系建设，营造有利于电子商务创新发展的市场环境，充分发挥电子商务在推动高质量发展、构建开放型经济方面的重要作用。	**第三条** 国家鼓励发展电子商务新业态，创新商业模式，促进电子商务技术研发和推广应用，推进电子商务诚信体系建设，营造有利于电子商务创新发展的市场环境，充分发挥电子商务在推动高质量发展、满足人民日益增长的美好生活需要、构建开放型经济方面的重要作用。
第九条 国家平等对待线上线下商务活动，促进线上线下融合发展，各级人民政府和有	**第五条** 国家平等对待线上线下商务活动，促进线上线下融合发展，各级人民政府和有	**第五条** 国家平等对待线上线下商务活动，促进线上线下融合发展，各级人民政府和有	**第四条** 国家平等对待线上线下商务活动，促进线上线下融合发展，各级人民政

续表

关部门不得采取歧视性的政策措施。 **第七十七条** 国务院及其有关部门、地方制定有关电子商务的行政法规、规章、地方性法规，不得违反本法及相关法律的规定，不得排除、限制市场竞争。	关部门不得采取歧视性的政策措施，不得滥用行政权力排除、限制市场竞争。	关部门不得采取歧视性的政策措施，不得滥用行政权力排除、限制市场竞争。	府和有关部门不得采取歧视性的政策措施，不得滥用行政权力排除、限制市场竞争。
第五条 第一款 从事电子商务活动，应当遵循自愿、公平、诚实信用的原则，遵守公认的商业道德。	**第六条** 电子商务经营者从事经营活动，应当遵循自愿、平等、诚信的原则，遵守商业道德，公平参与市场竞争，履行消费者权益保护、知识产权保护、网络安全与个人信息保护等方面的义务，承担产品和服务质量责任，接受政府和社会的监督。	**第六条** 电子商务经营者从事经营活动，应当遵循自愿、平等、公平、诚信的原则，遵守法律和商业道德，公平参与市场竞争，履行消费者权益保护、知识产权保护、网络安全与个人信息保护等方面的义务，承担产品和服务质量责任，接受政府和社会的监督。	**第五条** 电子商务经营者从事经营活动，应当遵循自愿、平等、公平、诚信的原则，遵守法律和商业道德，公平参与市场竞争，履行消费者权益保护、环境保护、知识产权保护、网络安全与个人信息保护等方面的义务，承担产品和服务质量责任，接受政府和社会的监督。
第七十四条 国务院有关部门依据本法和有关法律、行政法规对电子商务进行监督管理。县级以上地方各级人民政府可以按照本行政区域的实际情形，确定本行政区域内电子商	**第七条** 国务院有关部门依照本法和有关法律、行政法规对电子商务进行监督管理。县级以上地方各级人民政府可以按照本行政区域的实际情况，确定本行政区域内电子商务的部	**第七条** 国务院有关部门按照职责分工负责电子商务发展促进、监督理等工作。县级以上地方各级人民政府可以根据本行政区域的实际情况，确定本行政区域内电子商务的部门	**第六条** 国务院有关部门按照职责分工负责电子商务发展促进、监督管理等工作。县级以上地方各级人民政府可以根据本行政区域的实际情况，确定本行政区域内

续表

务的部门管理职责划分。	门管理职责划分。	职责划分。	电子商务的部门职责划分。
第七条 国务院和县级以上地方人民政府应当将电子商务发展纳入国民经济和社会发展规划，制定科学合理的产业政策，完善标准体系建设，根据电子商务活动的特点完善和创新电子商务管理体制和管理方式。 **第八条** 第二款 国家鼓励、支持和引导电子商务行业组织、电子商务经营主体和消费者共同参与电子商务市场治理。 **第七十五条** 国务院应当建立电子商务管理综合协调机制，建立符合电子商务特点的协同管理体系。 **第七十九条** 各级人民政府有关部门、行业协会、电子商务经营主体、消费者及其他组织通过行政管理、行业自律、平台治理、消费者维权和监督等机制，建立多元共治的电子商务管理模式。	**第八条** 国务院建立电子商务管理综合协调机制，统筹协调处理电子商务发展中的重大问题。 国家建立符合电子商务特点的协同管理体系，推动形成政府有关部门、电子商务行业组织、电子商务经营者、消费者等共同参与的电子商务市场治理体系。 国家建立符合电子商务特点的协同管理体系，推动形成政府有关部门、电子商务行业组织、电子商务经营者、消费者等共同参与的电子商务市场治理体系。	**第八条** 国务院建立电子商务管理综合协调机制，统筹协调处理电子商务发展中的重大问题。	**第七条** 国家建立符合电子商务特点的协同管理体系，推动形成有关部门、电子商务行业组织、电子商务经营者、消费者等共同参与的电子商务市场治理体系。

续表

第八条　第一款　电子商务行业组织和电子商务经营主体应当加强行业自律，建立健全行业规范和网络规范，引导本行业经营者公平竞争，推动行业诚信建设。 **第八十条**　电子商务行业组织应当履行行业自律职责，制定行业自律规范，接受各级人民政府有关部门业务指导和监督检查，指导、规范电子商务经营主体依法生产经营。	**第九条**　电子商务行业组织按照本组织章程开展行业自律，建立健全行业规范，推动行业诚信建设，引导本行业经营者公平参与市场竞争。	**第九条**　电子商务行业组织按照本组织章程开展行业自律，建立健全行业规范，推动行业诚信建设，引导本行业经营者公平参与市场竞争。	**第八条**　电子商务行业组织按照本组织章程开展行业自律，建立健全行业规范，推动行业诚信建设，监督、引导本行业经营者公平参与市场竞争。
	第二章　电子商务经营者	**第二章　电子商务经营者**	**第二章　电子商务经营者**
	第一节　一般规定	**第一节　一般规定**	**第一节　一般规定**
第十一条　本法所称电子商务经营主体，是指电子商务第三方平台和电子商务经营者。 本法所称电子商务第三方平台，是指在电子商务中为交易双方或者多方提供网页空间、虚拟经营场所、交易撮合、信息发布等服务，供交易双方或者多方独立开展交易活动的法人或者非法人组织。	**第十条**　本法所称电子商务经营者，是指通过互联网等信息网络从事销售商品或者提供服务的自然人、法人和非法人组织，包括自建网站经营的电子商务经营者、电子商务平台经营者、平台内电子商务经营者。 本法所称电子商务平台经营者，是指在电子商务中为交易	**第十条**　本法所称电子商务经营者，是指通过互联网等信息网络从事销售商品或者提供服务的经营活动的自然人、法人和非法人组织，包括电子商务平台经营者、平台内经营者以及通过自建网站、其他网络服务销售商品或者提供服务的电子商务经营者。 本法所称电子商务平台经营	**第九条**　本法所称电子商务经营者，是指通过互联网等信息网络从事销售商品或者提供服务的经营活动的自然人、法人和非法人组织，包括电子商务平台经营者、平台内经营者以及通过自建网站、其他网络服务销售商品或者提供服务的电子商务经营者。

续表

本法所称电子商务经营者，是指除电子商务第三方平台以外，通过互联网等信息网络销售商品或者提供服务的自然人、法人或者其他组织。	双方或者多方提供网页空间、虚拟经营场所、交易规则、交易撮合、信息发布等服务，供交易双方或者多方独立开展交易活动的法人或者非法人组织。 本法所称平台内电子商务经营者（以下称平台内经营者），是指通过电子商务平台销售商品或者提供服务的电子商务经营者。	者，是指在电子商务中为交易双方或者多方提供虚拟经营场所、交易撮合、信息发布等服务，供交易双方或者多方独立开展交易活动的法人或者非法人组织。 本法所称平台内经营者，是指通过电子商务平台销售商品或者提供服务的电子商务经营者。	本法所称电子商务平台经营者，是指在电子商务中为交易双方或者多方提供网络经营场所、交易撮合、信息发布等服务，供交易双方或者多方独立开展交易活动的法人或者非法人组织。 本法所称平台内经营者，是指通过电子商务平台销售商品或者提供服务的电子商务经营者。
第十二条第一款 电子商务经营主体应当依法办理工商登记。但是，依法无须取得许可的以个人技能提供劳务、家庭手工业、农产品自产自销以及依照法律法规不需要进行工商登记的除外。具体办法由国务院规定。	**第十一条** 电子商务经营者应当依法办理工商登记。但是，销售自产农副产品、销售家庭手工业产品，个人利用自己的技能从事依法无须取得许可的便民劳务活动以及依照法律、行政法规不需要进行工商登记的除外。	**第十一条** 电子商务经营者应当依法办理市场主体登记。但是，个人销售自产农副产品、家庭手工业产品，个人利用自己的技能从事依法无须取得许可的便民劳务活动和零星小额交易活动，以及依照法律、行政法规不需要进行登记的除外。	**第十条** 电子商务经营者应当依法办理市场主体登记。但是，个人销售自产农副产品、家庭手工业产品，个人利用自己的技能从事依法无须取得许可的便民劳务活动和零星小额交易活动，以及依照法律、行政法规不需要进行登记的除外。
第十五条 电子商务经营主体应当依法履行纳税义务，并有依照专门税收法律享受税收优惠的权利。	**第十四条** 电子商务经营者应当依法履行纳税义务，并依法享受税收优惠。	**第十二条** 电子商务经营者应当依法履行纳税义务，并依法享受税收优惠。 依照前条规定不需要办理市	**第十一条** 电子商务经营者应当依法履行纳税义务，并依法享受税收优惠。 依照前条规定不需要办理

续表

		场主体登记的电子商务经营者在首次纳税义务发生后，应当依照税收征收管理法律、行政法规的规定申请办理税务登记，并如实申报纳税。	市场主体登记的电子商务经营者在首次纳税义务发生后，应当依照税收征收管理法律、行政法规的规定申请办理税务登记，并如实申报纳税。
第十三条 电子商务经营主体依法从事经营活动，需要取得相关行政许可的，应当依法取得行政许可。	**第十二条** 电子商务经营者从事经营活动，需要取得相关行政许可的，应当依法取得行政许可。	**第十三条** 电子商务经营者从事经营活动，依法需要取得相关行政许可的，应当依法取得行政许可。	**第十二条** 电子商务经营者从事经营活动，依法需要取得相关行政许可的，应当依法取得行政许可。
第十四条 电子商务经营主体销售商品或者提供服务应当符合法律、行政法规的规定。 法律、行政法规不禁止交易的商品或者服务，电子商务经营主体不得销售或者提供。	**第十三条** 电子商务经营者销售或者提供的商品或者服务应当符合保障人身、财产安全的要求，不得销售或者提供法律、行政法规禁止交易的商品或者服务。	**第十四条** 电子商务经营者销售的商品或者提供的服务应当符合保障人身、财产安全的要求，不得销售或者提供法律、行政法规禁止交易的商品或者服务。	**第十三条** 电子商务经营者销售的商品或者提供的服务应当符合保障人身、财产安全的要求和环境保护要求，不得销售或者提供法律、行政法规禁止交易的商品或者服务。
第十六条 电子商务经营主体销售商品或者提供服务应当出具纸质发票或者电子发票。 电子发票与纸质发票具有同等法律效力。	**第十五条** 电子商务经营者销售商品或者提供服务应当按照规定出具纸质发票或者电子发票等购货凭证或者服务单据。电子发票与纸质发票具有同等法律效力。	**第十五条** 电子商务经营者销售商品或者提供服务应当依法出具纸质发票或者电子发票等购货凭证或者服务单据。电子发票与纸质发票具有同等法律效力。	**第十四条** 电子商务经营者销售商品或者提供服务应当依法出具纸质发票或者电子发票等购货凭证或者服务单据。电子发票与纸质发票具有同等法律效力。

续表

第十七条　电子商务经营主体应当在其主页面显著位置公示营业执照信息，以及与其经营业务有关的行政许可信息。 电子商务经营主体的营业执照信息或者行政许可信息发生变更，应当及时公示。	**第十六条**　电子商务经营者应当在其主页显著位置，持续公示营业执照信息和与其经营业务有关的行政许可信息。 电子商务经营者的营业执照信息或者行政许可信息发生变更，应当及时公示。	**第十六条**　电子商务经营者应当在其首页显著位置，持续公示营业执照信息和与其经营业务有关的行政许可信息、属于依照本法第十一条规定的不需要办理市场主体登记情形等信息，或者上述信息的链接标识。 电子商务经营者的营业执照信息或者行政许可信息发生变更，应当及时更新公示信息。	**第十五条**　电子商务经营者应当在其首页显著位置，持续公示营业执照信息、与其经营业务有关的行政许可信息、属于依照本法第十条规定的不需要办理市场主体登记情形等信息，或者上述信息的链接标识。 前款规定的信息发生变更的，电子商务经营者应当及时更新公示信息。
第十八条　电子商务经营者自行终止从事电子商务的，应当提前六十日在主页面显著位置公示有关信息，并采取必要措施保障消费者的合法权益。 电子商务第三方平台自行终止提供交易平台服务，应当提前九十日在主页面显著位置公示有关信息，并采取必要措施保障相关经营者和消费者的合法权益。	**第十七条**　电子商务经营者自行终止从事电子商务的，应当提前六十日在主页显著位置公示有关信息。	**第十七条**　电子商务经营者自行终止从事电子商务的，应当提前三十日在首页显著位置公示有关信息。	**第十六条**　电子商务经营者自行终止从事电子商务的，应当提前三十日在首页显著位置持续公示有关信息。

续表

第五十六条 从事电子商务活动，不得实施下列损害电子商务信用评价的行为： （一）以虚构交易、删除不利评价、有偿或者以其他条件换取有利评价等形式，为自己或者他人提升商业信誉； （二）违背事实的恶意评价损害他人商业信誉； （三）骚扰或者威胁交易对方，迫使其违背意愿作出、修改、删除商品或者服务评价； （四）篡改或者选择性披露电子商务经营主体的信用评价记录； （五）发布不实信用评价信息； （六）其他违反法律法规以及客观、公正、合理原则的信用评价行为。 **第五十七条** 电子商务经营主体应当全面、真实、准确披露商品或者服务信息，保障消费者知情权和选择权。	**第十八条** 电子商务经营者应当全面、真实、准确地披露商品或者服务信息，保障消费者的知情权和选择权。电子商务经营者不得以虚假交易、虚构交易、编造用户评价等方式侵害消费者的知情权。	**第十八条** 电子商务经营者应当全面、真实、准确地披露商品或者服务信息，保障消费者的知情权和选择权。电子商务经营者不得以虚构交易、编造用户评价等方式进行虚假或者引人误解的商业宣传，欺骗、误导消费者。	**第十七条** 电子商务经营者应当全面、真实、准确、及时地披露商品或者服务信息，保障消费者的知情权和选择权。电子商务经营者不得以虚构交易、编造用户评价等方式进行虚假或者引人误解的商业宣传，欺骗、误导消费者。

续表

		第十九条　电子商务经营者根据消费者的兴趣爱好、消费习惯等特征向其推销商品或者服务，应当同时向该消费者提供不针对其个人特征的选项，尊重和平等保护消费者合法权益。 电子商务经营者搭售商品或者服务，应当以显著方式提请消费者注意，不得将搭售商品或者服务作为默认同意的选项。	**第十八条**　电子商务经营者根据消费者的兴趣爱好、消费习惯等特征向其提供商品或者服务的搜索结果的，应当同时向该消费者提供不针对其个人特征的选项，尊重和平等保护消费者合法权益。 电子商务经营者向消费者发送广告的，应当遵守《中华人民共和国广告法》的有关规定。 **第十九条**　电子商务经营者搭售商品或者服务，应当以显著方式提请消费者注意，不得将搭售商品或者服务作为默认同意的选项。
	第十九条　电子商务经营者应当按照承诺或者与消费者约定的方式、时限向消费者交付商品或者服务，并承担商品运输中的风险和责任。但是，消费者与电子商务经营者约定另行选择快递物流服务提供者的除外。	**第二十条**　电子商务经营者应当按照承诺或者与消费者约定的方式、时限向消费者交付商品或者服务，并承担商品运输中的风险和责任。但是，消费者与电子商务经营者约定另行选择快递物流服务提供者的除外。	**第二十条**　电子商务经营者应当按照承诺或者与消费者约定的方式、时限向消费者交付商品或者服务，并承担商品运输中的风险和责任。但是，消费者另行选择快递物流服务提供者的除外。

续表

		第二十一条 电子商务经营者按照约定向消费者收取押金的，应当明示押金退还的方式、程序，不得对押金退还设置不合理条件。消费者申请退还押金，符合押金退还条件的，电子商务经营者应当及时退还。	**第二十一条** 电子商务经营者按照约定向消费者收取押金的，应当明示押金退还的方式、程序，不得对押金退还设置不合理条件。消费者申请退还押金，符合押金退还条件的，电子商务经营者应当及时退还。
		第二十二条 电子商务经营者因其技术优势、用户数量、对相关行业的控制能力以及其他经营者对该电子商务经营者在交易上的依赖程度等因素而具有市场支配地位的，不得滥用市场支配地位，排除、限制竞争。	**第二十二条** 电子商务经营者因其技术优势、用户数量、对相关行业的控制能力以及其他经营者对该电子商务经营者在交易上的依赖程度等因素而具有市场支配地位的，不得滥用市场支配地位，排除、限制竞争。
	第二十条 电子商务经营者收集、使用其用户的个人信息，应当遵守《中华人民共和国网络安全法》等法律、行政法规规定的个人信息保护规则。	**第二十三条** 电子商务经营者收集、使用其用户的个人信息，应当遵守有关法律、行政法规规定的个人信息保护规则。	**第二十三条** 电子商务经营者收集、使用其用户的个人信息，应当遵守法律、行政法规有关个人信息保护的规定。
第四十七条 用户有权查询与本人有关的个人信息。电子	**第二十一条** 电子商务经营者应当明示用户信息查询、更	**第二十四条** 电子商务经营者应当明示用户信息查询、更	**第二十四条** 电子商务经营者应当明示用户信息查询、

续表

商务经营主体收到用户查询请求的，应当在核实身份后及时提供查询结果。用户对错误信息提出更正补充请求的，电子商务经营主体应当及时更正补充。	正、删除以及用户注销的方式、程序，不得对用户信息查询、更正、删除以及用户注销设置不合理条件。 电子商务经营者收到用户信息查询或者更正、删除的申请的，应当在核实身份后及时提供查询或者更正、删除用户信息。用户注销的，电子商务经营者应当删除该用户的信息；但是，依照法律、行政法规的规定或者双方约定保存的，依照其规定。	正、删除以及用户注销的方式、程序，不得对用户信息查询、更正、删除以及用户注销设置不合理条件。 电子商务经营者收到用户信息查询或者更正、删除的申请的，应当在核实身份后及时提供查询或者更正、删除用户信息。用户注销的，电子商务经营者应当删除该用户的信息；依照法律、行政法规的规定或者双方约定保存的，依照其规定。	更正、删除以及用户注销的方式、程序，不得对用户信息查询、更正、删除以及用户注销设置不合理条件。 电子商务经营者收到用户信息查询或者更正、删除的申请的，应当在核实身份后及时提供查询或者更正、删除用户信息。用户注销的，电子商务经营者应当立即删除该用户的信息；依照法律、行政法规的规定或者双方约定保存的，依照其规定。
第五十一条 电子商务经营主体应当依照法律、行政法规的规定向国家有关部门提供电子商务数据信息，有关部门应当采取必要措施护相关数据信息的安全。	**第二十二条** 国家有关部门依照法律、行政法规的规定要求电子商务经营者提供有关电子商务数据信息的，电子商务经营者应当提供。有关部门应当采取必要措施保护电子商务经营者提供的数据信息的安全。	**第二十五条** 有关主管部门依照法律、行政法规的规定要求电子商务经营者提供有关电子商务数据信息的，电子商务经营者应当提供。有关主管部门应当采取必要措施保护电子商务经营者提供的数据信息的安全，并对其中的个人信息、隐私和商业秘密严格保密，不得泄露、出售或者非法向他人提供。	**第二十五条** 有关主管部门依照法律、行政法规的规定要求电子商务经营者提供有关电子商务数据信息的，电子商务经营者应当提供。有关主管部门应当采取必要措施保护电子商务经营者提供的数据信息的安全，并对其中的个人信息、隐私和商业秘密严格保密，不得泄露、出售或者非法向他人提供。

续表

			第二十六条 电子商务经营者从事跨境电子商务，应当遵守进出口监督管理的法律、行政法规和国家有关规定。
	第二节 电子商务平台经营者	**第二节 电子商务平台经营者**	**第二节 电子商务平台经营者**
第十二条 第二款 自然人通过电子商务第三方平台从事电子商务活动的，应当向电子商务第三方平台提交其姓名、地址、身份证明、联系方式等真实信息。 **第十九条** 第一款 电子商务第三方平台应当对申请进入平台销售商品或者提供服务的经营者身份、行政许可等信息进行审查和登记，建立登记档案，并定期核验更新。	**第二十三条** 电子商务平台经营者应当要求申请进入平台销售商品或者提供服务的经营者提交其身份、联系方式、行政许可等真实信息，进行核验、登记，建立登记档案，并定期更新。 电子商务平台经营者应当按照规定向工商行政管理部门、税务部门报送平台内经营者的身份信息和经营信息。电子商务平台经营者应当配合工商行政管理部门，为应当办理工商登记的经营者办理工商登记提供便利。	**第二十六条** 电子商务平台经营者应当要求申请进入平台销售商品或者提供服务的经营者提交其身份、地址、联系方式、行政许可等真实信息，进行核验、登记，建立登记档案，并定期核验更新。 电子商务平台经营者为进入平台销售商品或者提供服务的非经营用户提供服务，应当遵守本节有关规定。	**第二十七条** 电子商务平台经营者应当要求申请进入平台销售商品或者提供服务的经营者提交其身份、地址、联系方式、行政许可等真实信息，进行核验、登记，建立登记档案，并定期核验更新。 电子商务平台经营者为进入平台销售商品或者提供服务的非经营用户提供服务，应当遵守本节有关规定。
		第二十七条 电子商务平台经营者应当按照规定向市场监督管理部门报送平台内经营者的身份信息，提示未办理市场主体登记的经营者依法办理登记，并配合市场监督管理部门，针对电子商务的特点，为应	**第二十八条** 电子商务平台经营者应当按照规定向市场监督管理部门报送平台内经营者的身份信息，提示未办理市场主体登记的经营者依法办理登记，并配合市场监督管理部门，针对电子商

续表

		当办理市场主体登记的经营者办理登记提供便利。 电子商务平台经营者应当依照税收征收管理法律、行政法规的规定，向税务部门报送平台内经营者的身份信息和与纳税有关的信息，并应当提示依照本法第十一条规定不需要办理市场主体登记的电子商务经营者依法办理税务登记。	务的特点，为应当办理市场主体登记的经营者办理登记提供便利。 电子商务平台经营者应当依照税收征收管理法律、行政法规的规定，向税务部门报送平台内经营者的身份信息和与纳税有关的信息，并应当提示依照本法第十条规定不需要办理市场主体登记的电子商务经营者依照本法第十一条第二款的规定办理税务登记。
第十九条第二款 电子商务第三方平台应当对平台内的商品或者服务信息进行检查监控，发现违反本法第十三条和第十四条规定情形的，应当依法及时向有关部门报告，并采取必要措施。	**第二十四条** 电子商务平台经营者发现平台内的商品或者服务信息存在违反本法第十二条、第十三条规定情形的，应当依法采取必要的处置措施，并向有关主管部门报告。	**第二十八条** 电子商务平台经营者发现平台内的商品或者服务信息存在违反本法第十三条、第十四条规定情形的，应当依法采取必要的处置措施，并向有关主管部门报告。	**第二十九条** 电子商务平台经营者发现平台内的商品或者服务信息存在违反本法第十二条、第十三条规定情形的，应当依法采取必要的处置措施，并向有关主管部门报告。
第二十一条 电子商务第三方平台应当采取必要的技术	**第二十五条** 电子商务平台经营者应当采取技术措施和其	**第二十九条** 电子商务平台经营者应当采取技术措施和其	**第三十条** 电子商务平台经营者应当采取技术措施和

续表

手段和管理措施保证平台的正常运行，提供必要、可靠的交易环境和服务，保障电子商务交易安全。 电子商务第三方平台应当依法建立突发事件应急预案，发生突发事件时，应当立即启动应急预案，采取相应的补救措施，并依法向有关部门报告。	他必要措施保证其网络安全、稳定运行，防范网络违法犯罪活动，有效应对网络安全事件，保障电子商务交易安全。 电子商务平台经营者应当制定网络安全事件应急预案，发生网络安全事件时，应当立即启动应急预案，采取相应的补救措施，并向有关部门报告。	他必要措施保证其网络安全、稳定运行，防范网络违法犯罪活动，有效应对网络安全事件，保障电子商务交易安全。 电子商务平台经营者应当制定网络安全事件应急预案，发生网络安全事件时，应当立即启动应急预案，采取相应的补救措施，并向有关主管部门报告。	其他必要措施保证其网络安全、稳定运行，防范网络违法犯罪活动，有效应对网络安全事件，保障电子商务交易安全。 电子商务平台经营者应当制定网络安全事件应急预案，发生网络安全事件时，应当立即启动应急预案，采取相应的补救措施，并向有关主管部门报告。
第二十五条 电子商务第三方平台应当记录、保存平台上发布的商品和服务信息、交易信息，并确保信息真实、完整、准确。商品和服务信息、交易信息保存时间自交易完成之日起不少于三年。法律另有规定的，从其规定。	**第二十六条** 电子商务平台经营者应当记录、保存平台上发布的商品和服务信息、交易信息，并确保信息的完整性、保密性、可用性。商品和服务信息、交易信息保存时间自交易完成之日起不少于三年。法律另有规定的，从其规定。	**第三十条** 电子商务平台经营者应当记录、保存平台上发布的商品和服务信息、交易信息，并确保信息的完整性、保密性、可用性。商品和服务信息、交易信息保存时间自交易完成之日起不少于三年；法律、行政法规另有规定的，依照其规定。	**第三十一条** 电子商务平台经营者应当记录、保存平台上发布的商品和服务信息、交易信息，并确保信息的完整性、保密性、可用性。商品和服务信息、交易信息保存时间自交易完成之日起不少于三年；法律、行政法规另有规定的，依照其规定。

续表

第二十二条第一款、第二款 电子商务第三方平台应当遵循公开、公平、公正的原则，制定平台服务协议和交易规则，明确进入和退出平台、商品和服务质量保障、消费者权益保护等方面的权利和义务。 平台服务协议和交易规则应当在电子商务第三方平台以显著方式持续显示，从技术上保证经营者和消费者能够便利、完整地阅览和保存，并按照有关规定向有关部门备案。	**第二十七条** 电子商务平台经营者应当遵循公开、公平、公正的原则，制定平台服务协议和交易规则，明确进入和退出平台、商品和服务质量保障、消费者权益保护、个人信息保护等方面的权利和义务。	**第三十一条** 电子商务平台经营者应当遵循公开、公平、公正的原则，制定平台服务协议和交易规则，明确进入和退出平台、商品和服务质量保障、消费者权益保护、个人信息保护等方面的权利和义务。	**第三十二条** 电子商务平台经营者应当遵循公开、公平、公正的原则，制定平台服务协议和交易规则，明确进入和退出平台、商品和服务质量保障、消费者权益保护、个人信息保护等方面的权利和义务。
	第二十八条 电子商务平台经营者应当在其主页显著位置持续公示平台服务协议和交易规则的有关信息，并保证经营者和消费者能够便利、完整地阅览和下载。	**第三十二条** 电子商务平台经营者应当在其首页显著位置持续公示平台服务协议和交易规则的有关信息，并保证经营者和消费者能够便利、完整地阅览和下载。	**第三十三条** 电子商务平台经营者应当在其首页显著位置持续公示平台服务协议和交易规则信息或者上述信息的链接标识，并保证经营者和消费者能够便利、完整地阅览和下载。
第二十三条 电子商务第三方平台应当遵循公开、合理原则修改交易规则，在其主页面显著位置公开征求意见，采取合理措施确保有关各方能够及时充分表达意见，修改内容应当至少提前七日予以公示。 经营者不接受修改内容，申请退出平台的，电子商务第三方平台应当允许其退出，并按	**第二十九条** 电子商务平台经营者修改平台服务协议和交易规则，应当在其主页显著位置公开征求意见，采取合理措施确保有关各方能够及时充分表达意见。 修改内容应当至少在实施前七日予以公示。 平台内经营者不接受修改内容，要求退出平台的，电子商务	**第三十三条** 电子商务平台经营者修改平台服务协议和交易规则，应当在其首页显著位置公开征求意见，采取合理措施确保有关各方能够及时充分表达意见。 修改内容应当至少在实施前七日予以公示。 平台内经营者不接受修改内容，要求退出平台的，电子商	**第三十四条** 电子商务平台经营者修改平台服务协议和交易规则，应当在其首页显著位置公开征求意见，采取合理措施确保有关各方能够及时充分表达意见。 修改内容应当至少在实施前七日予以公示。 平台内经营者不接受修改内容，要求退出平台的，电子

续表

按照修改前的交易规则承担相关责任。	平台经营者不得阻止，并按照修改前的服务协议和交易规则承担相关责任。	务平台经营者不得阻止，并按照修改前的服务协议和交易规则承担相关责任。	商务平台经营者不得阻止，并按照修改前的服务协议和交易规则承担相关责任。
	第三十条　电子商务平台经营者不得利用服务协议和交易规则等手段，对平台内经营者的交易、交易价格等进行不合理限制或者附加不合理交易条件，或者向平台内经营者收取不合理费用。	**第三十四条**　电子商务平台经营者不得利用服务协议、交易规则以及技术等手段，对平台内经营者在平台内的交易、交易价格以及与其他经营者的交易等进行不合理限制或者附加不合理条件，或者向平台内经营者收取不合理费用。	**第三十五条**　电子商务平台经营者不得利用服务协议、交易规则以及技术等手段，对平台内经营者在平台内的交易、交易价格以及与其他经营者的交易等进行不合理限制或者附加不合理条件，或者向平台内经营者收取不合理费用。
第二十条　电子商务第三方平台应当依照法律规定，为有关部门的执法活动提供技术支持和协助。 电子商务第三方平台依据平台服务协议和交易规则对经营者实施警示、暂停或者终止服务等措施的，应当及时公示，并将涉嫌违法的信息报送有关部门。	**第三十一条**　电子商务平台经营者依据平台服务协议和交易规则对平台内经营者实施警示、暂停或者终止服务等措施的，应当及时公示。	**第三十五条**　电子商务平台经营者依据平台服务协议和交易规则对平台内经营者违反法律、法规的行为实施警示、暂停或者终止服务等措施的，应当及时公示。	**第三十六条**　电子商务平台经营者依据平台服务协议和交易规则对平台内经营者违反法律、法规的行为实施警示、暂停或者终止服务等措施的，应当及时公示。

续表

第二十四条 电子商务第三方平台在其平台上开展商品或者服务自营业务的，应当以显著方式区分标记自营业务和平台内经营者开展的经营业务，不得误导消费者。	**第三十二条** 电子商务平台经营者在其平台上开展自营业务的，应当以显著方式区分标记自营业务和平台内经营者开展的业务，不得误导消费者。 电子商务平台经营者对其标记为自营业务的商品交易或者服务交易依法承担商品销售者或者服务提供者的责任。	**第三十六条** 电子商务平台经营者在其平台上开展自营业务的，应当以显著方式区分标记自营业务和平台内经营者开展的业务，不得误导消费者。 电子商务平台经营者对其标记为自营业务的商品交易或者服务交易依法承担商品销售者或者服务提供者的民事责任。	**第三十七条** 电子商务平台经营者在其平台上开展自营业务的，应当以显著方式区分标记自营业务和平台内经营者开展的业务，不得误导消费者。 电子商务平台经营者对其标记为自营的业务依法承担商品销售者或者服务提供者的民事责任。
		第三十七条 电子商务平台经营者知道或者应当知道平台内经营者销售的商品或－者提供的服务不符合保障人身、财产安全的要求，或者有其他侵害消费者合法权益行为，未采取必要措施的，依法与该平台内经营者承担连带责任。 对关系消费者生命健康的商品或者服务，电子商务平台经营者对平台内经营者的资质资格未尽到审核义务，或者对消费者未尽到安全保障义务，造成消费者损害的，依法与该平台内经营者承担连带责任。	**第三十八条** 电子商务平台经营者知道或者应当知道平台内经营者销售的商品或者提供的服务不符合保障人身、财产安全的要求，或者有其他侵害消费者合法权益行为，未采取必要措施的，依法与该平台内经营者承担连带责任。 对关系消费者生命健康的商品或者服务，电子商务平台经营者对平台内经营者的资质资格未尽到审核义务，或者对消费者未尽到安全保障义务，造成消费者损害的，依法承担相应的责任。

续表

第二十二条第三款 电子商务第三方平台应当建立健全信用评价新体系，公示信用评价规则，提供客观、公正、合理的信用评价。	**第三十三条** 电子商务平台经营者应当建立健全信用评价制度，公示信用评价规则，为消费者提供对平台内经营者销售的商品或者提供的服务进行评价的途径。 电子商务平台经营者不得删除消费者对其平台内销售的商品或者提供的服务的评价。但是，消费者使用侮辱性、诽谤性语言或者明显违背事实进行评价的除外。	**第三十八条** 电子商务平台经营者应当建立健全信用评价制度，公示信用评价规则，为消费者提供对平台内销售的商品或者提供的服务进行评价的途径。 电子商务平台经营者不得删除消费者对其平台内销售的商品或者提供的服务的评价；删除侮辱、诽谤等法律、行政法规禁止发布或者传输的信息或者明显违背事实的评价的，应当依照本法第三十条的规定记录、保存信息。	**第三十九条** 电子商务平台经营者应当建立健全信用评价制度，公示信用评价规则，为消费者提供对平台内销售的商品或者提供的服务进行评价的途径。 电子商务平台经营者不得删除消费者对其平台内销售的商品或者提供的服务的评价。
	第三十四条 电子商务平台经营者应当根据商品或者服务的价格、销量、信用高低等多种方式向消费者显示商品或者服务的搜索结果；对于竞价排名的商品或者服务，应当显著标明“广告”。	**第三十九条** 电子商务平台经营者应当根据商品或者服务的价格、销量、信用等以多种方式向消费者显示商品或者服务的搜索结果；对于竞价排名的商品或者服务，应当显著标明“广告”。	**第四十条** 电子商务平台经营者应当根据商品或者服务的价格、销量、信用等以多种方式向消费者显示商品或者服务的搜索结果；对于竞价排名的商品或者服务，应当显著标明“广告”。
第五十三条 电子商务经营主体应当依法保护知识产权，建立知识产权保护规则。电子商务第三方平台明知平台内电子商务经营者侵犯知识产权的，应当依法采取删除、屏蔽、断开	**第三十五条** 电子商务平台经营者应当建立知识产权保护规则，依法保护知识产权。	**第四十条** 电子商务平台经营者应当建立知识产权保护规则，与知识产权权利人加强合作，依法保护知识产权。	**第四十一条** 电子商务平台经营者应当建立知识产权保护规则，与知识产权权利人加强合作，依法保护知识产权。

续表

链接、终止交易和服务等必要措施。			
第五十四条 电子商务第三方平台接到知识产权权利人发出的平台内经营者实施知识产权侵权行为通知的，应当及时将该通知转送平台内经营者，并依法采取必要措施。知识产权权利人因通知错误给平台内经营者造成损失的，依法承担民事责任。 平台内经营者接到转送的通知后，向电子商务第三方平台提交声明保证不存在侵权行为的，电子商务第三方平台应当及时终止所采取的措施，将该经营者的声明转送发出通知的知识产权权利人，并告知该权利人可以向有关行政部门投诉或者向人民法院起诉。 电子商务第三方平台应当及时公示收到的通知、声明及处理结果。	**第三十六条** 知识产权权利人认为其知识产权受到侵害的，有权向电子商务平台经营者发出通知，要求电子商务平台经营者采取删除、屏蔽、断开链接、终止交易和服务等必要措施。通知应当包括构成侵权的初步证据。 电子商务平台经营者接到通知后，应当及时采取必要措施，，并将该通知转送平台内经营者；未及时采取必要措施的，应当对损害的扩大部分与平台内经营者承担连带责任。知识产权权利人因通知错误给平台内经营者造成损失的，依法承担民事责任。	**第四十一条** 知识产权权利人认为其知识产权受到侵害的，有权向电子商务平台经营者发出通知，要求电子商务平台经营者采取删除、屏蔽、断开链接、终止交易和服务等必要措施。通知应当包括构成侵权的初步证据。 电子商务平台经营者接到通知后，应当及时采取必要措施，并将该通知转送平台内经营者；未及时采取必要措施的，应当对损害的扩大部分与平台内经营者承担连带责任。知识产权权利人因通知错误给平台内经营者造成损失的，依法承担民事责任。	**第四十二条** 知识产权权利人认为其知识产权受到侵害的，有权通知电子商务平台经营者采取删除、屏蔽、断开链接、终止交易和服务等必要措施。通知应当包括构成侵权的初步证据。 电子商务平台经营者接到通知后，应当及时采取必要措施，并将该通知转送平台内经营者；未及时采取必要措施的，对损害的扩大部分与平台内经营者承担连带责任。 因通知错误造成平台内经营者损害的，依法承担民事责任。恶意发出错误通知，造成平台内经营者损失的，加倍承担赔偿责任。
	第三十七条 平台内经营者接到前条规定的通知后，可以向电子商务平台经营者提交保	**第四十二条** 平台内经营者接到前条规定的通知后，可以向电子商务平台经营者提交保	**第四十三条** 平台内经营者接到转送的通知后，可以向电子商务平台经营者提交

续表

	证不存在侵权行为的声明。声明应当包括不存在侵权行为的初步证据。 电子商务平台经营者接到声明后，应当及时终止所采取的措施，将该经营者的声明转送发出通知的知识产权权利人，并告知权利人可以向有关部门投诉或者向人民法院起诉。	证不存在侵权行为的声明。声明应当包括不存在侵权行为的初步证据。 电子商务平台经营者接到声明后，应当及时终止所采取的措施，将该经营者的声明转送发出通知的知识产权权利人，并告知权利人可以向有关主管部门投诉或者向人民法院起诉。	不存在侵权行为的声明。声明应当包括不存在侵权行为的初步证据。 电子商务平台经营者接到声明后，应当将该声明转送发出通知的知识产权权利人，并告知其可以向有关主管部门投诉或者向人民法院起诉。电子商务平台经营者在转送声明到达知识产权权利人后十五日内，未收到权利人已经投诉或者起诉通知的，应当及时终止所采取的措施。
	第三十八条 电子商务平台经营者应当及时公示收到的通知、声明及处理结果。	**第四十三条** 电子商务平台经营者应当及时公示收到的本法第四十一条、第四十二条规定的通知、声明及处理结果。	**第四十四条** 电子商务平台经营者应当及时公示收到的本法第四十二条、第四十三条规定的通知、声明及处理结果。
第五十三条 电子商务经营主体应当依法保护知识产权，建立知识产权保护规则。电子商务第三方平台明知平台内电子商务经营者侵犯知识产权的，应当依法采取删除、屏蔽、断开	**第三十九条** 电子商务平台经营者知道或者应当知道平台内经营者侵犯知识产权的，应当采取删除、屏蔽、断开链接、终止交易和服务等必要措施；未采取必要措施的，与侵权	**第四十四条** 电子商务平台经营者知道或者应当知道平台内经营者侵犯知识产权的，应当采取删除、屏蔽、断开链接、终止交易和服务等必要措施；未采取必要措施的，与侵权	**第四十五条** 电子商务平台经营者知道或者应当知道平台内经营者侵犯知识产权的，应当采取删除、屏蔽、断开链接、终止交易和服务等必要措施；未采取必要措施

续表

链接、终止交易和服务等必要措施。	人承担连带责任。	人承担连带责任。	的，与侵权人承担连带责任。
		第四十五条　除本法第十条第二款规定的服务外，电子商务平台经营者可以按照平台服务协议和交易规则，为经营者之间的商品交易或者服务交易提供仓储、物流、支付结算、交收等服务。电子商务平台经营者为经营者之间的商品交易或者服务交易提供服务，应当遵守法律、行政法规和国家有关规定，不得采 集中竞价、做市商等集中交易方式进行交易，不得进行标准化合约交易。	**第四十六条**　除本法第九条第二款规定的服务外，电子商务平台经营者可以按照平台服务协议和交易规则，为经营者之间的电子商务提供仓储、物流、支付结算、交收等服务。电子商务平台经营者为经营者之间的电子商务提供服务，应当遵守法律、行政法规和国家有关规定，不得采取集中竞价、做市商等集中交易方式进行交易，不得进行标准化合约交易。
	第三章　电子商务合同	**第三章　电子商务合同的订立与履行**	**第三章　电子商务合同的订立与履行**
第二十六条　当事人订立电子合同，适用本法规定。本法没有规定的，适用《中华人民	**第四十条**　电子商务当事人订立和履行合同，适用本章和《中华人民共和国民法总则》	**第四十六条**　电子商务当事人订立和履行合同，适用本章和《中华人民共和国民法总则》	**第四十七条**　电子商务当事人订立和履行合同，适用本章和《中华人民共和国民

续表

共和国合同法》《中华人民共和国电子签名法》的规定。	《中华人民共和国合同法》、《中华人民共和国电子签名法》等法律的规定。	《中华人民共和国合同法》《中华人民共和国电子签名法》等法律的规定。	法总则》《中华人民共和国合同法》《中华人民共和国电子签名法》等法律的规定。
第二十七条 电子合同当事人在电子商务活动中推定其具有相应的民事行为能力，其意思表示真实。但是有相反证据证明的除外。 **第二十九条** 电子合同当事人使用自动交易信息系统订立或者履行合同的行为对使用该系统的当事人具有法律效力。	**第四十一条** 电子商务当事人使用自动信息系统订立或者履行合同的行为对使用该系统的当事人具有法律效力。 当事人在电子商务中推定其具有相应的民事行为能力，其意思表示真实。但是，有相反证据证明的除外。	**第四十七条** 电子商务当事人使用自动信息系统订立或者履行合同的行为对使用该系统的当事人具有法律效力。 当事人在电子商务中推定其具有相应的民事行为能力，其意思表示真实。但是，有相反证据证明的除外。	**第四十八条** 电子商务当事人使用自动信息系统订立或者履行合同的行为对使用该系统的当事人具有法律效力。 在电子商务中推定当事人具有相应的民事行为能力。但是，有相反证据足以推翻的除外。
第二十八条 电子商务经营主体发布的商品或者服务信息符合要约条件的，当事人选择该商品或者服务并提交订单，合同成立。当事人另有约定的，从其约定。 电子形式的要约或者承诺能够由收件人检索识别的时间视为该要约或者承诺到达的时间。	**第四十二条** 电子商务经营者发布的商品或者服务信息符合要约条件的，当事人选择该商品或者服务并提交订单，合同成立。当事人另有约定的，从其约定。	**第四十八条** 电子商务经营者发布的商品或者服务信息符合要约条件的，当事人选择该商品或者服务并提交订单成功，合同成立。当事人另有约定的，从其约定。 电子商务经营者不得以格式条款等方式约定消费者支付价款后合同不成立；格式条款等含有该内容的，其内容无效。	**第四十九条** 电子商务经营者发布的商品或者服务信息符合要约条件的，用户选择该商品或者服务并提交订单成功，合同成立。当事人另有约定的，从其约定。 电子商务经营者不得以格式条款等方式约定消费者支付价款后合同不成立；格式条款等含有该内容的，其内容无效。

续表

第三十条 电子合同使用自动交易系统的，在人机互动中用户发生输入错误，而该系统未提供更正错误的方式，同时符合以下要求的，用户有权撤回输入错误的部分： （一）该用户在发生错误后立即通知对方当事人有输入错误发生； （二）该用户没有从对方当事人处获得实质性的利益或者价值。	**第四十三条** 电子商务经营者应当清晰、全面、明确地告知用户订立合同的步骤、注意事项、下载方法等事项，并保证用户能够便利、完整地阅览和下载。 电子商务经营者应当保证用户在提交订单前可以更正输入错误。	**第四十九条** 电子商务经营者应当清晰、全面、明确地告知用户订立合同的步骤、注意事项、下载方法等事项，并保证用户能够便利、完整地阅览和下载。 电子商务经营者应当保证用户在提交订单前可以更正输入错误。	**第五十条** 电子商务经营者应当清晰、全面、明确地告知用户订立合同的步骤、注意事项、下载方法等事项，并保证用户能够便利、完整地阅览和下载。 电子商务经营者应当保证用户在提交订单前可以更正输入错误。
第四十四条 电子合同的标的为交付商品并采用快递物流方式交付的，以快递物流服务接受者签收时间为交付时间。电子合同的标的为提供服务的，以生成的电子或者实物凭证中所载明的时间为交付时间。 电子合同的标的为在线提供数字产品的，以承担交付义务的一方当事人将数字产品发送至对方当事人指定的特定系统并且能够检索识别的时间为交付时间。	**第四十四条** 合同标的为交付商品并采用快递物流方式交付的，以收货人签收时间为交付时间。合同标的为提供服务的，以生成的电子或者实物凭证中所载明的时间为交付时间。 合同标的为在线提供数字产品的，以承担交付义务的一方当事人将数字产品发送至对方当事人指定的特定系统并且能够检索识别的时间为交付时间。	**第五十条** 合同标的为交付商品并采用快递物流方式交付的，以收货人签收时间为交付时间。合同标的为提供服务的，以生成的电子或者实物凭证中所载明的时间为交付时间。 合同标的为采用在线传输方式交付的，以合同标的进入对方当事人指定的特定系统并且能够检索识别的时间为交付时间。 合同当事人对交付方式、交	**第五十一条** 合同标的为交付商品并采用快递物流方式交付的，收货人签收时间为交付时间。合同标的为提供服务的，生成的电子凭证或者实物凭证中载明的时间为交付时间；前述凭证没有载明时间或者载明时间与实际提供服务时间不一致的，实际提供服务的时间为交付时间。 合同标的为采用在线传输方式交付的，合同标的进入

续表

电子合同当事人对商品、服务和数字产品的交付方式、交付时间另有约定的，从其约定。	合同当事人对交付方式、交付时间另有约定的，从其约定。	付时间另有约定的，从其约定。	对方当事人指定的特定系统并且能够检索识别的时间为交付时间。 合同当事人对交付方式、交付时间另有约定的，从其约定。
第四十一条 快递物流服务接受者应当如实填写快递物流运单。快递物流服务提供者应当核对运单信息，对于运单填写不完整或者信息填写不实的，不予揽收。 对于与快递物流服务接受者有特殊约定或者提供代收货款服务的，快递物流服务提供者应当与快递物流服务接受者在合同中明确电子商务交易物品交付验收的权利义务。 **第四十二条** 快递物流服务提供者提供代收货款服务的，应当建立严格的现金管理、安全管理和风险管控制度。快递物流服务提供者应当与电子商务经营主体签订协议，对收费标	**第四十五条** 电子商务当事人可以约定采用快递物流方式交付商品。 快递物流服务提供者为电子商务提供快递物流服务，应当遵守法律、行政法规，并应当符合承诺的服务规范和时限；在交付商品时，应当提示收货人当面查验，经当面查验无异议的，收货人应当签收。 快递物流服务提供者在提供快递物流服务的同时，可以接受电子商务经营者的委托提供代收货款服务。	**第五十一条** 电子商务当事人可以约定采用快递物流方式交付商品。 快递物流服务提供者为电子商务提供快递物流服务，应当遵守法律、行政法规，并应当符合承诺的服务规范和时限；在交付商品时，应当提示收货人当面查验。 快递物流服务提供者在提供快递物流服务的同时，可以接受电子商务经营者的委托提供代收货款服务。	**第五十二条** 电子商务当事人可以约定采用快递物流方式交付商品。 快递物流服务提供者为电子商务提供快递物流服务，应当遵守法律、行政法规，并应当符合承诺的服务规范和时限。快递物流服务提供者在交付商品时，应当提示收货人当面查验；交由他人代收的，应当经收货人同意。 快递物流服务提供者应当按照规定使用环保包装材料，实现包装材料的减量化和再利用。 快递物流服务提供者在提供快递物流服务的同时，可以接受电子商务经营者的委托提供代收货款服务。

续表

准、服务方式、争议处理等作出约定。 本法所称代收货款，是指快递物流服务提供者利用服务网络和资源，在提供快递物流服务的同时，为电子商务经营主体代收货款并结算的快递物流增值业务。			
第三十二条 电子支付服务提供者应当提供安全的支付服务。电子支付服务提供者提供的服务不符合国家有关金融信息安全管理要求，造成电子支付服务接受者损失的，应当承担返还资金、补充差额、赔偿应偿利息损失的责任。 电子支付服务提供者为电子支付服务接受者开立账户的，应对账户实行实名制管理，不得开立匿名、假名账户。 电子支付服务提供者应当告知电子支付服务接受者电子支付服务的功能、使用方法、注意事项、相关风险和收费标	**第四十六条** 电子商务当事人可以约定采用电子支付方式支付价款。 电子支付服务提供者为电子商务提供电子支付服务，应当遵守国家规定，告知用户电子支付服务的功能、使用方法、注意事项、相关风险和收费标准等事项，不得附加不合理交易条件。电子支付服务提供者应当确保电子支付指令的完整性、一致性、可跟踪稽核和不可篡改。 电子支付服务提供者应当向用户免费提供对账服务以及最近三年的交易记录。	**第五十二条** 电子商务当事人可以约定采用电子支付方式支付价款。 电子支付服务提供者为电子商务提供电子支付服务，应当遵守国家规定，告知用户电子支付服务的功能、使用方法、注意事项、相关风险和收费标准等事项，不得附加不合理交易条件。电子支付服务提供者应当确保电子支付指令的完整性、一致性、可跟踪稽核和不可篡改。 电子支付服务提供者应当向用户免费提供对账服务以及最近三年的交易记录。	**第五十三条** 电子商务当事人可以约定采用电子支付方式支付价款。 电子支付服务提供者为电子商务提供电子支付服务，应当遵守国家规定，告知用户电子支付服务的功能、使用方法、注意事项、相关风险和收费标准等事项，不得附加不合理交易条件。电子支付服务提供者应当确保电子支付指令的完整性、一致性、可跟踪稽核和不可篡改。 电子支付服务提供者应当向用户免费提供对账服务以及最近三年的交易记录。

续表

准等事项，不得附加不合理交易条件。电子支付服务提供者应当确保电子支付指令的完整性、一致性、可跟踪稽核和不可篡改。 电子支付服务提供者应当向电子支付服务接受者免费提供对账服务以及最近三年的交易记录。	**第四十七条** 电子支付服务提供者提供电子支付服务不符合国家有关支付安全 管理要求，造成用户损失的，应当承担返还资金、补充差额、赔偿应偿利息损失的责任。	**第五十三条** 电子支付服务提供者提供电子支付服务不符合国家有关支付安全管理要求，造成用户损失的，应当承担赔偿责任。	**第五十四条** 电子支付服务提供者提供电子支付服务不符合国家有关支付安全管理要求，造成用户损失的，应当承担赔偿责任。
第三十五条 电子支付服务接受者应当对所发出的支付指令的正确性负责，在发出支付指令前应当核对支付指令所包含的金额、收款人等完整信息。 支付指令发生错误的，电子支付服务提供者应当及时查找原因，并采取相关措施予以纠正。造成电子支付服务接受者损失的，电子支付服务提供者应当承担赔偿责任，但能够证明支付错误非自身原因造成的除外。	**第四十八条** 用户在发出支付指令前，应当核对支付指令所包含的金额、收款人等完整信息。 支付指令发生错误的，电子支付服务提供者应当及时查找原因，并采取相关措施予以纠正。造成用户损失的，电子支付服务提供者应当承担赔偿责任，但能够证明支付错误非自身原因造成的除外。	**第五十四条** 用户在发出支付指令前，应当核对支付指令所包含的金额、收款人等完整信息。 支付指令发生错误的，电子支付服务提供者应当及时查找原因，并采取相关措施予以纠正。造成用户损失的，电子支付服务提供者应当承担赔偿责任，但能够证明支付错误非自身原因造成的除外。	**第五十五条** 用户在发出支付指令前，应当核对支付指令所包含的金额、收款人等完整信息。 支付指令发生错误的，电子支付服务提供者应当及时查找原因，并采取相关措施予以纠正。造成用户损失的，电子支付服务提供者应当承担赔偿责任，但能够证明支付错误非自身原因造成的除外。
第三十四条 电子支付服务提供者完成电子支付后，应当及时准确地向电子支付服务接受者提供符合约定方式的确认支付信息。	**第四十九条** 电子支付服务提供者完成电子支付后，应当及时准确地向电子支付服务接受者提供符合约定方式的确认支付信息。	**第五十五条** 电子支付服务提供者完成电子支付后，应当及时准确地向电子支付服务接受者提供符合约定方式的确认支付信息。	**第五十六条** 电子支付服务提供者完成电子支付后，应当及时准确地向用户提供符合约定方式的确认支付信息。

续表

电子支付指令未能成功执行的，电子支付服务提供者应当及时提示电子支付服务接受者，采取必要补救措施。			
第三十三条　电子支付服务接受者应当向电子支付服务提供者提供真实有效的身份信息和联系信息，并在相关信息变更后及时通知电子支付服务提供者。 电子支付服务接受者应当按照与电子支付服务提供者的约定，在合法范围内使用电子支付服务、支付服务费用，妥善保管交易密码、电子签名数据等安全工具。电子支付服务接受者发现安全工具遗失、被盗用或者其他未授权交易的，应当及时通知电 子支付服务提供者。 **第三十六条**　电子支付服务提供者发现支付指令未经授权，或者收到电子支付服务接受者支付指令未经授权的通知时，应当立即采取措施防止损失	**第五十条**　用户应当妥善保管交易密码、电子签名数据等安全工具。用户发现安全工具遗失、被盗用或者其他未授权交易的，应当及时通知电子支付服务提供者。 电子支付服务提供者发现支付指令未经授权，或者收到用户支付指令未经授权的通知时，应当立即采取措施防止损失扩大。电子支付服务提供者未及时采取措施导致损失扩大的，对损失扩大部分承担责任。 未经授权的支付造成的损失，由电子支付服务提供者承担；电子支付服务提供者能够证明未授权支付是因用户的过错造成的，不承担责任。	**第五十六条**　用户应当妥善保管交易密码、电子签名数据等安全工具。用户发现安全工具遗失、被盗用或者其他未授权交易的，应当及时通知电子支付服务提供者。 电子支付服务提供者发现支付指令未经授权，或者收到用户支付指令未经授权的通知时，应当立即采取措施防止损失扩大。电子支付服务提供者未及时采取措施导致损失扩大的，对损失扩大部分承担责任。 未经授权的支付造成的损失，由电子支付服务提供者承担；电子支付服务提供者能够证明未授权支付是因用户的过错造成的，不承担责任。	**第五十七条**　用户应当妥善保管交易密码、电子签名数据等安全工具。用户发现安全工具遗失、被盗用或者未经授权的支付的，应当及时通知电子支付服务提供者。 未经授权的支付造成的损失，由电子支付服务提供者承担；电子支付服务提供者能够证明未经授权的支付是因用户的过错造成的，不承担责任。 电子支付服务提供者发现支付指令未经授权，或者收到用户支付指令未经授权的通知时，应当立即采取措施防止损失扩大。电子支付服务提供者未及时采取措施导致损失扩大的，对损失扩大部分承担责任。

续表

扩大。电子支付服务提供者未及时采取措施导致损失扩大的，对损失扩大部分承担责任。 未经授权的支付造成的损失，由电子支付服务提供者承担，法律另有规定的除外。能够证明未授权支付是因电子支付服务接受者的过错造成的，且电子支付服务提供者能够证明自己没有过错的，电子支付服务提供者不承担责任。			
	第四章　电子商务争议解决	**第四章　电子商务争议解决**	**第四章　电子商务争议解决**
第五十八条　商品生产者、销售者应当对其提供的商品质量负责，服务提供者应当对其提供的服务质量负责。消费者通过电子商务第三方平台购买商品或者接受服务，其合法权益受到损害的，可以向商品生产者、销售者或者服务提供者要求赔偿。 电子商务第三方平台不能向消费者提供平台内经营者的真实名称、地址和其他有效联系	**第五十一条**　国家鼓励电子商务平台经营者建立有利于电子商务发展和消费者权益保护的商品或者服务质量担保机制。 电子商务平台经营者与平台内经营者协议设立消费者权益保证金的，双方应当就消费者权益保证金的提取数额、管理、使用和退还办法等作出明确约定。 消费者要求电子商务平台经	**第五十七条**　国家鼓励电子商务平台经营者建立有利于电子商务发展和消费者权益保护的商品或者服务质量担保机制。 电子商务平台经营者与平台内经营者协议设立消费者权益保证金的，双方应当就消费者权益保证金的提取数额、管理、使用和退还办法等作出明确约定。 消费者要求电子商务平台经	**第五十八条**　国家鼓励电子商务平台经营者建立有利于电子商务发展和消费者权益保护的商品、服务质量担保机制。 电子商务平台经营者与平台内经营者协议设立消费者权益保证金的，双方应当就消费者权益保证金的提取数额、管理、使用和退还办法等作出明确约定。 消费者要求电子商务平台

续表

方式的，消费者可以要求电子商务第三方平台先行赔偿；电子商务第三方平台向消费者赔偿后，有权向平台内经营者追偿。 **第六十一条**　鼓励电子商务第三方平台建立有利于电子商务发展和消费者权益保护的商品或者服务质量担保机制。 电子商务第三方平台与经营者协议设立消费者权益保证金的，双方应当就消费者权益保证金的提取数额、管理、使用和退还办法等作出明确约定。	营者承担先行赔偿责任的，适用《中华人民共和国消费者权益保护法》的有关规定。	营者承担先行赔偿责任以及电子商务平台经营者赔偿后向平台内经营者的追偿，适用《中华人民共和国消费者权益保护法》的有关规定。	经营者承担先行赔偿责任以及电子商务平台经营者赔偿后向平台内经营者的追偿，适用《中华人民共和国消费者权益保护法》的有关规定。
	第五十二条　电子商务经营者应当建立便捷、有效的投诉、举报机制，公开投诉、举报方式等信息，及时受理并处理投诉、举报。	**第五十八条**　电子商务经营者应当建立便捷、有效的投诉、举报机制，公开投诉、举报方式等信息，及时受理并处理投诉、举报。	**第五十九条**　电子商务经营者应当建立便捷、有效的投诉、举报机制，公开投诉、举报方式等信息，及时受理并处理投诉、举报。
第六十三条　电子商务活动当事人之间发生争议的，可以通过协商和解，请求消费者组织、行业协会或者其他依法成立的调解组织调解，向有关	**第五十三条**　电子商务争议可以通过协商和解，请求消费者组织、行业协会或者其他依法成立的调解组织调解，向有关部门投诉，提请仲裁机构	**第五十九条**　电子商务争议可以通过协商和解，请求消费者组织、行业协会或者其他依法成立的调解组织调解，向有关部门投诉，提请仲裁机构	**第六十条**　电子商务争议可以通过协商和解，请求消费者组织、行业协会或者其他依法成立的调解组织调解，向有关部门投诉，提请仲

续表

部门投诉，提请仲裁机构仲裁，或者向人民法院提起诉讼等方式解决。	仲裁，或者向人民法院提起诉讼等方式解决。	仲裁，或者向人民法院提起诉讼等方式解决。	裁，或者提起诉讼等方式解决。
第六十二条 消费者在电子商务第三方平台购买商品或者接受服务，与平台内经营者发生争议时，电子商务第三方平台应当积极协助消费者维护自身合法权益。	**第五十四条** 消费者在电子商务平台购买商品或者接受服务，与平台内经营者发生争议时，电子商务平台经营者应当积极协助消费者维护合法权益。	**第六十条** 消费者在电子商务平台购买商品或者接受服务，与平台内经营者发生争议时，电子商务平台经营者应当积极协助消费者维护合法权益。	**第六十一条** 消费者在电子商务平台购买商品或者接受服务，与平台内经营者发生争议时，电子商务平台经营者应当积极协助消费者维护合法权益。
	第五十五条 在电子商务争议处理中，电子商务经营者应当提供原始合同和交易记录。因电子商务经营者丢失、伪造、篡改、销毁、隐匿或者拒绝提供上述材料，致使人民法院、仲裁机构或者有关机关无法查明事实的，电子商务经营者应当承担相应的法律责任。	**第六十一条** 在电子商务争议处理中，电子商务经营者应当提供原始合同和交易记录。因电子商务经营者丢失、伪造、篡改、销毁、隐匿或者拒绝提供上述资料，致使人民法院、仲裁机构或者有关机关无法查明事实的，电子商务经营者应当承担相应的法律责任。	**第六十二条** 在电子商务争议处理中，电子商务经营者应当提供原始合同和交易记录。因电子商务经营者丢失、伪造、篡改、销毁、隐匿或者拒绝提供前述资料，致使人民法院、仲裁机构或者有关机关无法查明事实的，电子商务经营者应当承担相应的法律责任。
第六十四条 国家鼓励电子商务各方主体建立电子商务在线 争议解决机制。	**第五十六条** 电子商务平台经营者可以建立争议在线解决机制，制定并公示争议解决	**第六十二条** 电子商务平台经营者可以建立争议在线解决机制，制定并公示争议解决	**第六十三条** 电子商务平台经营者可以建立争议在线解决机制，制定并公示争

续表

第六十五条　电子商务第三方平台可以建立争议解决机制，制定并公示争议解决规则，公平、公正地解决当事人的争议。 当事人可以采用前款规定的争议解决机制处理争议。当事人对处理决定有异议的，可以依法提请仲裁或者提起诉讼。	规则，根据自愿原则，公平、公正地解决当事人的争议。	规则，根据自愿原则，公平、公正地解决当事人的争议。	议解决规则，根据自愿原则，公平、公正地解决当事人的争议。
	第五章　电子商务促进	**第五章　电子商务促进**	**第五章　电子商务促进**
	第五十七条　国务院和省、自治区、直辖市人民政府应当将电子商务发展纳入国民经济和社会发展规划，制定科学合理的产业政策，促进电子商务创新发展。	**第六十三条**　国务院和省、自治区、直辖市人民政府应当将电子商务发展纳入国民经济和社会发展规划，制定科学合理的产业政策，促进电子商务创新发展。	**第六十四条**　国务院和省、自治区、直辖市人民政府应当将电子商务发展纳入国民经济和社会发展规划，制定科学合理的产业政策，促进电子商务创新发展。
			第六十五条　国务院和县级以上地方人民政府及其有关部门应当采取措施，支持、推动绿色包装、仓储、运输，促进电子商务绿色发展。

续表

第七十六条 国家推动电子商务基础设施建设，完善电子商务统计，推进电子商务标准化工作。	**第五十八条** 国家推动电子商务基础设施和物流网络建设，完善电子商务统计制度，加强电子商务标准体系建设。	**第六十四条** 国家推动电子商务基础设施和物流网络建设，完善电子商务统计制度，加强电子商务标准体系建设。	**第六十六条** 国家推动电子商务基础设施和物流网络建设，完善电子商务统计制度，加强电子商务标准体系建设。
	第五十九条 国家推动电子商务在国民经济各个领域的应用，支持电子商务与各产业融合发展。	**第六十五条** 国家推动电子商务在国民经济各个领域的应用，支持电子商务与各产业融合发展。	**第六十七条** 国家推动电子商务在国民经济各个领域的应用，支持电子商务与各产业融合发展。
	第六十条 国家促进农业生产、加工、流通等环节的互联网技术应用，鼓励各类社会资源加强合作，促进农村电子商务发展。	**第六十六条** 国家促进农业生产、加工、流通等环节的互联网技术应用，鼓励各类社会资源加强合作，促进农村电子商务发展，发挥电子商务在精准扶贫中的作用。	**第六十八条** 国家促进农业生产、加工、流通等环节的互联网技术应用，鼓励各类社会资源加强合作，促进农村电子商务发展，发挥电子商务在精准扶贫中的作用。
第十条 国家维护电子商务交易安全，保护电子商务用户信息，鼓励电子商务数据交换共享，保障电子商务数据依法有序流动和合理利用。 **第五十二条** 国家采取有效措施推动建立公共数据共享	**第六十一条** 国家维护电子商务交易安全，保护电子商务用户信息，鼓励电子商务数据开发应用，保障电子商务数据依法有序自由流动。 国家采取措施推动建立公共数据共享机制，促进电子商	**第六十七条** 国家维护电子商务交易安全，保护电子商务用户信息，鼓励电子商务数据开发应用，保障电子商务数据依法有序自由流动。 国家采取措施推动建立公共数据共享机制，促进电子商	**第六十九条** 国家维护电子商务交易安全，保护电子商务用户信息，鼓励电子商务数据开发应用，保障电子商务数据依法有序自由流动。 国家采取措施推动建立公

续表

机制，促进电子商务经营主体依法利用公共数据，保障电子商务交易的真实性、可靠性和安全性。	务经营者依法利用公共数据。	务经营者依法利用公共数据。	共数据共享机制，促进电子商务经营者依法利用公共数据。
第七十八条 电子商务经营主体和第三方信用评价机构应当建立信用评价体系，公开信用评价规则，提供信用评价服务，共享信用评价信息，对不良信用记录情节严重者实施失信联动惩戒机制。	**第六十二条** 国家支持依法设立的信用评价机构开展电子商务信用评价，向社会提供电子商务信用评价服务。	**第六十八条** 国家支持依法设立的信用评价机构开展电子商务信用评价，向社会提供电子商务信用评价服务。	**第七十条** 国家支持依法设立的信用评价机构开展电子商务信用评价，向社会提供电子商务信用评价服务。
第六十八条 国家促进跨境电子商务的发展，支持从事跨境电子商务活动的小微企业、跨境电子商务综合服务提供者和相关服务企业依法开展经营。 跨境电子商务综合服务提供者是指在跨境电子商务活动中接受委托为他人提供办理报关、报检等进出口手续服务，并为电子商务经营主体提供相关信用融资等服务的经营者。	**第六十三条** 国家促进跨境电子商务发展，建立健全适应跨境电子商务特点的海关、税收、进出境检验检疫、支付结算等管理制度，提高跨境电子商务各环节便利化水平，支持跨境电子商务平台经营者等为跨境电子商务提供仓储物流、报关、报检等服务。 国家支持小型微型企业从事跨境电子商务。	**第六十九条** 国家促进跨境电子商务发展，建立健全适应跨境电子商务特点的海关、税收、进出境检验检疫、支付结算等管理制度，提高跨境电子商务各环节便利化水平，支持跨境电子商务平台经营者等为跨境电子商务提供仓储物流、报关、报检等服务。 国家支持小型微型企业从事跨境电子商务。	**第七十一条** 国家促进跨境电子商务发展，建立健全适应跨境电子商务特点的海关、税收、进出境检验检疫、支付结算等管理制度，提高跨境电子商务各环节便利化水平，支持跨境电子商务平台经营者等为跨境电子商务提供仓储物流、报关、报检等服务。 国家支持小型微型企业从事跨境电子商务。

续表

第六十九条 国家进出口管理部门应当建立跨境电子商务通关、税收、检验检疫等制度，推进“单一窗口”建设，实现信息共享、监管互认、执法互助，提高通关效率，保障贸易安全，促进贸易便利化。 **第七十条** 国家推进跨境电子商务活动进出口申报、纳税、检验检疫等环节的电子化。电子清单、电子税单等电子单证与纸质单证具有同等法律效力。 跨境电子商务经营主体可以凭电子单证向国家进出口管理部门办理有关手续。	**第六十四条** 国家进出口管理部门应当推进“单一窗口”建设，推动实现信息共享、监管互认、执法互助，提高跨境电子商务通关效率。 国家推进跨境电子商务海关申报、纳税、检验检疫等环节的电子化。跨境电子商务经营者可以凭电子单证向国家进出口管理部门办理有关手续。	**第七十条** 国家进出口管理部门应当推进跨境电子商务海关申报、纳税、检验检疫等环节的综合服务和监管体系建设，优化监管流程，推动实现信息共享、监管互认、执法互助，提高跨境电子商务服务和监管效率。跨境电子商务经营者可以凭电子单证向国家进出口管理部门办理有关手续。	**第七十二条** 国家进出口管理部门应当推进跨境电子商务海关申报、纳税、检验检疫等环节的综合服务和监管体系建设，优化监管流程，推动实现信息共享、监管互认、执法互助，提高跨境电子商务服务和监管效率。跨境电子商务经营者可以凭电子单证向国家进出口管理部门办理有关手续。
第七十三条 国家推动建立与不同国家、地区间跨境电子商务的交流合作，参与电子商务国际规则的制定，促进电子签名、电子身份等国际相互承认。 国家推动和建立与不同国家、地区之间的跨境电子商务争议解决制度。	**第六十五条** 国家推动建立与不同国家、地区间跨境电子商务的交流合作，参与电子商务国际规则的制定，促进电子签名、电子身份等国际互认。 国家推动和建立与不同国家、地区之间的跨境电子商务争议解决机制。	**第七十一条** 国家推动建立与不同国家、地区之间跨境电子商务的交流合作，参与电子商务国际规则的制定，促进电子签名、电子身份等国际互认。 国家推动建立与不同国家、地区之间的跨境电子商务争议解决机制。	**第七十三条** 国家推动建立与不同国家、地区之间跨境电子商务的交流合作，参与电子商务国际规则的制定，促进电子签名、电子身份等国际互认。 国家推动建立与不同国家、地区之间的跨境电子商务争议解决机制。

续表

	第六章　法律责任	第六章　法律责任	第六章　法律责任
第八十一条　电子商务经营主体提供商品或者服务造成他人损失的，应当依照本法和其他相关法律、法规的规定，承担民事责任。	**第六十六条**　电子商务经营者提供商品或者服务，应当依照本法和有关法律、法规的规定，承担民事责任。	**第七十二条**　电子商务经营者销售商品或者提供服务，不履行合同义务或者履行合同义务不符合约定，或者造成他人损害的，依法承担民事责任。	**第七十四条**　电子商务经营者销售商品或者提供服务，不履行合同义务或者履行合同义务不符合约定，或者造成他人损害的，依法承担民事责任。
第八十二条　电子商务经营主体违反本法第十三条、第十四条第二款、第二十条第一款的规定，由行政机关责令限期改正，并依法给予行政处罚。	**第六十七条**　电子商务经营者违反本法第十二条、第十三条规定，未取得相关行政许可从事经营活动，或者销售、提供法律、行政法规禁止交易的商品、服务，依照有关法律、行政法规的规定处罚。	**第七十三条**　电子商务经营者违反本法第十三条、第十四条规定，未取得相关行政许可从事经营活动，或者销售、提供法律、行政法规禁止交易的商品、服务，或者不履行本法第二十五条规定的信息提供义务，电子商务平台经营者违反本法第四十五条规定，采取集中交易方式进行交易，或者进行标准化合约交易的，依照有关法律、行政法规的规定处罚。	**第七十五条**　电子商务经营者违反本法第十二条、第十三条规定，未取得相关行政许可从事经营活动，或者销售、提供法律、行政法规禁止交易的商品、服务，或者不履行本法第二十五条规定的信息提供义务，电子商务平台经营者违反本法第四十六条规定，采取集中交易方式进行交易，或者进行标准化合约交易的，依照有关法律、行政法规的规定处罚。
第八十三条　电子商务经营主体违反本法第十七条、第十八条、第二十条第二款、第	**第六十八条**　电子商务经营者违反本法规定，有下列行为之一的，由市场监督管理部	**第七十四条**　电子商务经营者违反本法规定，有下列行为之一的，由市场监督管理部	**第七十六条**　电子商务经营者违反本法规定，有下列行为之一的，由市场监督

续表

二十二条、第二十三条的规定，由各级人民政府有关部门责令限期改正，并处以三万元以上十万元以下的罚款。 **第八十七条** 电子商务经营主体违反本法第四十六条、第四十七条、第四十八条、第四十九条、第五十条的规定，未履行电子商务消费者个人信息保护义务的，各级人民政府有关部门可以根据情节单处或者并处警告、三万元以上十万元以下的罚款；情节严重的，责令停业整顿直至吊销营业执照，并处以十万元以上五十万元以下的罚款。	门责令限期改正，可以处一万元以下的罚款，对其中的电子商务平台经营者，依照本法第七十一条第一款的规定处罚： （一）未在主页显著位置公示营业执照信息、行政许可信息的； （二）未在主页显著位置公示终止电子商务的有关信息的； （三）未明示用户信息查询、更正、删除以及用户注销的方式、程序，或者对用户信息查询、更正、删除以及用户注销设置不合理条件的。 电子商务平台经营者对违反前款规定的平台内经营者未采取必要措施的，责令限期改正，可以处二万元以上十万元以下的罚款。	门责令限期改正，可以处一万元以下的罚款，对其中的电子商务平台经营者，依照本法第七十九条第一款的规定处罚： （一）未在首页显著位置公示营业执照信息、行政许可信息、不需要办理市场主体登记情形等信息，或者上述信息的链接标识的； （二）未在首页显著位置公示终止电子商务的有关信息的； （三）未明示用户信息查询、更正、删除以及用户注销的方式、程序，或者对用户信息查询、更正、删除以及用户注销设置不合理条件的。 电子商务平台经营者对违反前款规定的平台内经营者未采取必要措施的，由市场监督管理部门责令限期改正，可以处二万元以上十万元以下的罚款。	管理部门责令限期改正，可以处一万元以下的罚款，对其中的电子商务平台经营者，依照本法第八十一条第一款的规定处罚： （一）未在首页显著位置公示营业执照信息、行政许可信息、属于不需要办理市场主体登记情形等信息，或者上述信息的链接标识的； （二）未在首页显著位置持续公示终止电子商务的有关信息的； （三）未明示用户信息查询、更正、删除以及用户注销的方式、程序，或者对用户信息查询、更正、删除以及用户注销设置不合理条件的。 电子商务平台经营者对违反前款规定的平台内经营者未采取必要措施的，由市场监督管理部门责令限期改正，可以处二万元以上十万元以下的罚款。

续表

		第七十五条　电子商务经营者违反本法第十九条规定推销、搭售商品或者服务的，由市场监督管理部门责令限期改正，没收违法所得，可以并处五万元以上二十万元以下的罚款；情节严重的，并处二十万元以上五十万元以下的罚款。	**第七十七条**　电子商务经营者违反本法第十八条第一款规定提供搜索结果，或者违反本法第十九条规定搭售商品、服务的，由市场监督管理部门责令限期改正，没收违法所得，可以并处五万元以上二十万元以下的罚款；情节严重的，并处二十万元以上五十万元以下的罚款。
		第七十六条　电子商务经营者违反本法第二十一条规定，未向消费者明示押金退还的方式、程序，对押金退还设置不合理条件，或者不及时退还押金的，由有关主管部门责令限期改正，可以处五万元以上二十万元以下的罚款；情节严重的，处二十万元以上五十万元以下的罚款。	**第七十八条**　电子商务经营者违反本法第二十一条规定，未向消费者明示押金退还的方式、程序，对押金退还设置不合理条件，或者不及时退还押金的，由有关主管部门责令限期改正，可以处五万元以上二十万元以下的罚款；情节严重的，处二十万元以上五十万元以下的罚款。
第八十四条　电子商务第三方平台违反本法第十九条、第	**第七十条**　电子商务经营者违反本法规定，侵害个人信	**第七十七条**　电子商务经营者违反本法规定，侵害个人	**第七十九条**　电子商务经营者违反法律、行政法规

续表

二十一条、第二十四条、第二十五条的规定，不履行平台内经营者身份核验义务、信息检查监控义务、提供稳定安全服务义务、自营与他营业务区分义务、商品和服务信息、交易记录信息保存义务的，由各级人民政府有关部门责令限期改正；逾期不改正的，责令停业整顿，并处以三万元以上十万元以下的罚款；情节严重的，吊销营业执照，并处以十万元以上五十万元以下的罚款。 **第八十七条** 电子商务经营主体违反本法第四十六条、第四十七条、第四十八条、第四十九条、第五十条的规定，未履行电子商务消费者个人信息保护义务的，各级人民政府有关部门可以根据情节单处或者并处警告、三万元以上十万元以下的罚款；情节严重的，责令停业整顿直至吊销营业执照，并处以十万元以上五十万元以下的罚款。	息依法得到保护的权利，或者不履行保障网络安全的义务的，依照《中华人民共和国网络安全法》的规定处罚。	信息依法得到保护的权利，或者不履行保障网络安全的义务的，依照《中华人民共和国网络安全法》的规定处罚。	有关个人信息保护的规定，或者不履行本法第三十条和有关法律、行政法规规定的网络安全保障义务的，依照《中华人民共和国网络安全法》等法律、行政法规的规定处罚。

续表

第八十四条　电子商务第三方平台违反本法第十九条、第二十一条、第二十四条、第二十五条的规定，不履行平台内经营者身份核验义务、信息检查监控义务、提供稳定安全服务义务、自营与他营业务区分义务、商品和服务信息、交易记录信息保存义务的，由各级人民政府有关部门责令限期改正；逾期不改正的，责令停业整顿，并处以三万元以上十万元以下的罚款；情节严重的，吊销营业执照，并处以十万元以上五十万元以下的罚款。	**第六十九条**　电子商务平台经营者有下列行为之一的，责令限期改正；逾期不改正的，处二万元以上十万元以下的罚款；情节严重的，责令停业整顿，并处十万元以上五十万元以下的罚款： （一）不履行本法第二十二条规定的提供电子商务数据信息义务的； （二）不履行本法第二十三条第一款规定的平台内经营者身份核验、登记义务的； （三）未按照本法第二十四条规定对违法情形采取必要的处置措施，或者未向有关主管部门报告的； （四）不履行本法第二十六条规定的商品和服务信息、交易信息保存义务的。	**第七十八条**　电子商务平台经营者有下列行为之一的，由有关主管部门责令限期改正；逾期不改正的，处二万元以上十万元以下的罚款；情节严重的，责令停业整顿，并处十万元以上五十万元以下的罚款： （一）不履行本法第二十六条规定的平台内经营者身份核验、登记义务的； （二）不按照本法第二十七条规定向市场监督管理部门、税务部门提供有关信息的； （三）不按照本法第二十八条规定对违法情形采取必要的处置措施，或者未向有关主管部门报告的； （四）不履行本法第三十条规定的商品和服务信息、交易信息保存义务的。 法律、行政法规对本条规定的违法行为的处罚另有规定的，依照其规定。	**第八十条**　电子商务平台经营者有下列行为之一的，由有关主管部门责令限期改正；逾期不改正的，处二万元以上十万元以下的罚款；情节严重的，责令停业整顿，并处十万元以上五十万元以下的罚款： （一）不履行本法第二十七条规定的核验、登记义务的； （二）不按照本法第二十八条规定向市场监督管理部门、税务部门报送有关信息的； （三）不按照本法第二十九条规定对违法情形采取必要的处置措施，或者未向有关主管部门报告的； （四）不履行本法第三十一条规定的商品和服务信息、交易信息保存义务的。 法律、行政法规对前款规定的违法行为的处罚另有规定的，依照其规定。

续表

第八十三条 电子商务经营主体违反本法第十七条、第十八条、第二十条第二款、第二十二条、第二十三条的规定，由各级人民政府有关部门责令限期改正，并处以三万元以上十万元以下的罚款。 **第八十四条** 电子商务第三方平台违反本法第十九条、第二十一条、第二十四条、第二十五条的规定，不履行平台内经营者身份核验义务、信息检查监控义务、提供稳定安全服务义务、自营与他营业务区分义务、商品和服务信息、交易记录信息保存义务的，由各级人民政府有关部门责令限期改正；逾期不改正的，责令停业整顿，并处以三万元以上十万元以下的罚款；情节严重的，吊销营业执照，并处以十万元以上五十万元以下的罚款。	**第七十一条** 电子商务平台经营者违反本法规定，有下列行为之一的，责令限期改正，可以处二万元以上十万元以下的罚款；情节严重的，处十万元以上五十万元以下的罚款： （一）未在主页显著位置持续公示平台服务协议、交易规则的有关信息的； （二）修改交易规则未在主页显著位置公开征求意见，未提前公示修改内容，或者阻止平台内经营者退出的； （三）未以显著方式区分标记自营业务和平台内经营者开展的业务的； （四）未为消费者提供对平台内销售的商品或者提供的服务进行评价的途径，或者擅自删除消费者的评价的。 电子商务平台经营者违反本法第三十四条规定，对竞价排名的商品或者服务未显著标明“广告”的，依照《中华人民共和国广告法》的规定处罚。	**第七十九条** 电子商务平台经营者违反本法规定，有下列行为之一的，由市场监督管理部门责令限期改正，可以处二万元以上十万元以下的罚款；情节严重的，处十万元以上五十万元以下的罚款： （一）未在首页显著位置持续公示平台服务协议、交易规则的有关信息的； （二）修改交易规则未在首页显著位置公开征求意见，未提前公示修改内容，或者阻止平台内经营者退出的； （三）未以显著方式区分标记自营业务和平台内经营者开展的业务的； （四）未为消费者提供对平台内销售的商品或者提供的服务进行评价的途径，或者擅自删除消费者的评价的。 电子商务平台经营者违反本法第三十九条规定，对竞价排名的商品或者服务未显著标明“广告”的，依照《中华人民共和国广告法》的规定处罚。	**第八十一条** 电子商务平台经营者违反本法规定，有下列行为之一的，由市场监督管理部门责令限期改正，可以处二万元以上十万元以下的罚款；情节严重的，处十万元以上五十万元以下的罚款： （一）未在首页显著位置持续公示平台服务协议、交易规则信息或者上述信息的链接标识的； （二）修改交易规则未在首页显著位置公开征求意见，未按照规定的时间提前公示修改内容，或者阻止平台内经营者退出的； （三）未以显著方式区分标记自营业务和平台内经营者开展的业务的； （四）未为消费者提供对平台内销售的商品或者提供的服务进行评价的途径，或者擅自删除消费者的评价的。 电子商务平台经营者违反本法第四十条规定，对竞价

续表

			排名的商品或者服务未显著标明“广告”的，依照《中华人民共和国广告法》的规定处罚。
	第七十二条 电子商务平台经营者违反本法第三十条规定，对平台内经营者在平台内的交易、交易价格等进行不合理限制或者附加不合理交易条件，或者向平台内经营者收取不合理费用的，责令限期改正，可以处五万元以上二十万元以下的罚款；情节严重的，处二十万元以上五十万元以下的罚款。	**第八十条** 电子商务平台经营者违反本法第三十四条规定，对平台内经营者在平台内的交易、交易价格或者与其他经营者的交易等进行不合理限制或附加不合理条件，或者向平台内经营者收取不合理费用的，由市场监督管理部门责令限期改正，可以处五万元以上二十万元以下的罚款；情节严重的，处二十万元以上五十万元以下的罚款。	**第八十二条** 电子商务平台经营者违反本法第三十五条规定，对平台内经营者在平台内的交易、交易价格或者与其他经营者的交易等进行不合理限制或者附加不合理条件，或者向平台内经营者收取不合理费用的，由市场监督管理部门责令限期改正，可以处五万元以上五十万元以下的罚款；情节严重的，处五十万元以上二百万元以下的罚款。
			第八十三条 电子商务平台经营者违反本法第三十八条规定，对平台内经营者侵害消费者合法权益行为未采取必要措施，或者对平台内经营者未尽到资质资格审核义务，或者对消费者未尽

续表

			到安全保障义务的，由市场监督管理部门责令限期改正，可以处五万元以上五十万元以下的罚款；情节严重的，责令停业整顿，并处五十万元以上二百万元以下的罚款。
第八十八条　电子商务第三方平台违反本法第五十三条的规定，明知平台内经营者实施侵犯知识产权行为未采取必要措施的，由各级人民政府有关部门责令限期改正；逾期不改正的，责令停业整顿，并处以三万元以上十万元以下的罚款；情节严重的，吊销营业执照，并处以十万元以上五十万元以下的罚款。	**第七十三条**　电子商务平台经营者违反本法第三十六条、第三十九条规定，对平台内经营者实施侵犯知识产权行为未依法采取必要措施的，责令限期改正；逾期不改正的，责令停业整顿，并处以五万元以上二十万元以下的罚款；情节严重的，并处二十万元以上五十万元以下的罚款。	**第八十一条**　电子商务平台经营者违反本法第四十一条、第四十四条规定，对平台内经营者实施侵犯知识产权行为未依法采取必要措施的，由有关知识产权行政部门责令限期改正；逾期不改正的，处五万元以上二十万元以下的罚款；情节严重的，处二十万元以上五十万元以下的罚款。	**第八十四条**　电子商务平台经营者违反本法第四十二条、第四十五条规定，对平台内经营者实施侵犯知识产权行为未依法采取必要措施的，由有关知识产权行政部门责令限期改正；逾期不改正的，处五万元以上五十万元以下的罚款；情节严重的，处五十万元以上二百万元以下的罚款。
第八十九条　电子商务经营主体违反本法第五十五条和《中华人民共和国反不正当竞争法》的规定，依照《中华人民共和国反不正当竞争法》的规定予以处罚。	**第七十四条**　电子商务经营者违反本法规定，销售或者提供不符合保障人身、财产安全的产品或者服务，实施侵犯知识产权、不正当竞争、侵害消费者权益等行为的，依照有	**第八十二条**　电子商务经营者违反本法规定，销售的商品或者提供的服务不符合保障人身、财产安全的要求，实施虚假或者引人误解的商业宣传等不正当竞争行为，滥用市场	**第八十五条**　电子商务经营者违反本法规定，销售的商品或者提供的服务不符合保障人身、财产安全的要求，实施虚假或者引人误解的商业宣传等不正当竞争行

续表

电子商务经营主体违反本法第五十六条的规定，由各级人民政府有关部门责令限期改正；逾期不改正的，责令停业整顿，并处以三万元以上十万元以下的罚款；情节严重的，吊销营业执照，并处以十万元以上五十万元以下的罚款。 **第九十条** 电子商务经营主体违反本法第五十八条、第五十九条和《中华人民共和国消费者权益保护法》《中华人民共和国产品质量法》《中华人民共和国计量法》的规定，侵害消费者权益的，由各级人民政府有关部门依照相关法律法规的规定予以处罚。	关法律的规定处罚。	支配地位，或者实施侵犯知识产权、侵害消费者权益等行为的，依照有关法律的规定处罚。	为，滥用市场支配地位，或者实施侵犯知识产权、侵害消费者权益等行为的，依照有关法律的规定处罚。
	第七十五条 电子商务经营者有本法规定的违法行为的，依照有关法律、行政法规的规定记入信用档案，并予以公示。	**第八十三条** 电子商务经营者有本法规定的违法行为的，依照有关法律、行政法规的规定记入信用档案，并予以公示。	**第八十六条** 电子商务经营者有本法规定的违法行为的，依照有关法律、行政法规的规定记入信用档案，并予以公示。
第九十二条 各级人民政府有关部门及其工作人员违反	**第七十六条** 依法负有电子商务监督管理职责的部门的	**第八十四条** 依法负有电子商务监督管理职责的部门的	**第八十七条** 依法负有电子商务监督管理职责的部

续表

本法规定，未履行本法规定的数据信息保护义务的，由其上级机关或者有关机关责令改正；对直接负责的主管人员和其他直接责任人员依法给予处分；给电子商务经营主体、消费者造成财产损害的，电子商务经营主体、消费者有取得赔偿的权利。 依法负有电子商务监督管理职责的部门的工作人员，玩忽职守、滥用职权、徇私舞弊，尚不构成犯罪的，依法给予处分。	工作人员，玩忽职守、滥用职权、徇私舞弊，依法给予处分。	工作人员，玩忽职守、滥用职权、徇私舞弊，或者泄露、出售或者非法向他人提供在履行职责中所知悉的个人信息、隐私和商业秘密的，依法追究法律责任。	门的工作人员，玩忽职守、滥用职权、徇私舞弊，或者泄露、出售或者非法向他人提供在履行职责中所知悉的个人信息、隐私和商业秘密的，依法追究法律责任。
第九十三条　违反本法规定，构成犯罪的，依法追究刑事责任。	**第七十七条**　违反本法规定，构成违反治安管理行为的，依法给予治安管理处罚；构成犯罪的，依法追究刑事责任。	**第八十五条**　违反本法规定，构成违反治安管理行为的，依法给予治安管理处罚；构成犯罪的，依法追究刑事责任。	**第八十八条**　违反本法规定，构成违反治安管理行为的，依法给予治安管理处罚；构成犯罪的，依法追究刑事责任。
	第七章　附　　则	**第七章　附　　则**	**第七章　附　　则**
第九十四条　本法自　　年　月　日起施行。	**第七十八条**　本法自　　年　月　日起施行。	**第八十六条**　本法自　　年　月　日起施行。	**第八十九条**　本法自2019年1月1日起施行。

后　记

2018 年 8 月 31 日，第十三届全国人民代表大会常务委员会第五次会议以 167 票赞成、1 票反对、3 票弃权，表决通过了《中华人民共和国电子商务法》，并由中华人民共和国主席令第七号公布，自 2019 年 1 月 1 日起施行。

电子商务法是我国电子商务领域的第一部综合性、基础性法律。该法的颁布，对于充分发挥立法的引领和推动作用，保障电子商务各方主体的合法权益，规范电子商务行为，促进电子商务持续健康发展，具有重要意义。

为了配合电子商务法的学习、宣传和贯彻落实，我们曾参加电子商务法立法工作的人员和长期关注电子商务法研究的学者共同编写了本书，供学习参考。

本书由宋燕妮（全国人大常委会法制工作委员会经济法室原副巡视员）任主编，参加撰写工作的作者有宋燕妮、刘晓春（中国社会科学院大学互联网法治研究中心执行主任）、任启明（中国政法大学民商经济法学院助理教授）等。

由于水平和时间所限，书中难免有不足之处，敬请读者批评指正。

编者

2018 年 9 月